本书受安徽财经大学著作出版基金资助

Research on the Library Knowledge Management and Service

图书馆知识管理与服务研究

盛剑锋◎著

科学出版社
北京

图书在版编目（CIP）数据

图书馆知识管理与服务研究/盛剑锋著．—北京：科学出版社，2012.6
ISBN 978-7-03-034804-3

I. ①图…　II. ①盛…　III. ①图书馆管理-知识管理-研究②图书馆工作-情报服务-研究　IV. ①G251

中国版本图书馆CIP数据核字（2012）第124847号

责任编辑：邹　聪　陈　浩　程　凤　/责任校对：宋玲玲
责任印制：徐晓晨　/封面设计：无极书装
编辑部电话：010-64035853
E-mail：houjunlin@mail. sciencep. com

科学出版社出版
北京东黄城根北街16号
邮政编码：100717
http://www.sciencep.com
北京中科印刷有限公司 印刷
科学出版社发行　各地新华书店经销
*
2012年7月第　一　版　开本：B5（720×1000）
2019年1月第七次印刷　印张：16
字数：300 000
定价：69.00元
（如有印装质量问题，我社负责调换）

前言
PREFACE

管理是人类最重要的活动之一，是人们组织社会生活和社会实践的纽带。图书馆是人类文明发展到一定阶段的产物，是社会文化教育机构和文献信息中心。图书馆的管理贯穿于一切图书馆活动之中，凡是有图书馆活动的地方，就有图书馆管理的存在。但是在图书馆漫长的发展历程中，在不同的历史时期，其管理理念和管理方法都随着社会环境的变化而变化，从而呈现出各阶段不同的特征。

古代图书馆的管理，以文献的收藏为中心，只追求馆藏文献数量的多少，不重视文献的利用率。这一时期管理者的职业角色是图书文献的保管者，图书馆的管理属于自发式的经验管理，管理者凭借个人的知识和经验，在手工作业的技术设备条件下，以文献的采集和整理为主要活动内容，以完善地保存文化典籍为基本目的。这种管理方式重藏轻用，仅为少数人服务，其管理职能寓于业务工作中。

近代图书馆的出现以公共图书馆的建立为主要标志，图书馆从少数人占有转向社会化，由封闭的藏书楼逐渐成为对社会开放、普及文化和社会教育的场所，其管理以馆藏文献为中心，实行藏用结合。这种图书馆管理活动已从单纯地整理藏书扩展到图书文献采集、处理、存储、传递和利用等各个环节，成为一个完整的、科学的工作体系。图书馆管理职能由单纯地保管文献向藏用兼顾发展，但其服务内容仅限于读者表层需求，很少对读者的需求信息进行分析。同时，图书馆工作人员被视为可以被随意安排的一般生产要素，其主观能动性受到极大限制。

现代图书馆以计算机技术在图书馆的应用为主要特征，其工作效率大大提高，收藏的文献载体形式多样，工作和服务内容逐步深化。现代图书馆的管理活动、业务活动的每个环节都面向读者，强调读者是管理的核心，而文献资料和信息技术仅仅是管理的工具。借助这些工具，图书馆不仅为读者提供原始文献，而且对文献信息进行加工，并将这些信息向读者主动推荐，以满足读者的个性化需求。同时现代图书馆管理理论认为，图书馆员是管理活动的主体和创新的主体，是现代图书馆知识信息服务的提供者。现代图书馆正是在总结自身管理实践经验的基础上，广泛借鉴、吸收其他领域的管理理论和方法，使图书馆管理的理论与实践不断丰富与拓展，使图书馆的管理模式与方法不断创新与发展。

图书馆事业的发展，是图书馆系统内部环境驱动力和社会外部环境推动力共同作用的结果。随着知识经济和信息科学技术的迅速发展，信息产品日新月异，图书馆的核心能力、服务水平与可持续发展受到前所未有的挑战。图书馆要生存、要发展，就必须适应知识经济发展的要求，积极借鉴先进的管理理念和管理方法，不断进行管理模式和工作方式的改革与创新，从而不断地完善和超越自我。知识管理作为知识经济时代一种全新的管理理念与管理方法，正被人们广泛认识、接受、实施与推广。作为保存和传播知识的社会组织机构，图书馆历来被形容为“知识的殿堂”，其实行知识管理是很自然的事情。近年来，许多图书馆学专家和图书馆工作者对图书馆知识管理的概念、内容、特征、目标和实施策略与方法进行了大量的探讨，取得了不少有意义的成果，并将其应用于图书馆管理实践，使图书馆的服务效率、服务层次与服务水平大大提高。实施知识管理，是图书馆事业发展的必由之路。

笔者从事图书馆工作已整整 20 年，在长期的工作实践中对图书馆工作进行了系统的思考。之所以选择图书馆知识管理与服务这个主题进行研究，是因为随着知识经济的发展，“知识和技能”已成为图书馆可持续发展的核心竞争力。图书馆实施知识管理与服务既是增强图书馆整体技术竞争力的基本途径，也是图书馆保证自身生存和发展空间的必由之路。然而图书情报界很少出现一部立足客观实际、全面系统地介绍图书馆知识管理理论及应用的专著。因此，笔者经过多年的广泛阅读积累、深入思考与潜心研究，在整合国内外专家和学者知识管理研究成果的基础上，以知识管理为核心，结合理论与实践，深入系统地论述了图书馆知识管理与服务的理论、技术与应用。

本书共分为十章：第一章主要论述图书馆管理的基本概念、内容、职能、方法与特点；第二章详细介绍了知识管理的基本理论与管理模式等相关知识；第三章主要分析图书馆作为知识组织的社会机构与知识管理的关系；第四章重点论述图书馆知识管理的基本原理，并提出图书馆知识管理的目标、内容与任务；第五章主要论述保障图书馆知识管理有效实施的组织建设，包括组织结构、组织文化和人力资源管理；第六章分别介绍了支撑图书馆知识管理的主要技术与管理工具；第七章在分析知识管理系统的理论与实践基础上，从技术角度探讨了图书馆知识管理系统平台的构建；第八章着重探讨了目前以数字信息和知识为管理对象的数字图书馆实施知识管理的方式；第九章重点介绍了国内外主要图书馆实施知识管理的典型案例，为图书馆普遍应用知识管理提供借鉴；第十章在介绍图书馆知识管理服务的主要方式的基础上，重点论述知识服务的方法、技术与模式，以及国内外主要图书馆开展知识服务的典型案例。

在本书的写作过程中，笔者参阅了大量的文献资料，这些较深入的研究和论述为本书的写作提供了可贵的参考。限于笔者的学识水平，书中难免有许多欠缺和不妥之处，恳请广大读者和各位同仁予以批评指正和谅解。

盛剑锋

2011 年 6 月 19 日于龙子湖畔

目录
CONTENTS

前言

第一章　绪论 …… 1

第一节　图书馆管理的概念 …… 2
第二节　图书馆管理的职能 …… 4
第三节　图书馆管理的基本原理 …… 7
第四节　图书馆管理的内容 …… 11
第五节　图书馆管理的方法 …… 14
第六节　21世纪的图书馆管理 …… 18

第二章　知识管理 …… 20

第一节　知识管理的概念 …… 21
第二节　知识管理的相关因素 …… 27
第三节　知识管理的内容与模式 …… 30
第四节　知识管理的目标与过程 …… 33
第五节　知识管理的职能与原则 …… 35
第六节　知识管理的特点与策略 …… 38

第三章　图书馆与知识管理 …… 40

第一节　文献管理与知识管理 …… 41
第二节　信息管理与知识管理 …… 48
第三节　图书馆发展与知识管理 …… 53

第四章　图书馆知识管理基本原理 …… 58

第一节　图书馆知识管理的概念 …… 59
第二节　图书馆知识管理的内容与特征 …… 62
第三节　图书馆知识管理的目标与任务 …… 64

第四节　图书馆知识管理的职能与原则 …… 68

第五章　图书馆知识管理的组织系统 …… 75

第一节　图书馆知识管理的组织结构 …… 76
第二节　图书馆知识管理的组织文化 …… 83
第三节　图书馆知识管理的人力资源管理 …… 87

第六章　图书馆知识管理技术与工具 …… 96

第一节　图书馆知识管理技术概述 …… 97
第二节　图书馆知识管理的前沿技术 …… 100
第三节　图书馆知识管理的支撑技术 …… 102
第四节　图书馆知识管理工具 …… 106

第七章　图书馆知识管理系统建设 …… 115

第一节　知识管理系统概述 …… 116
第二节　知识管理系统的设计与实施 …… 123
第三节　图书馆知识管理的技术平台 …… 134
第四节　图书馆知识管理的系统平台 …… 139

第八章　数字图书馆知识管理 …… 148

第一节　数字图书馆的产生与发展 …… 149
第二节　数字图书馆知识管理 …… 158
第三节　数字图书馆知识管理的实现条件 …… 166

第九章　图书馆知识管理案例分析 …… 175

第一节　国外图书馆知识管理案例分析 …… 176
第二节　国内图书馆知识管理案例分析 …… 186

第十章　图书馆知识管理服务 …… 195

第一节　图书馆知识管理服务方式 …… 196
第二节　图书馆知识服务 …… 198
第三节　图书馆知识服务的实践 …… 220

参考文献 …… 231
后记 …… 245

第一章 绪论

管理是人类最重要的活动之一，是人们组织社会生活和社会实践的纽带。一个组织能否兴旺发达，在很大程度上取决于管理的资源能否得到充分的开发和利用。图书馆的资源，如物质、技术、人力、知识与组织等一般都是有限的，为了有效地实现目标，图书馆就必须对其资源进行合理的配置和利用。同时，图书馆的活动还涉及许多方面的个人和群体，需要管理者通过管理来加以协调。因此，在一定程度上，图书馆管理的好坏决定着图书馆服务的效率和效益。

第一节　图书馆管理的概念

一、图书馆管理的概念

管理是指一定组织中的管理者，通过决策与计划、制度与法规、组织与人事、控制与协调等环节来运用人、财、物等要素，以高效的方式实现组织目标的动态过程。图书馆管理是指遵循图书馆工作的客观规律，通过组织、协调、指挥等手段，合理配置和有效地利用图书馆资源（包括物质、技术、人力、知识与组织），以达到预期目标，满足用户知识信息需求的一种活动（Stueart and Moran，2002）。图书馆管理包括微观管理和宏观管理两个部分。微观管理是对图书馆具体事物的管理（主要包括业务管理和行政管理），宏观管理是对图书馆整体的管理（主要包括图书馆事业全面规划、图书馆立法、经费筹措、管理体制、人才培养等）。

图书馆的管理对象主要是图书馆系统，即组织活动及其参与要素。根据系统论的观点，一个系统内有若干个子系统，只有每个子系统都达到最佳效果，整个系统的管理才处于最佳状态。现代图书馆系统是由人员、信息资源、建筑、设备、经费、技术方法等要素构成的。这些构成图书馆系统的要素就是图书馆管理的具体对象。图书馆管理的目的就是根据图书馆的既定目标，合理地组织这些要素，实现最优的组合，使其成为一个互相联系、互相制约、互相促进的有机整体，从而最大限度地提高图书馆系统的功能，满足读者需求。

图书馆作为社会大系统的一个组成部分，不可能脱离社会环境而独立存在，引进分析、吸收消化、合理运用一般管理学的理论与方法，不仅是丰富管理科学的需要，也是图书馆事业发展、办馆效益提高的内在需要。实践证明，图书馆管理越善于借鉴、吸收其他领域的管理理论和方法，图书馆管理就越富有成效。

二、图书馆管理的特点

图书馆是收集、整理、保存、传递、扩散社会知识与信息的科学文化教育机构。图书馆管理是在总结自身管理经验的基础上，广泛吸收管理学的原理、原则、方法而逐步形成的一套科学体系。在图书馆管理实践中，图书馆管理主要具有以下六个特点。

（一）系统性

系统性就是运用系统思想和系统分析方法来指导管理的实践活动，解决和处理管理的实际问题。任何图书馆管理都是对一定组织（即特定的图书馆）的管理，这种管理活动将分散的资源，如人力、物力、财力、信息等资源组合起来，形成一个稳定的、能够不断根据客观环境的变化而进行相互依存调整的过程，从而使各种离散的、无序的事物结合成一个相互联系、相互制约的管理组织系统。同时这一系统又能不断地根据变化着的外部和内部情况，对管理活动的各种要素之间的关系进行调整，以寻求相适应的最佳匹配关系，使图书馆系统朝着管理的目标运行。

（二）协调性

协调性是指按照事物自身固有的规律调节和改造各种管理对象之间的关系，使它们能相互适应，从而使管理对象在整体上达到最佳的功能状态。从活动的对象来看，图书馆管理是以图书馆系统的各种业务活动为对象，对这些业务活动之间的关系及这些业务活动内部的各种要素之间的关系进行协调的活动。从活动的任务来看，图书馆管理是协调人们之间的关系和利益，协调人们活动的状态和过程，使图书馆各种业务活动的要素形成某种有序的优化结构。因此，图书馆管理主要是通过协调各种业务活动的内外关系，特别是馆员之间的关系及馆员和读者之间的关系，使各种要素、各个环节在共同目标——最有效地满足读者的信息需求的指引下，消除彼此在方法上、时间上、力量上和利益上存在的分歧和冲突，使图书馆的各种业务活动实现和谐、有效的运转。

（三）科学性

要实现对图书馆的真正有效管理，协调活动是使图书馆系统内外因素的配合在变动中趋向合理，并不断通过信息反馈实现对图书馆的动态控制，但图书馆管理的动态性并不意味着图书馆管理没有规律可循。图书馆管理是一种主观见之于客观的活动，它要反映图书馆的变化，不仅要反映图书馆现时的变化，还要反映图书馆变化的趋势及其趋势的改变，这一切只有通过科学预测、设立目标、制订计划、完善组织、实施控制等一系列管理活动才能实现。图书馆活动可分为两类：一是程序性活动，二是非程序性活动。所谓程序性活动，就是指有章可循、照章运作便可取得预想效果的管理活动，如制定读者服务工作中的各种规章制度，制定人员管理工作中的录用、奖惩、培训等方面的条例，制定行政管理的各种规章制度等。所谓非程序性活动，是指无章可循，需要边运作边探讨的管理活动，如建造新馆、建设图书馆自动化系统、图书馆组织机构的调整、复合图书馆的设计等。这两类活动常常是可以转化的，这种转化的过程是人们对这两类活动与管理对象规律性的科学总结，而这本身也体现了图书馆管理的科学性。

（四）创新性

管理在本质上是创新活动。从表面上看，图书馆管理要维持图书馆系统一定程度的稳定，要用一定的原则、规章制度约束图书馆的成员。但是，稳定是运动的一种特殊状态，图书馆系统中的人、财、物、信息等要素是不断变化发展的，图书馆系统外部的经济、政治、文化、科技等环境也是在不断变化的。管理者要积极促变，不断创新，保持图书馆的生机与活力，从而不断适应外部社会环境的变化。

（五）经济性

图书馆要充分发挥它的各项社会功能，并使用有限的购书经费进行选购和组合馆藏资源以发挥最大的效益，就必须对图书馆的人力、物力、财力、信息等资源进行合理配置。图书馆管理的经济性首先反映在图书馆资源配置的机会成本上，管理者选择一种资源配置方式是以放弃另一种资源配置方式为代价的。其次，图书馆管理的经济性还反映在管理方式选择的成本比较上，因为众多可帮助进行资源配置的方式所费的成本不同。最后，图书馆管理的经济性也反映在图书馆管理对资源有效整合的过程中，因为选择不同的资源供给和配比，所花费的成本也不同。

（六）前沿性

图书馆管理是一种实践活动，如果没有先进的理论作指导，这一管理活动必然是盲目的。现代图书馆管理，既然是一门科学，其理论性就一定要得到重视。因此现代图书馆管理要想发展，就必须密切关注现代管理理论的发展，并加以研究，将新的理论和方法移植到图书馆管理中，以切实提高图书馆管理水平，如引进知识管理新手段。但需要注意的是，借鉴新理论，必须深入其中，将理论弄清弄懂，使之具有可操作性。否则，这种现代管理理论在图书馆管理实践活动中就没有生命力。

第二节　图书馆管理的职能

图书馆管理是通过决策、计划、组织、控制、协调、创新等环节实现的。各环节之间不是相互割裂的，而是相互联系、相互制约的，它们共同作用于管理运动的全过程，形成了图书馆管理的特定职能。

一、决策职能

任何图书馆系统及其所属子系统的管理过程，都离不开正确的决策。图书馆系统的决策主要包括如下内容：图书馆发展方针、政策、战略方面的决策；各项业务工作的决策，如采集文献品种与复本数量的决策，分类法的选择，馆藏划分方案的选择，排架方式的选择，开架与闭架方式的选择，业务部门的分工等；人力资源管理方面的决策，包括人员智力结构的确定，人员更新与培训，奖惩制度的制定与实行等；财务、设备方面的决策，包括经费预算及其合理分配使用等；行政管理决策，如设备购置、环境布置等。

正确的决策来源于正确的判断，正确的判断来源于周密细致的调查研究。因此，深入调查研究是决策过程中避免失误和少犯错误的重要一环。

二、计划职能

计划直接决定组织的效率与效果。在图书馆管理中，计划是指图书馆管理者预测未来、确定目标、决定政策、选择行动方案的连续过程，是图书馆各项活动的指导方针。图书馆系统的各方面决策都要通过计划去实现。图书馆计划有长期计划与短期计划、图书馆总体计划与部门计划、战略计划与作业计划等之分。

一个图书馆的总体计划是该馆各个部门计划的集合。制订各项计划时，应明确该项计划的主要任务及其在总体规划中的地位和作用，认真选取衡量该项计划发展水平的主要指标，确定发展的规模和速度，突出发展重点，规定适当比例，注意各项计划之间的协调。同时，在编制图书馆计划时，必须通过统计工作收集可靠的数据指标，并根据各项相关的指标，制订最佳的发展方案。

三、组织职能

组织指对活动所需的资源加以组合，建立组织的活动与职权间的关系以实现组织目标的过程。组织职能发挥的结果就是创设组织结构——人们为了达到一个共同目标建立的组织机构，它是综合发挥人、财、物和信息等各种资源效用的载体。图书馆组织工作作为一项管理职能，是图书馆实现管理目标、完成决策计划的保证。其职责是将图书馆已有的人、财、物，从工作的分工协作、上下左右的关系及时间空间的联系上，合理地组织起来，形成一个有机的结合体，使图书馆的各个部门互相配合，各项业务、行政工作互相衔接，引导组织成员为实现共同的目标而有效地工作。因此，图书馆管理系统必须要有健全的组织机构，明确各个工作岗位的职责，确立各级人员之间的相互关系，做到职责分明，权责结合。只有这样，才能顺利实现组织机构运行的高效化。

四、领导职能

领导是管理者利用职权和威信施展影响，指导和激励各类人员努力去实现目标的过程。领导工作是通过激励、领导风格、沟通等途径促使人们为实现组织的目标而努力。图书馆领导职能的发挥需要管理者根据图书馆的目标和工作任务的要求，在管理过程中运用有关方法，以及沟通、激励等手段，对被领导者施加影响，使之适应环境的变化与要求，以统一思想、统一行动，从而保证组织目标的实现。其主要任务就是如何在图书馆内外调整和建立良好的人际关系。其中最重要的是图书馆的领导者在正确运用合法权力、奖励权力、强制权力的同时，还要学习和掌握图书馆专业知识和管理知识，不断提高自身全面的素质，增强领导魅力。

五、控制职能

控制是按既定的工作计划、标准去衡量各项工作成果，并纠正偏差，使工作按计划进行。控制不仅要对现有工作成果进行评定，而且要认识和判断工作发展的趋势，并为改进工作提供信息反馈。没有良好的信息反馈，图书馆就无法对自己的各项工作进行有效控制。这是因为控制的功能是通过输入、中间转换、输出、反馈四个环节实现的。输入包括两个方面：一是物流的输入（包括人、资金、设备、物资、文献等）；二是信息流的输入（包括各种决策、计划、规章制度等）。中间转换包括物流、信息流在图书馆各层次系统中的实际运动过程。输出包括品种数量、成本等在内的各种指标。反馈是将输出信息回收到输入端，与原给定物流、信息流进行比较，去伪存真，发现差异，查明原因，采取纠偏措施予以纠正。这样就达到了控制的目的，以保证工作的最佳效果。

六、协调职能

协调是管理过程中不可缺少的环节，它可以使图书馆事业和工作和谐发展，避免发生矛盾和脱节现象。图书馆的协调，从微观角度上看是指图书馆内部纵向和横向的协调。纵向协调是保持图书馆各层次和子系统的上下平衡；横向协调是保持图书馆系统各层次彼此之间的协作，以避免各个工作环节和各个部门之间发生脱节或失调现象。从宏观角度上看是指图书馆内外部的协调。这种协调既是图书馆行业间的协调，也是社会关系的协调。

七、创新职能

当外部环境和图书馆内部某个或某些因素发生变化时，方案和计划可能要适当改变，组织机构可能要重新设计，人员配备可能要发生变动等。为适应图书馆外部环境和内部变化而进行的调整，就是图书馆管理的创新职能。创新职能没有独特的表现形式，但它却存在于其他管理职能的所有活动中。创新的内容和作用，就是通过对资源的获取、组合和调整，增加对社会的贡献，使图书馆充满生机和活力。创新职能的基本内容主要包括以下四个方面。

（1）决策职能创新。决策职能创新包括决策者树立新的、合乎时宜的、站在时代前列的理念；决策者能够发现和确定问题，掌握图书馆发展趋势，为图书馆发展确定新的目标；决策者为保证新目标的实现，提出和选择有创意的、能够操作的方案、计划。

（2）组织职能创新。一是改进管理体制，进行组织机构和结构的创新。为加强图书馆间的联合协作，重新组合与调整图书馆的内部结构；根据环境变化对内部组织结构进行调整，根据工作需要设立新的机构；为提高工作效率，精简机构，简化关系，合理设定工作岗位。二是改善用人制度，不断完善人力资源开发机制。实行“任人唯贤”、“能上能下”的用人原则，在不断地从外部取得合格的新的人力资源的同时，加强对原有人员的培养，努力提高馆员的工作能力和业务素质。

（3）领导职能创新。领导职能是一门领导艺术，表现为卓越的领导能力和对部属相互关系的协调能力、沟通能力。同时由于管理制度是领导者行使管理权、组织图书馆日常活动的各种具体规则的总称，是对图书馆各组成要素如何管理的规定，所以，领导者不仅要特别注意领导方法的创新，同时还要重视管理制度的创新。

（4）控制职能创新。首先，图书馆制定各项工作标准应体现创新精神。工作标准可以是数量指标（如劳动时间，工作量），也可以是质量标准或特定的工作计划目标（如对图书馆研究人员的科研工作要达到的水平提出要求）、岗位责任制、目标责任制。其次，对工作标准执行情况进行监督检查的手段要创新。最后，图书馆要建立和完善高效、畅通的管理信息系统。

第三节 图书馆管理的基本原理

图书馆管理原理是对图书馆管理工作的实质内容进行科学分析总结而形成的具有普遍意义的基本规律，是对现实管理现象的抽象，是对各项管理制度和管理方法的高度综合与概括，因而对图书馆一切管理活动具有普遍的指导意义。

一、系统原理

任何社会组织都是由人、物、信息组成的系统，任何管理都是对系统的管理。系统是由若干相互联系、相互作用的部分组成的，在一定环境中具有特定功能的有机整体。图书馆和其他社会组织一样，都是由人、物、信息组成的系统。系统通常具有以下六个方面的特性。

（一）整体性

整体性指系统要素之间的相互关系及要素与系统之间的关系，以整体为主进行协调，局部服从整体。系统的功能不等于系统组成要素功能的简单叠加，而是要大于各个部分功能的总和，即“整体大于部分功能之和”。图书馆管理的目的就在于把图书馆中诸要素的功能统一起来，使其大于部分功能之和。为了充分发挥图书馆的整体功能，必须改善、调整图书馆系统要素的组合，建立和保持合理的结构。同时图书馆各子系统的功能必须得到充分发挥，而且局部功能必须服从图书馆的整体功能，以保证管理过程中图书馆系统整体功能最优化。

（二）动态性

系统作为一个运动着的有机体，其稳定是相对的，运动是绝对的。这是由于系统不仅作为一个功能实体而存在，也作为一种运动状态而存在。图书馆系统处在一个不断变化的环境之中，主要表现在图书馆运用的信息技术在变化，图书馆的读者在变化，图书馆的信息资源和信息服务在变化，图书馆员也在变化。因此，图书馆只有通过运动变化不断改变和完善自己的功能，才能适应内外部社会环境的变化，满足内外部不断变化的需要。同时，图书馆各个子系统的功能以及各个子系统之间的相互关系也在随之发生变化，以便把握社会环境和图书馆本身的发展趋势，实现图书馆管理的最佳目标。

（三）开放性

任何系统只有与外界环境进行物质、能量和信息的交换，才能维持系统的动态平衡，维持系统的生存。一个完全与外部环境没有物质、能量和信息交换的系统是不存在的。管理者应当从系统的开放性出发，充分考虑外部环境对本系统的种种影响，努力从环境中汲取本系统所需的物质、能量和信息。图书馆只有对外开放才能发展，如尽可能扩大读者范围，扩大文献流通量；从社会上不断吸收图书馆需要的人才和各类人员；从社会其他部门获取新的管理理念，紧跟时代潮流；从社会上获取技术、物资和资金支持等。

（四）适应性

系统不是孤立存在的，它要与周围事物发生各种联系，与系统联系的周围事物的全体构成了系统的环境。如果系统与环境之间的关系能保持最佳状态，就表明该系统为一个有活力的系统。图书馆系统从环境中获取资源、信息、人力等支持时，必须以最佳的服务回报社会，从而形成良性循环。图书馆及其各部门都不是孤立存在的，而是与社会环境进行着物质、能量和信息的交流，与社会环境息息相关。图书馆对社会环境的适应具有能动性，如通过各种公关活动使政府加大投入，通过接受社会捐赠拓宽资金来源渠道，通过提高服务质量和开展各种宣传活动引起社会的重视等。

（五）层次性

系统的结构是有层次的，层次是系统有机联系的反映。系统运动是否有效，效率如何，在很大程度上取决于能否分清层次。每一层次之间都应界限明晰，职责分明，各层次根据目标不越层原则接受上一层次的指令信息去完成工作任务。图书馆系统的层次等级是科学分解目标的组织基础，只有通过目标体系在组织上明确每一管理层次、每个部门甚至每个人的目标责任，授予相应的权力，才能建立起目标责权体系。图书馆组织系统正是通过合理设置管理层次、科学分解图书馆目标、按照层次实施层级管理，使整个图书馆管理工作走上系统管理的轨道的。

（六）综合性

综合性就是把系统的各部分、各方面和各种因素联系起来，考察其中的共同性和规律性。图书馆系统的综合性主要表现在三个方面：一是图书馆目标的综合性和多样性，如图书馆的服务功能和教育功能等；二是在决策过程中对各种可能采取的方案进行综合研究，以便选出最满意的方案；三是通过综合分析，实现管理创新，如信息技术在图书馆的应用，要求图书馆对原有的机构设置进行重组等。

二、人本原理

人本原理是以人为中心的管理思想。从人本原理的角度看，馆员是图书馆工作的主体，馆员的参与是图书馆实施有效管理的关键，读者是现代图书馆管理的核心，为读者服务是图书馆管理的根本目的。

(1) 馆员是图书馆的主体。人是一切管理要素中最活跃、最具创造力的因素，图书馆各级主管者，要做好整体管理工作，就必须防止见物不见人、重技术不重人的思想，坚持把馆员放在第一位。馆员不仅是管理客体，更是管理主体，正是图书馆全体员工的共同努力，才使图书馆的各项资源得到最合理的利用，才使图书馆日常业务与读者服务工作得以顺利进行。

(2) 员工参与是图书馆实现有效管理的关键。图书馆实现有效管理，既要高度集权、从严治馆，又要适度放权、民主治馆；既要从整体上调动员工的积极性，又要注意发挥员工个人的主动性。只有正确处理人和物的关系，通过多种形式吸引职工参与管理，才能创造融洽和谐的气氛，促进各项工作的顺利开展。

（3）员工发展是人力资源管理的核心。社会的发展对人才队伍的素质与技能提出越来越高的要求。因此，只有把人才培养、员工培训摆在重要位置，通过培训、教育，不断提高员工的专业技术素质和文化科学水平，才能适应图书馆事业发展的需要。而管理人才的培养和较高素质员工队伍的形成，必须有整体的、系统的、长期的人才培养计划。

（4）为读者服务是管理的根本目的。读者是图书馆赖以生存和发展的重要基础之一。在管理工作中更好地为读者服务，必须做到：一是要为读者创造良好的获取信息知识的学习环境；二是要经常了解读者需要什么、关心什么，要关心和维护读者的合法权益；三是重视对读者的培训，使读者获取信息知识的技能不断提高。

三、责任原理

管理是追求效率和效益的过程，在这个过程中，要挖掘人的潜能，就必须在合理分工的基础上，明确规定各部门和个人的工作任务和相应的责任。主要包括以下三个方面。

（1）明确每个人的职责。职责就是在合理分工的基础上确定每个人的职位，明确规定各职位应完成的任务。职责是整体赋予个体的任务，也是维护整体正常秩序的一种约束力。职责的明确主要是指：职责界限要清楚；责任内容要具体，要做出明文规定；职责中要包括横向联系的内容；职责一定要落实到每个人等。

（2）合理设计岗位和委授权限。实行任何管理都要借助于一定的权力，有责无权、责权不符都不可能实施有效管理，必须将完成岗位职责所必需的权限全部委授给各级管理者，由他们独立决策，只在必要时给予适当的帮助和支持。权限的合理委授只是完全负责所需的必要条件之一，管理者在承担风险时会自觉地对风险与收益进行权衡。完全负责就意味着责任者要承担全部风险，而能力是完全负责的关键因素。管理者的能力不仅表现为要有较好的业务专业能力，还表现为处理人际关系的组织才能和一定的实践经验。

（3）奖惩分明、公正而及时。对每个人的工作表现及其绩效给予公正而及时的奖惩，有助于提高人的积极性，挖掘每个人的潜力，从而不断提高管理成效。对每个人进行公正的奖惩，要求以细致准确的考核为前提。奖惩工作要尽可能规范化、制度化，避免奖惩过程中的随机性、偶然性。有成绩有贡献的人员，要及时予以肯定和奖励，以免挫伤其积极性。同时，及时而公正的惩罚少数人的不良行为，可以教育多数人，以免不良行为给整个组织带来更大的危害。

四、效益原理

效益是管理的永恒主题，效益的高低直接影响着组织的生存和发展。图书馆效益是以办馆效益，也就是图书馆的服务效益为出发点的，在讲求社会效益的基础上，促成办馆经济效益的良性提高。在实际工作中，图书馆管理效益必须将办馆效益，尤其是长期稳定的高效益放在首位，追求经济（局部）效益与社会（全局）效益相协调。当经济（局部）效益与社会（全局）效益发生冲突时，管理者必须把社会（全局）效益放在首位，做到经济（局部）效益服从社会（整体）效益，甚至不惜牺牲经济（局部）效益以获取社会（全局）效益，因为社会（全局）效益比经济（局部）效益更为重要，它是图书馆存在和发展的基础。

第四节 图书馆管理的内容

一、图书馆管理的目的

图书馆管理的目的是在遵循图书馆规律的基础上，应用现代的科学技术理论和方法，合理地组织信息资源，使图书馆的全部活动最大限度地满足用户（读者）的信息（知识）需求。就系统内部而言，管理的目的就是协调图书馆人员、文献、经费、时间等资源，使之发挥最大效力，保证图书馆系统的高效运转。

为了达到这个目的，图书馆管理者应该从系统论的角度出发，根据系统论中关于“整体大于部分功能之和”的原理，合理安排和利用图书馆的各种资源，使图书馆的经费、设备、人员及其组织以最佳的组合，产生最大的效益。

二、图书馆管理的任务

现代图书馆管理的精髓是一切为了读者，使文献、知识和信息与读者需求恰当地、有序地结合，最大限度地满足读者的需求，全方位、多层次地为读者提供优质服务，具体包括四方面内容：①合理组织与利用图书馆现有人力、物力和财力资源，使之充分发挥作用；②提高图书馆决策水平，加强图书馆协调与控制能力；③完善图书馆目标管理，调动广大职工的积极性；④促进图书馆现代化建设与发展，不断改善、丰富服务方式和服务手段，提高图书馆工作效率和质量，尽力满足读者需求，使图书馆产生最大的社会效益。

三、图书馆管理的要素

图书馆管理的要素是指构成图书馆管理活动的必要因素，主要包括以下十个方面（佛山市图书馆，2001）。

（一）观念

管理观念是指图书馆管理者实施管理的指导思想，也可称做图书馆管理哲学，是对图书馆管理的总看法，主要包括五个方面：①价值观念，关于图书馆存在的理由和依据的认识，如办馆效益、社会责任、社会服务等；②经营观念，关于图书馆如何发展的看法，如发展战略、用人策略等；③人性观念，关于图书馆内成员之间的关系的看法及对个人的基本认识；④资源观念，关于图书馆资源建设开发在图书馆服务中所占地位的认识；⑤服务观念，关于图书馆服务是图书馆一切工作开展的目的和评判标准的认识。

（二）目标

目标主要是指组织目标和管理目标。二者既统一又有区别，组织目标是指一个图书馆要实现或完成的最终任务，是图书馆中每个员工的努力方向。管理目标则是管理者实现组织目标的努力方向，是管理活动要达成的效果。管理目标是实现组织目标的重要保证。管理观念与环境、管理对象相互作用的结果导致目标的形成。管理活动以目标为终点，目标是管理的基本因素，是决定任何行动的先决条件，也是衡量各种行动是否合理的标志和尺度。

（三）机构

对机构的分析与理解是准确管理的基础，是管理的核心要素。图书馆部门设置除取决于业务内容的需要外，还受到员工情况、馆舍条件、资源状况、地理环境等诸多因素的制约，因此不同图书馆在机构设置上呈现出一定的差异，不同的图书馆应采取不同的管理手段与管理方法。不同图书馆之间的差异，主要通过机构设置体现出来：一方面，观念、条件、目标决定了机构的设置；另一方面，机构的设置又决定了员工、技术设备，信息资源等一系列管理资源要素的构成特点。

（四）员工

员工指图书馆所有的管理者与被管理者，员工是管理中最重要的资源，是图书馆管理的核心，也是对管理活动影响最大的可变要素，它对各种管理要素都具有能动作用。图书馆在员工管理中应尽可能做到“人尽其才，才尽其用”，有计划地配备、培训人才，最大限度地调动和发挥人的积极因素和主观能动性，形成图书馆结构合理的人才队伍。

（五）文献信息资源

文献信息资源（包括印刷型文献、非书资料及网上信息资源）是图书馆赖以生存的直接原因和物质基础，是实现图书馆保存人类文化、开发智力资源、传递科学情报、开展社会教育四项基本职能的先决条件。对文献信息资源的管理就是要使文献信息得到最大的序化和优化，充分发挥它们在生产建设、科学研究、社会生活等方面的作用。

（六）资金

资金是图书馆财产和物资的货币表现，是进行管理的基本条件，也是取得管理效益的重要因素，它是管理运转的润滑剂。资金管理主要包括预算控制、成本分析、财产管理等。图书馆应尽可能开源节流、降低消耗，提高有限资金的使用效率。在政府投入不可能有太大增量的条件下，要开辟各种渠道，力争社会多方的支持。

（七）时间

时间是反映图书馆工作效率的重要指标，同样的管理结果或问题处理，在不同时间就会表现出不同的效率，因此，要充分利用时间以最大限度地提高读者利用图书馆的效率。例如，图书馆开放时间应充分考虑到所服务群体的生活习惯、工作特点，以及不同对象利用图书馆的时间分布及变化周期，合理地安排不同部室和电子资源（图书馆）的开放时间等。

（八）设施设备

设施设备虽然在管理中不是能动的要素，而是受其他各种要素，如员工、信息、技术等影响的被动要素，但如果缺乏设施设备，许多管理要素将无从发挥作用，整个图书馆的运作将停留在较低水平上，如没有足够的空间，图书馆服务的方式、规模等都会大受限制；没有计算机技术在图书馆普遍应用，采编、流通、业务管理不仅劳动强度大，而且效率低。

（九）管理信息

管理信息是指能够反映管理内容的、可以传递和加工处理的各种文字、数据和信号。信息是管理的载体，对实现管理的基本职能——决策、计划、组织、控制、创新等有重大作用。管理信息是决策和计划的基础，是组织、控制和创新管理过程的依据，是使图书馆各部门、各岗位、各工作环节能互相沟通，形成有机网络的纽带。

（十）环境

环境是指图书馆的内外环境，既要求有安静、整洁、优美的自然环境，又要求有和谐、融洽、温馨的人文环境。内部环境要适应图书馆工作人员和读者脑力劳动的需要，外部环境要使图书馆与社会形成有效的物资、资金、信息、人才的交流与平衡，以保障图书馆事业发展有良好的政治、经济、文化空间。

第五节 图书馆管理的方法

一、图书馆管理方法的含义

管理方法是在管理活动中为实现管理目标、获取管理效益、保证管理活动顺利进行所采取的工作方式，它是管理理论、管理原理的自然延伸和具体化、实际化，是管理原理指导管理活动的必要中介和桥梁，是实现管理目标的途径和手段，它的作用是所有管理原理、管理理论本身所无法替代的。

图书馆管理方法是管理者行使管理职能和实现图书馆管理目标的手段、措施与途径的总称。图书馆管理方法主要包括行政管理方法、经济管理方法、激励管理方法、咨询顾问方法、公共关系方法、统计方法、评估方法、系统方法、目标管理方法、全面质量管理方法、计量方法、现代技术方法（尤其是计算机管理方法）等，它们共同构成了图书馆管理的方法体系。其中科学管理方法、目标管理方法、激励管理方法、全面质量管理方法这四种方法被认为是目前图书馆管理的最适宜方法。

二、图书馆管理的主要方法

（一）科学管理方法

科学管理方法是一种传统的工作设计方法，也是应用最为广泛的工作设计方法。19世纪末20世纪初，被称为“科学管理之父”的泰罗认为：“最好的管理就是一种真正的科学，它建立在明确的法则、规章和原理之上。”这种科学不仅是一种技术或生产的机制，也是一种社会生活哲学。泰罗所倡导的科学方法就是以彻底、严谨的方式来调查、研究工作的各个环节，然后将研究发现的工作方法推广给所有的工人去运用，以极大地提高他们的生产效率。泰罗在《科学管理原理》中阐述了科学管理必须遵循的五条基本原则：①用科学（系统化的知识）代替单凭经验的方法；②在集体活动中取得一致以代替不一致；③实现人们的彼此合作以代替混乱的个人主义；④为最大的产出量而劳动，而不是限制产出量；⑤尽最大的可能培养工人，从而使他们和他们的公司都取得最大的成就（泰罗，1984）。

20世纪30年代，科学管理理论与方法被应用于国外一些图书馆管理。20世纪80年代初，科学管理成为国内图书馆界研究的热点。从1981年教育部制定的《中华人民共和国高等学校图书馆工作条例》到2002年颁发的《普通高等学校图书馆规程（修订）》，都规定高等学校图书馆应实行科学管理。关于图书馆的科学管理，著名图书馆学家吴慰慈先生认为，现代图书馆的科学管理既不是传统的行政管理，也不是从实际工作中总结出来的经验管理，更不能把它简单地概括为数学方法加电子计算机的应用。图书馆科学管理是应用系统论的科学方法，按照图书馆工作和图书馆事业的发展规律，合理地组织图书馆的人力、物力、财力等各种资源并最大限度地发挥它们的作用，以达到预定目标的过程，以及在这个过程中所采取的一系列最优决策。系统化管理是现代图书馆科学管理最本质的特征（吴慰慈和邵巍，1985）。显然，图书馆的科学管理强调的是一种科学化的管理方式，这一管理方式遵循一定的管理原则、按照一定的程序、应用一些管理方法来实施科学管理。

（二）目标管理方法

美国管理学家德鲁克在《管理与实践》一书中提出“目标管理”的概念，这一概念不仅在理论上得到迅速发展、完善和系统化，而且在实践上得到广泛应用和推广。20 世纪 90 年代中前期，继“定额管理”概念被引入后，“目标管理”开始在我国图书馆界得到应用，并成为图书馆常用的管理方法。

图书馆目标管理是指在重视成果的思想指导下，图书馆主管人员与下属人员共同选定一定时期的共同目标，层层分解目标，制定方针，落实措施，控制进度，具体实施，取得成果，并严格考核与评价此过程中的图书馆内部自我控制、自主管理，从而实现管理目标的一种科学管理方法。它具有以下六个主要特点。①整体性。图书馆目标管理是通过相互衔接、相互制约、相互联系的目标体系而开展的一种有组织的群体活动。②有序性。图书馆目标管理是将确立的总体目标层层分解为高层目标、中层目标、基层目标、个人目标等层次，使之成为一个有序的、层次分明的目标体系。③具体性。目标应制定得明确具体，使各级管理者和职工清楚地了解到他们要做些什么工作，应取得什么预期的结果。这样便于定期检查和估计成果，从而激励员工的积极性。④参与性。图书馆管理者要发动全体人员参与管理目标的制定、实施及评估的全过程，在实施过程中强调员工自我管理、自我控制，使目标既能反映图书馆的全局利益，又能反映具体执行者的个人利益。⑤动态性。目标不是一成不变的。管理人员应根据图书馆系统内部和外部的发展变化，适时加以调整和修正，从而不断提高图书馆系统的适应能力，在动态中实现图书馆的目标。⑥激励性。图书馆目标管理要以激励理论为基础，引进竞争机制，激发员工的工作热情与兴趣，促使其不断创新，并自觉地为实现目标而努力（黄宗忠，1991）。

图书馆目标管理一般包括目标制定、目标实施、目标评价三个阶段。在目标制定阶段，要根据目标的属性来确定目标，要注意目标体系中各个子目标之间的平衡与协调，用目标去指挥、协调、激励全体职工的工作；在目标实施阶段，上级应授予下级相应的权力，充分发挥下级的积极性、主动性和创造性，让下属自主管理、自我控制，独立完成目标。但这并不意味着可以完全忽视上级的领导、指导、检查和督促作用，一旦工作中出现薄弱环节或遇到较大困难，就需要上级加以指导和帮助。目标管理非常重视效果，必须对成果进行考核与评估，并根据考评结果进行奖惩。因此，图书馆实施目标管理必须遵循下面五个基本原则。①挑战性与可接受性相统一的原则。制定的目标要具有一定的高度，但又必须是可行的，不是高不可攀的。②激励原则。通过建立激励机制，促进部门与员工更好地完成目标所规定的各项任务。③竞争与协作相统一的原则。一方面要激发部门与员工的竞争意识，另一方面要强调发挥图书馆的整体利益与各部门之间的相互协作。④统一指挥与参与管理相结合的原则。一方面要求图书馆目标管理在实施过程中有统一领导和严格的责任制，防止多头领导和无人负责的现象；另一方面，也要求员工积极参与图书馆的各项工作，以实现各项管理目标。⑤权力与责任对等的原则。要求员工在行使岗位职权时，必须履行相应的岗位职责。

（三）激励管理方法

激励方法是根据人的需要，激发人的动力，刺激人的行为，使其为实现组织目标而努力的管理方法。激励作为一种管理理论由来已久，影响较大的包括马斯洛的“需求层次理论”、弗洛姆的“期望理论”、亚当斯的“公平理论”、斯纳金的“强化理论”、赫茨伯格的“双因素激励理论”、麦克莱兰的“成就动机理论”等。

图书馆激励管理是指利用图书馆人员的需要、愿望，通过各种刺激手段来激发员工的工作动力，调动员工的积极性，挖掘员工的潜能，从而达到组织目标的一种管理方法。其作用主要体现在四个方面。①通过激励满足图书馆员工的需求，从而肯定并强化其积极行为，摒弃其消极行为。②通过激励提高图书馆员工接受和执行图书馆目标的自觉程度，使图书馆组织目标和个人目标有机地结合起来。③通过激励提高图书馆员工的工作效率，从而提高图书馆的整体效率。④通过激励激发图书馆员工的主人翁精神，使其积极工作，关心集体，爱馆如家。图书馆激励管理采取的方法，主要包括目标激励、关怀激励、工作内容丰富化、参与激励、工资报酬激励、奖惩激励、领导激励、榜样激励、培训激励、成果激励、强化激励等。在正确运用各种激励方法时，必须注意以下七项原则。①全局性与长久性原则。激励要实现图书馆各层次、各部门员工的激励目标与图书馆全局利益目标相一致，且要保持激励的连续性、不间断性。②灵活性原则。激励要根据不同人员的需求与动机，采用不同的有针对性的激励方式。③物质激励与精神激励相结合的原则。激励要根据员工需求的多样性、多层次性，采取多种多样的激励方法，从不同方面调动员工的积极性。④适应性原则。激励应根据员工职业生涯发展的不同阶段，采取与其相适应的激励方法。⑤时效性原则。激励要有效把握时机，注意在合适的环境、时间及时进行激励。⑥公正的原则。激励措施要公正、公平，能够适用于所有员工，且要做到公开与透明。⑦引导性原则。采用的激励措施在满足员工一般需要的同时，又要积极引导他们朝着实现自我价值的高层次方向发展（盛小平，2007）。

激励管理可作为一种独立的管理方法，也可以与其他管理方法（如目标管理、科学管理等）一起发挥作用，共同促进图书馆各项工作的开展。

（四）全面质量管理方法

全面质量管理的理论和方法自20世纪60年代初在美国诞生以来，很快被世界各国接受。1987年，国际标准化组织（ISO）在总结各国全面质量管理经验的基础上，制定了ISO 9000《质量管理和质量保证》系列标准。该系列标准迅速被各国标准化机构采纳，获得了世界各国工业企业界的广泛认同，并在各行各业得到广泛应用。

20世纪80年代末90年代初，欧美国家开始在图书馆界引入全面质量管理。1994年在华盛顿首次召开了关于“全面质量管理与高校图书馆”的国际会议，大大促进了质量管理在国外图书馆界的广泛应用。目前，全面质量管理已成为国外图书馆较为流行的管理方法。1998年以后，图书馆全面质量管理研究逐渐引起了我国图书馆界的关注。一些学者认为图书馆全面质量管理是网络环境下图书馆新的管理模式。国内在图书馆全面质量管理方面的研究日益增多，内容包括从对欧美发达国家图书馆质量管理应用情况的介绍到对质量管理的概念、ISO 9000族的介绍，从探讨图书馆实现质量管理的必要性和可行性，到对图书馆质量管理的内涵、内容与实践的理论研究。近几年来，国内越来越多的图书馆正在着手全面质量管理的工作，某些大学图书馆已经走在前列，如海南师范大学图书馆。

所谓全面质量管理，是一个组织以质量为中心，以全员参与为基础，通过让顾客满意和使本组织所有成员及社会受益而达到长期成功的管理途径。图书馆全面质量管理以保证和提高信息服务质量为目标，它要求动员图书馆的各个部门和全体员工，综合运用管理技术、专业技术、思想教育、经济手段和科学方法，建立健全服务质量保证体系，对服务的全过程实行有效控制，从而经济地开发、设计、生产和提供用户满意的信息产品与信息服务，达到最适质量、最低消耗、最优生产和最佳服务的效果，最终实现服务质量的不断提高。图书馆全面质量管理具有如下特点（盛小平，2005）：①它是一种全单位、全过程和全员参加的“三全”质量管理；②它以是否适合图书馆用户需要、用户是否满意作为质量的衡量标准与最终目标；③它是一种突出质量改进的、系统的、动态的、持续的管理。图书馆实施全面质量管理有助于打破部门间的壁垒、加强为顾客服务的意识、实现工作持续改进。图书馆实施全面质量管理必须做到：

①对质量的全面承诺；②面向用户；③不断改进操作系统；④协同工作；⑤重视培训；⑥为员工授权和尊重员工；⑦测度绩效；⑧持续改进。

第六节 21世纪的图书馆管理

随着信息和网络技术的发展，虚拟图书馆、电子图书馆、数字图书馆迅速发展。多种新形式图书馆的出现必然导致传统图书馆管理的一系列重大变革。

一、管理理念的变革

长期以来，图书馆管理以传统的管理学理论为基础，一直四平八稳，按部就班，以不变应万变，很少根据部门类型、发展阶段和人员结构的不同来设计不同的管理模式。目前人类社会已经进入计算机和数字化时代，图书馆发生了很大变化，不仅其资源、用户大为丰富，而且计算机技术、网络技术和信息产品在图书馆得到广泛使用。这一变化让人们认识到，知识可以有不同的载体形式，而无论载体形式如何，对知识的管理才是图书馆工作的主要内容。可是当今很多图书馆的管理理念还停留在藏书、管书的旧时代，这是不合时代潮流的。21世纪图书馆的管理理念要从传统的文献管理转化为知识管理，即从单一的文献收藏转化为多元化的信息存储，从封闭式的管理方式转化为开放式的管理方式，从被动服务观念转化为主动提供服务的新型管理理念，使知识服务与知识创新成为图书馆管理的直接目标（吴建中，2004）。

同时，21世纪的图书馆在管理理念上，要以人为本，以读者为中心，全面实现以人为本的管理模式。以人为本包括作为服务主体的图书馆员和作为服务客体的读者两方面，其中馆员是图书馆管理中最重要、最活跃的因素，图书馆工作的质量好坏、水平高低，很大程度上取决于图书馆员的管理是否有效；而随着知识经济和信息技术的发展，读者也成为图书馆的管理主体，图书馆读者服务工作从服务方式、服务内容、服务手段等各方面都要进行相应的变革与调整。图书馆员只有同读者互相协作，共同建设和发展图书馆，才能为读者提供更好的服务。

二、业务管理的变革

图书馆是一个研究开发文献信息资源并提供相关服务的机构，其功能及存在价值都要通过业务活动来实现，其基础业务是图书馆建设和发展的基本保证，也是开展各项服务工作的前提。因此，针对21世纪传统图书馆与数字图书馆并存的特点，我们要根据文献信息资源载体的多样化，不断评估与调整文献信息资源的采集模式，使作为图书馆永久资产的印刷型馆藏与数字型的虚拟资源互为补充，形成具有特色的馆藏文献信息资源的合理布局；我们要根据知识组织系统的变化，把传统图书馆长期使用的分类法、主题法、机读编目格式标准（MARC）等构成的知识组织系统与元数据、搜索引擎、主题网关等各种新的知识组织方式有机地结合起来；我们要根据业务工作的计算机化、网络化，及时调整业务布局，重组业务流程，优化文献流及数据流，不断提高工作效率和工作水平（Stueart and Moran，2002）。

三、管理方式的变革

传统的图书馆服务方式一般需要读者来到图书馆，接受图书馆员的服务，如借书、还书、咨询等，这是一种读者在图书馆里的面对面的服务。随着信息技术和网络的发展，读者不需要来到图书馆、不需要直接面对工作人员，就可以得到图书馆的大部分服务，读者获得文献信息，更多地依赖于信息技术和网络。图书馆成为一种信息门户，将主要关注存取与知识管理而非对纸质资料的实际拥有，帮助用户获取分布在世界任何地方以任何形式存在的相关信息。图书馆信息服务模式从按时提供变为及时提供，从本地服务变为全球服务。现代图书馆的这种变化，不仅是技术上的进步，而且也带来管理上的变革。只有紧紧围绕市场导向和用户需求，变被动服务为主动服务，由在馆服务到网络服务，由集中服务到分散服务，由文献服务到信息和知识服务，促进管理创新和服务方式的变革，才能使图书馆服务模式从生存模式转化为发展模式，从而实现图书馆整体功能的创新与可持续发展（Wood and Walther，2000）。

四、管理技术的变革

数字图书馆的开发与建设、互联网的迅速推广与普及及电子信息资源的激增，使图书馆与技术日益融合，计算机技术、网络通信技术、多媒体技术、电子商务技术、人工智能技术等先进技术将促进图书馆管理工作和管理过程的现代化。从使用新技术来实现图书馆功能的自动化到利用技术改进分布式信息系统中的信息存取和传递、从支持图书馆员工的技术到授权图书馆用户的技术、从信息提供的图书馆网络化到所有信息源提供区域的网络化、从技术的单个使用到图书馆范围内的集成等变革，将对图书馆工作产生深远的影响，促使图书馆管理体系科学化、管理机构功能化、管理手段现代化、管理方向人本化、管理人员素质高级化等。先进的技术装备，可以大大减轻工作人员的劳动强度，提高工作效率、工作质量和服务水平。同时，图书馆工作技术水平的提高，必然会对图书馆工作人员的素质提出更高的要求。图书馆工作人员需要更加专业化、知识化，从而适应图书馆工作的不断变革，使图书馆服务能够不断满足发展变化的要求（Rao，2001）。

第二章 知识管理

当今时代，一种新型的基于信息与知识的经济形态——知识经济已显示出勃勃生机。它以高科技为核心，是建立在知识和信息的生产、分配和使用上的一种比工业经济形态更高的经济形态。在这种新经济形态中，知识的重要性获得了前所未有的显现与证明，知识已成为知识社会中最重要的资源，知识工作者是知识的重要载体，知识资本构成知识企业的重要价值基础。由此，知识管理应运而生。知识管理是适应知识经济时代的管理，它对知识进行管理，以便最有效地开发、配置和利用知识资源，服务于经济和社会发展。

第一节　知识管理的概念

一、知识

（一）知识的定义

知识是知识管理研究的基础和逻辑起点，它是一个内涵十分丰富，外延非常广泛的概念。由于知识的内在复杂性和开放性，对其进行准确的界定是很困难的。目前，关于知识的定义十分丰富，不同的研究者，对知识的理解和定义也不同，他们从各自的认识立场和研究角度出发对知识进行了各不相同的定义。

《辞海》（辞海编辑委员会，1989）认为，知识是“人类认识的成果或结晶。包括经验知识和理论知识。经验知识是知识的初级形态，系统的科学理论是知识的高级形态。人的知识（才能也属于知识范畴）是后天在社会实践中形成的，是对现实的反映。辩证唯物主义把社会实践作为一切知识的基础和检验知识的标准。知识（精神性的东西）借助于一定的语言形式，或物化为某种劳动产品的形式，可以交流和传递给下一代，成为人类共同的精神财富。知识随社会实践、科学技术的发展而发展”。

美国哲学家詹姆士（James，1907）认为：“知识是基于经验的理解。”

英国哲学家波普尔（Popper，1972）在“世界 3 理论”中把知识分为三种基本类型：世界 1 知识，即客观知识，指物理系统的编码结构，这些编码结构能够使客观物体适应其环境；世界 2 知识，即主观知识，指信念或人们内心深处关于世界、美和正确等的信念倾向，这些信念或信念倾向是在人们试验、评价和经验的基础上形成的；世界 3 知识，即记录在物质载体上的主观知识，介于客观知识和主观知识之间，是一种可共享的语言陈述，是关于世界、美和正确等的知识表述，这些知识经由代理者（个人、群体、社区、团队、组织、社会等）获取、表述、试验、评价而形成。

美国学者波拉尼（M. Polanyi）在 1958 年提出了两种最基本的知识类型，即隐含知识（tacit knowledge）和明晰知识（explicit knowledge）。隐含知识也称为个人知识，是带有情境性质的难以表述的“受约束的知识”；明晰知识也称为编码知识，是能够编码且被编码的知识。

日本学者竹内弘高（Ikujiro Nonaka）和野中郁次郎（Hirotaka Takeuchi）进一步区分了隐含知识（隐性知识）和明晰知识（显性知识）（竹内弘高和野中郁次郎，2006）（表 2-1）。

表 2-1　知识的两种类型

隐含知识（隐性知识）	明晰知识（显性知识）
经验知识（身体）	理性知识（头脑）
并时知识（这里和现在）	历时知识（那里和那时）
模拟知识（实践）	数字知识（理论）

美国知识管理学者达文波特和普鲁塞克（Davenport and Prusak，1998）认为，“知识是结构化的经验、价值、情境化信息和专家见解的流动组合，这种流动组合能够为评价和组合新经验和新信息提供框架。知识源于也应用于知识者的头脑。在组织中，知识不仅嵌置于文献和知识库中，而且也深藏在组织的惯例、流程、实践和规范中”。同时，达文波特和普鲁塞克还分析了数据、信息和知识的关系。①数据是一组关于事件的不连续的和客观的事实。②信息是赋予关联和目的的数据。信息与数据的最大区别之一就在于信息有意义。数据通过“情境化”、“分类”、“计算”、“纠错”和“简化”五种方式可以转换为信息。③知识来源于信息，人类个体或组织通过知识创造活动使信息转变为知识。信息转变为知识主要通过“比较”、“推论”、“关联”、“对话”四种途径。

美国知识管理学者法雷斯通和麦克劳埃（Firestone and McElroy，2003）也比较了数据、信息和知识，他们认为，数据、信息和知识都产生于社会过程。数据具有可观察性、可测量性和可计算性，数据通常用结构化的格式（概念情境）来表述，数据是信息的子集。信息是加载了概念约定和解释的数据，是以某种方式萃取、过滤或格式化的数据。知识是经过检验和评价，旨在减少错误和寻求真理的信息，知识也是信息的子集。

著名的管理大师德鲁克（Drucker，1999）指出，“知识是一种能够改变某些人或某些事物的信息，这既包括使信息成为行动的基础的方式，也包括通过对信息的运用使某个个体（或机构）有能力进行改变或进行更为有效的行为的方式”。

无论从哪个角度给知识下定义，现在所指的知识主要是指系统的科学理论，而不只是传统的经验知识。从一般意义上说，知识是人们在认识和改造客观世界与主观世界的实践中，对主客观世界的认识和实践经验的总结，是人们认识的结晶，是人类智力劳动的成果。同时知识只有在使用过程中，才体现出其价值，才成为有实践意义的、真正的知识。

(二) 知识的分类

随着对知识内涵认识的加深，人类从不同角度对知识进行了分类。根据不同的标准，知识有多种分类方式。

(1) 根据知识的属性，可将知识分为显性知识(explicit knowledge)和隐性知识(tacit knowledge)。野中郁次郎和竹内广隆认为，显性知识是可以用语言和文字进行表达的知识。它能够脱离原有的情景，借助数据、科学公式、规范、手册等形式加以共享，可以通过系统、正规的方式在人们之间进行传播，即容易被处理、储存和传递。典型显性知识主要是指以专利、发明创造、文件、规章制度、设计图、报告等形式存在于书本、计算机数据库、CD-ROM等中的知识；而隐性知识是个人或组织经过长期积累而拥有的不易用言语表达，也不可能传播给别人或传播起来非常困难的知识。它与人们的行动、经历、理想、价值、情感密切相关，是高度个人化的，它存在于人们的潜意识中，只有通过体验和行动才能获得，通过互动的对话、故事以及共同的经历才能传播。隐性知识表现为工作诀窍、经验、视点、形象、价值体系等。

(2) 根据知识可应用范围和可传递性，可将知识分为通用知识(general knowledge)和专门知识(specific knowledge)。通用知识是指适合于各种工作环境的知识，它着眼于解决各个行业或组织中具有共性特征的问题，具有普遍适用性。通用知识具有共享性，组织或公司可以更容易和有针对性地在不同知识或实践团体中对通用知识进行编码和交换。而专门知识着眼于提供适合于特定工作环境，满足特定需求和为解决特殊问题所开发的知识。专门知识具有特定的情景性，它的产生与运用根植于某种特定的环境，一旦脱离了此环境，这种知识就会部分或全部地失去其意义。如果要对其进行编码并进行传播的话，就要求个人或组织复制、再现与之相关的情景。因此，通用知识的转移成本很低，专门知识转移的成本很高，但两者处于知识连续体的两端。

(3) 根据知识的隶属关系，可将知识分为个人知识(individual knowledge)和集体知识(collective knowledge)，或者分为专有知识和公共知识。个人知识是个体所拥有的能力、信息与知识的总和。个人知识不可避免地带有专业或专用的特性，它对应于专有知识，是指需要付出高昂代价才能获得的知识，具有竞争性、排他性、保密性和商业性。但个人知识也可以进行人际间转移，进而引起知识保持和积累的潜在问题。集体知识则以分散和共享于组织成员之间的方式存在，存储在组织原则、惯例、实践、结构，以及组织对过去经历、目标、愿景、竞争对手、组织关系所达成的共识中。集体知识既可以以数据形式存在于数据库中，也可以以人际互动中知识流动的形式呈现，它对应于公共知识，是指不必付出高昂代价即可获得的知识，具有非竞争性和非排他性。较之个人知识存在于个体之中，集体知识存在于个体之间。集体知识并不等于组织成员个体知识的加总，是多是少取决于个体知识向集体知识转化的机制。

（4）根据知识的载体，可将知识分为主观知识和客观知识。主观知识是寓于人的大脑中并为个人所占有的认识和经验、思想和创造性思维等；客观知识是以各类文献为载体的知识。

（5）依据知识的范围，可将知识划分为内部知识和外部知识。内部知识是指组织内部所拥有的各种知识，包括品牌、商标、专利、发明、报告、商业秘诀及员工所拥有的知识；外部知识是指组织以外的、有利于组织发展并能为组织所获取的各类知识。

（6）按知识对组织的作用和重要程度，可将知识划分为核心知识和非核心知识。核心知识是指能使某个机构为用户带来特别利益的独有技术，并使该技术迅速、高效地转化为高质量的产品和服务的能力；非核心知识是指辅助核心知识的产生、形成和发展的制度、文化、技术及知识等。

（7）根据知识的内容和发展过程，可将知识分为事实知识（know-what）、原理知识（know-why）、技能知识（know-how）、人力知识（know-who）。事实知识即关于客观事实的知识，此类知识类似于人们通常所说的信息，可通过书本、因特网（Internet）/内联网（Intranet）、数据库等获取；原理知识系指通过实践活动并得到验证的科学理论知识，此类知识在多数产业中支撑着技术的发展，以及产品和工艺的进步，它可以通过经培养、训练并且具有丰富经验的员工获取；技能知识即技术诀窍、技能和能力方面的知识，典型的是机构发展和保存的专门技术或诀窍，它可通过企业日常生产活动、企业间合作对等获取；人力知识是指在特定的社会关系中获取的知识，即知道何人具有何种知识和能力的知识，涉及社会关系等方面。事实知识和原理知识属于显性知识，易于整理和存储，可通过读书、听讲和查看数据库而获得。而技能知识和人力知识属于隐性知识，它们存储在人的脑海里，是一种经验的体现。

对组织内的知识类型，斯坦和兹瓦斯（Stein and Zwass，1995）提出了一种整体的观点，认为组织记忆系统中的知识可分为隐性知识、程序知识、事件知识、社会知识、概念知识、编码知识、经验型知识。

（三）知识的特征

1. 知识的资源性

知识与物质、能力共同构成人类社会的要素，它与物质和能力一样也是一种资源，只是这种资源与物质资源相比，具有不会损耗、可反复使用、不断延续、复制成本低、难以模仿等独特的优点。知识是创造性智力劳动的产物，区别于传统意义上的物权客体的有形物。同时知识必须通过一定的、有形的物质载体才能得以实现，它不能独立存在，其物质载体的形式不是唯一的，可以是文字、图表、公式、语言等各种形式，这些有形载体可以复制和仿造。

2. 知识的传递性

知识作为人的经验存在于其大脑中，并可以用各种符号的逻辑组合、图形的方式及物理的方法等表示出来。知识能被存储起来，如存储在书本、磁盘或光盘乃至大脑中。由于知识具有可表示性和可存储性，它可以被加工处理、积累、传递和继承等。在传递过程中还可以根据需要将知识从一种表示形式转换为另一种表示形式，而其含义并不发生变化。

3. 知识的共享性

知识的共享性包括知识的扩散性和知识的非消耗性两方面。知识生产一旦取得成果，便可无限复制，知识资产本身的费用不会因传播费用而增加。同时，知识产品无论怎么使用，都不会损耗，反而还会增加其价值。从知识的公共消费权利（即“非排他性”）和知识的消费量竞争（即“非竞争性”）来看，知识属于公共物品，具有共享性，是人们共享的财富。

4. 知识的指数增长性

许多研究表明，加以适当的激励，知识可按指数级增加，所有的知识增长曲线都具有这一特点。随着知识逐步的累积，知识基础本身也在随之增加。不断增加的知识基础使知识总体发生了指数级增长，这就是知识的指数增长特性。

5. 知识使用的同时性和重复性

物质产品只能由特定的对象一次性使用，但知识则可以由不同的对象同时使用和重复使用。知识被使用的次数是无限的，且在使用中不会被消耗。但是知识存在老化的问题，它会随着科技的发展而过时。

6. 知识的增值性

大多数资产的价值都会在使用中不断下降，知识则不同，它被越多的人所使用，其价值就会得到越多的体现。并且在使用过程中知识不仅不会被消耗而且还会增值。这种增值来源于：①知识会因为更多人的共享而形成行为准则，使其增值；②使用者在实践中不断赋予知识新的内容，也会使其增值（相丽玲，张延飞，2010）。

7. 知识的占有性

由于知识具有非排他性，即一个人或组织拥有知识不排除他人或其他组织也同时拥有此知识。某一个体或组织拥有的具有市场价值的知识产权如果耗资巨大，且不一定成功，那么这一个体或组织将面临很大的风险。国家一般有保护知识产权的相应机制，因此个体和组织可以通过申请专利来保护自己的产权。同时也可采用保密和挽留关键职员的方法来保护自己有用的、稀缺的、被盗用性高的知识产权。

8. 知识的时效性

随着时间的推移，知识的价值会随之发生变化。在特定阶段，知识被一部分人或者组织专有，在相关的新知识出现之前，随着社会对该知识需求的增加，其价值会变大。但是，相关的新知识出现后，其利用价值就会逐渐减少，逐渐贬值，直至毫无价值可言。

二、知识管理的定义

知识管理是一个新兴的跨学科领域，人们分别从不同角度对知识管理进行了定义，目前学界对知识管理概念的认识并不统一。

国外具有代表性的知识管理定义如下所述。美国学者达文波特（Tom Davenport，1994）认为，知识管理是捕获、分配和有效利用知识的过程。美国学者威尼哥（Wenig，1998）认为，组织知识管理主要包括两种活动：一种活动聚焦于从组织内部和外部获取知识，另一种活动聚焦于明智地应用知识来实现组织的使命。美国学者维戈（Wiig，1998）认为，组织知识管理须从三个维度考察：一是业务维度，关注组织为什么、在哪里和在多大程度上对知识进行投资和开发；二是管理维度，关注知识实践和活动的决策、组织、指导、支持和监督，这些实践和活动旨在实现业务战略和目标；三是操作维度，关注应用技能知识完成基于明晰知识的工作和任务。美国学者穆雷（Murray，1998）认为，知识管理是把一个组织的智力资产（包括记录信息和组织成员的才智）转换为更高的生产力、新的价值和持续增强的竞争力的战略。1998年，德国企业家斯特凡·洛特曼等认为，知识管理就是通过对知识有意识地利用，使之变成一种可以管理的企业资源。加拿大学者杜菲（Duffy，2000）认为，知识管理是通过对组织的智力和经验进行投资从而驱动创新的过程。美国学者提瓦纳（Tiwana，2002）虽然没有给出知识管理的定义，但他界定了什么不是知识管理：知识管理不是知识工程，不是流程，不仅仅是数字网络，不是组织的内部网，不是一次性投资，不是企业的“信息银行”。美国学者格罗夫和琼斯（Groff and Jones，2003）认为，知识管理是指保存、分析、组织、改进和共享业务技能知识的工具、技能和战略。

国内具有代表性的知识管理定义如下所述。金吾伦（2001）认为，知识管理是适应知识经济时代的管理，用知识和智慧对知识进行管理，以便最有效地开发、配置和利用知识资源，服务于经济和社会发展。李绪成等（2002）认为，知识管理就是从知识拥有者那里获取知识，然后把这些知识用到需要它的地方，让使用它的人能够做出好的决策，从而达到个人或企业的目标。王德禄（2003）认为，知识管理是指一个组织整体上对知识的获取、存储、学习、共享、创新的管理过程，目的是提高组织中知识工作者的生产力，提高组织的应变能力和反应速度，创新商业模式，增强核心能力。韩经纶（2006）认为，知识管理是建立在知识分工基础上的一种新型管理模式，是运用现代信息技术和网络手段对相关知识进行连续管理的过程。其中最大限度地利用和传播知识是组织提高核心优势和竞争力的关键，知识的内部共享和知识创新是组织持续发展的灵魂。邱均平和段宇锋（1999）认为，知识管理可以从狭义和广义角度理解。狭义的知识管理主要是针对知识本身的管理；广义的知识管理不仅包括知识本身，还包括对与知识有关的各种资源和无形资产的管理，涉及知识组织、知识设施、知识活动、知识人员等的全方位、全过程的管理。柯平（2001）认为，狭义的知识管理是指组织对知识资本的管理；广义的知识管理是通过对知识的创造、组织、传播分析、开发与利用等途径，使之发挥效用的一种理论与方法。建立在这个基础上的知识管理可分为企业知识管理和知识资源管理两类。

虽然国内外学者对知识管理的表述各不相同，但他们揭示的概念实质是相同的。知识管理的实质是对组织中所有员工的经验、知识、能力等因素的管理，实现知识共享并有效实现知识价值的转化，以促使组织知识化和不断成熟壮大。因此，知识管理就是获取、利用并创新知识，提高组织创新的能力，以保障组织生存发展的一种活动。它包括知识的获取、整理、保存、更新、应用、测评、传递、分享和创新等基本环节，并通过知识的生成、积累、交流和应用管理，以实现知识的资本化和产品化。知识管理的出发点是把知识看做最重要的资源，把最大限度地获取和利用知识作为提高组织竞争力的关键。

第二节　知识管理的相关因素

一、知识管理与人、技术、业务流程和组织的关系

（一）知识管理与人

人是知识管理中最为重要、最具有能动性的因素，主要表现在三个方面。①人是知识的重要载体。人不仅可以通过学习掌握各种显性知识，而且是隐性知识的唯一载体，而隐性知识决定了人在知识管理过程中的不可替代性。②人及其实践活动是知识的唯一来源。通过智慧和主观能动性，人可以在实践活动中归纳出各种有用的经验、规律以形成隐性知识。同时人也能促使隐性知识的显性化。虽然可以借助各种现代技术工具总结和发现在一般条件下难以得到的规律、经验和知识，但缺少了人在其中关键性的作用，这些发现也是不可能的。③人是应用知识创造价值的主体。在知识经济时代，各种具有专业化知识的人才是技术设备始终无可替代的，因为技术设备也仍然需要人来设计、制造、操纵和维护。

（二）知识管理与技术

技术是知识管理的基础支持因素，是实现知识管理的工具。它有两种形态，

一是固态的技术设备形态，即物化的技术和设备；二是具有能动性的技术保持形态，即掌握技术的人员。知识技术管理涉及知识管理系统所依赖的技术及相关设备的管理，是整个知识管理系统得以实现的基础和处理平台，包括建立关系型数据库、知识仓库、决策支持、多库协调系统、内部网络，以及系统的日常维护和疑难检修、多态交流和统一联系渠道等。只有设备形态的技术基础和人力资源形态的技术基础完美结合，才能使知识技术管理真正发挥作用，使组织决策者、现有资源、知识、社会环境、技术设备和人力资源构成一个和谐的综合性体系。同时组织在开展知识管理时还必须正确认识和处理技术、文化、战略和组织设计之间的关系，避免在知识管理过程中的唯技术倾向，毕竟技术在知识管理活动中只是一种手段。

（三）知识管理与业务流程

业务流程是以客户需求为起点，组织输入各种资源，创造出客户满意的产品或服务，以实现价值的过程。知识管理与其业务流程结合，能够改善业务流程，提高服务质量，节省管理成本。业务流程知识按其来源和通用性可分为基础常识、常规操作和业务经验等，由于前二者属显性知识，可以比较容易地实现知识的积累和分享；而后者则是典型的隐性知识，其知识管理的难度较大，需要复合型、非标准化的知识管理方式管理。由于传统组织中的业务流程是按分工理论构建的，本身就存在许多弊端，为适应知识管理的需要必须对业务流程加以重构。按照业务流程的不同分类标准，业务流程知识的重组可采取两种方式：①横向整合，即对业务流程相同或相似步骤的知识进行横向交流与整合融通，使局部的业务知识水平得到提升，进而改进业务流程总体的知识和实践水平；②纵向整合，即业务流程垂直步骤上综合考虑各步骤的因素，进行整体收益最大化的知识重组，实现业务流程的大幅度、跨地区、跨部门、跨公司的整合。

（四）知识管理与组织

为适应组织业务流程整合的变化，组织结构也必然要作相应的调整。而知识管理的组织结构不仅涉及部门设置、职能划分和权限控制等问题，还直接影响到知识管理过程中起主要作用的人员，包括承担宏观控制职能的首席知识官、承担中层指导职能的知识管理项目经理以及承担微观操作职能的知识工程师。这些人员，不仅是组织知识管理的驱动者和构建者，也是组织控制和获取知识流不可或缺的要素。

二、知识管理的主体与客体

（一）知识管理的主体

知识管理的主体是人和由人组成的群体，包括个人、集团和社会，表现为人的各种组织形式。知识管理的主体可以分为个人、组织（包括企业和机构等）、国家乃至人类社会四个方面。

（1）个人主体。知识社会对个人发展提出了更高要求。由于知识更新的速度不断加快，传统的教育方式已不能适应时代的需要，这就要求每个人有意识地不断学习来丰富经验和知识，进行自我终身教育。在坚持学习的前提下，要不断总结经验和进行思考，努力使自己获得的知识系统化和编码化，同时要有意识地与别人交流，在分享知识的过程中实现知识的更新。此外，个人还需要不断分析总结自身的知识结构，对需要进一步学习的知识，要制订相应的计划，从而对个人知识进行有效管理。

（2）组织主体。知识管理活动的最主要实施者是以营利为核心目的的企业，知识管理活动将为企业带来直接效益。企业通过组织的调整和管理方式的创新，消除组织交流障碍、营造知识共享环境、构建扁平化组织结构、建立广泛的外部网络等方式，不断地将知识运用到经营管理、生产和服务的各环节，从而不断地实现产品、生产过程和经营模式的创新。创造新的知识，是当前知识管理的重点。非营利性的组织，如图书馆、学校和研究院所，也需要不断地获取知识、传播知识和创新知识，以不断地向人们提供各类知识。

（3）国家主体。在不断变幻的国际形势下，一个国家要制定和执行政策以实现可持续发展，要完成政府在知识经济时代的职能，要制定和实行更为科学的经济和政治决策，要为企业创造更有利的发展环境，要提高政府自身的运作效率等，为实现这些目标，国家也需要制定发展政策和战略知识，需要执行政策和实施战略的知识，需要应对突发事件的知识，因此国家也必须进行宏观的知识管理。

（4）社会主体。当前，面临人类社会共同的威胁与挑战，世界各国也在联合起来共同寻找应对危机的知识，而这些知识必然涉及新兴的技术知识和管理知识，因此加强社会主体的知识管理也很有必要。

（二）知识管理的客体

知识管理的客体是指人们所认识或处理的对象，包括自然界、社会、组织和个人，表现为知识内容和知识过程。

1. 知识的内容

这是从静态的角度来看待知识的。知识内容有不同的表现形式：一般形式、商品形式和资本形式。知识作为一般形式，具有可表示性、可存储性、可传递性、可共享性、可多次利用性、可占用性等特性。知识并不是一开始就成为商品的，当知识作为人类劳动的产品就具有了商品的属性，在除了满足生产者的需求外出现了剩余知识产品，并能由生产者自由交换和拥有对知识的私有产权（表现为知识产权）后，知识就成为知识商品，而知识的商品化从根本上推动了知识存量的增长和科技的进步。当知识用于交换，以知识商品的形式存在，并且成为商品生产和流通过程中价值形成和增值的手段或载体时，知识表现为资本形式。知识资本以知识形态存在和流动，在商品货币关系中以商品价值形式追求其增值的价值。人们对知识的拥有权和知识自身的权利特征一般是通过知识产权得以实现的。知识产权制度的确立，一方面可以确保特定主体对其智力成果所享有的权利，从而使知识成为有价商品并可以进行交换；另一方面可以促进知识及科技的进步，促进知识及时而广泛地传播与应用，避免知识生产的重复进行，缩短科技进步的周期。

2. 知识的过程

这是从动态的角度来看待知识的。它包括三个方面。①显性知识与隐性知识的转换，即社会化（从隐性知识到隐性知识）、外在化（从隐性知识到显性知识）、组合化（从显性知识到显性知识）和内在化（从显性知识到隐性知识）。②知识线性价值链，主要包括知识管理的关键过程，如知识的获取、知识的存储、知识的处理以及新知识的生成过程，而从经济侧面来看则是知识怎样通过价值链进行增值。③知识网络系统，它从技术侧面探讨知识通过技术网络或社会网络进行传递、转换的过程，是知识生产、传播、扩散、应用、创新的机制和网络系统，强调企业内部各职能部门之间及其与外部的组织（如供应商、大学、研究机构、其他企业，政府等）之间的相互作用与相互联系。其与知识价值链的根本区别在于：知识价值链是线性模型，而知识网络系统是网络模型。

第三节　知识管理的内容与模式

一、知识管理的内容

知识管理的主要内容是指对知识的生产、学习、交流、利用、评价和改进等过程进行管理。其中重要性、复杂性和难度最大的内容是如何发挥员工的积极性以促进知识创新，从而挖掘和共享其隐性知识，其主要内容如下。

（一）知识管理的知识战略和知识经营管理的策略

对于一个组织来说，要想充分发挥知识的作用，需要从宏观上制定组织的知识战略，而知识战略必须要符合组织总体发展战略。对于国家来说，知识战略是国家可持续发展总战略的有机组成部分。对于一个企业来说，知识战略服务于企业总战略，特别是企业创新战略的实施。

（二）知识管理的基础设施

这是知识管理的支持部分，主要包括两个方面。①组织结构，它不仅涉及部门设置、职能划分和权限控制等，如专门的知识管理部门及在知识管理过程中起主要作用的人员（首席知识官、知识管理项目经理、知识工程师等），还涉及人与人之间的各种联系渠道；②知识管理系统所依赖的技术及相关设备，如关系数据库、知识仓库、决策支持、多库协调系统、内部网络，以及多态交流和统一渠道等。

（三）知识管理与业务流程结合

业务流程是指以客户需求为起点，组织输入各种资源，创造出客户满意的产品或服务，以最终实现组织价值的过程。在一个组织中，业务流程决定其运行的效率，因此，对业务流程相同或相似步骤的知识进行横向交流与整合融通，或直接搜集和整理各流程步骤知识并通过整合实现流程知识的纵向重组，使组织的知识资源在知识链上形成畅通无阻的知识流，让每一个员工在获取与业务有关的知识的同时，都能为组织贡献自己的知识、经验和专长。

（四）知识管理的方法

知识管理的方法包括宏观和微观两个方面。宏观方面主要指运用人本管理思想来加强对员工的管理；建立灵活的扁平化组织来弱化等级，营造一种平等竞争的气氛；创立一种知识共享文化，形成一个能够让知识自由流动的环境。微观方面主要指知识管理实践活动中所应用的各种方法，如知识挖掘与检索方法、知识组织与存储方法、知识传输与共享方法等，这些方法可以动员内部的各种力量去获取各种知识资源，并对知识加以组织和处理，使其有效地运用到工作实践中去。

（五）知识的获取和检索

知识的获取和检索是指组织或个人的知识收集活动，是组织或个人知识的来源。组织为了生存和发展对知识的需求，动员内部的各种力量去获取各种知识资源，加以组织和处理，使其有效地运用到工作实践中去。它可以通过利用知识管理的具体工具，如智能客体检索、多策略获取、多模式获取和检索、多方法多层次获取和检索等，从内部、外部、合作伙伴乃至竞争对手处获得有用的知识。它要求在现有知识不足的情况下对知识进行创新，以建立、更新、扩充知识库，从而充分利用内外各种知识资源。

（六）知识的传递

知识传递是知识在不同个体之间、不同组织之间以及不同组织和个体之间的有效传送问题，其传递途径包括建立知识分布图、电子文档、光盘、DVD及网上传输、打印、直接交流、会议等知识媒介。知识传递是知识管理的动力，是实现知识流通和知识共享的前提。知识只有在流通中才能不断产生价值。为促进知识流通，应该建立有利于知识传递的体制，创新知识流通的技术条件。

（七）知识共享和评测

知识共享就是打破不同知识所有者之间的壁垒，实现知识在一定范围内的自由流动和自由使用。知识共享的目的在于建立一种良好的组织文化和灵活有效的激励机制，从而激励员工参加知识共享。知识评测包括两个方面，一是建立评价、计量知识价值的方法，为知识管理提供价值依据；二是建立顾客满意度测评体系和评价体系，为组织目标的改进提供依据。

（八）保存、保护和经营好知识资产与知识资本

对现有的知识资产，无论是有形的还是无形的，都要加以保存，建立知识库。要经营知识资本，使其增值，同时还要注意对知识产权的保护。

二、知识管理的模式

正如知识管理有诸多的定义一样，知识管理模式的定义也多种多样，主要有如下三类定义模式（夏敬华和金昕，2003）。

（一）以“人”和“技术”为维度，知识管理模式分为信息化模式、人性化模式和综合化模式

(1) 信息化模式只从“技术”维度考察知识管理策略，生产和经营活动主要依靠显性知识，一般利用原有的知识进行重复性的生产或经营活动。

(2) 人性化模式只从“人”这个维度来进行知识管理，生产经营活动主要依靠员工头脑中的隐性知识，而不是公司现有的显性知识。

(3) 综合化模式同时从“技术”和“人”两个维度管理知识，强调从“人”到“人”的隐性知识分享，同时又开发虚拟会议以及知识地图以方便和促进人与人之间的交流，或者强调技术在知识管理过程中的作用，以从“人”到“知识库”的隐性知识显性化以及“知识库”到“知识库”显性知识的集中化为主。

（二）以“产品”和“过程”为参数，知识管理分为“以产品为中心”模式和“以过程为中心”模式

(1)“以产品为中心”的模式认为，知识是一种能够定位和操作的对象，或是一种能够创建、存储、分发知识的库存，它集中于显性知识产品的创建、存储以及再使用。

(2)“以过程为中心”的模式认为，知识只能通过促进、鼓励、培育以及引导学习过程才能被有效管理，知识管理是一种社会化的交流过程。该模式强调

群件系统的建设、知识社区的建制等。

（三）以“合作程度”和“工作复杂程度”为维度，知识管理模式分为事务模式、集成模式、协作模式和专家模式

（1）事务模式的最大特点是“规范化”，通过核心业务知识的规范化、标准化确保核心业务活动持续稳定地开展。它强调知识的系统化、运作的自动化，工作常规化、操作程序化和员工行为标准化，不需要太多创造性的员工。这种模式在工作复杂程度和相互依赖程度上都比较低。

（2）集成模式着眼于“整体最优”，着重于跨部门的统一协调，通过业务集成的方式促使掌握相关知识的各部门形成统一的运作规则和行动标准，充分发挥共享目标体系和信息反馈体系的作用，使各部门的功能性决策建立在整体运营效率最大化的基础之上。这种模式相互依赖程度相对高，但工作复杂程度相对低。

（3）协作模式注重从全局角度来综合各种知识，调动各方面的知识储备来解决错综复杂的问题，尤其强调学习型组织“共同超越”理念的挖掘，建立起激励员工参与知识共享的机制，共同关注个人和集体创新能力的培养。这种模式在工作复杂程度和相互依赖程度上都比较高。

（4）专家模式注重从专家的工作中获取核心业务发展的推动力，发挥“明星效应”，要求企业必须采取特别的激励手段吸收具有专门知识的个人，鼓励他们进行价值增值活动，把知识管理重点放在知识资本的“内部运营”，通过长期的职业发展方案培养企业内部骨干。这种模式相互依赖程度相对低，但工作复杂程度相对高。

第四节 知识管理的目标与过程

一、知识管理的目标

知识管理的目标是推动组织知识创新体系的构建和知识资本的价值增值和价值的实现，它使组织一方面把知识作为产品来利用，如咨询公司出售知识产品为客户提供服务；另一方面利用知识来生产产品，如知识密集型产品以及依据客户知识定制产品等。知识管理正是以此为目标展开活动的。组织围绕目标而展开的活动主要包括以下八个方面。

（1）确定组织生产、交流、共享、整合和应用知识的战略决策，在组织各方面力量的配合下实施知识管理策略，并对这一策略进行经常性的评估。

（2）了解和熟悉组织的生存与发展环境，以及组织自身的发展特点与要求，

尤其是组织内部的知识要求，以便增加组织整体知识的存量与价值。

（3）建立和营造促进知识学习、知识积累和知识共享的环境并激励员工的知识创新与交流，以便有效发挥组织内个体成员的知识能力和开发潜能，提高创新能力。

（4）监督和保证知识库中知识内容的质量、深度、风格与组织的发展一致，其中包括知识的更新，保证知识库设施的正常运转，增强知识的积累、转换，提高知识编码率，确保组织的知识积累。

（5）促进知识的评估利用和交流共享，实现知识在组织内的扩散与共享，确保员工直接而有效地得到其所需的知识，推进新知识的有效开发。

（6）提高员工整体素质，实施员工满意度战略，体现以人为本，提升员工的数据信息处理能力、创新能力、工作技巧和合作能力。

（7）加强组织研究开发和创新能力，应用知识提升组织的技术、产品与服务水平，以提高组织整体对外的竞争力。

（8）检测和评估组织知识资产的价值和知识管理活动的绩效，促进组织的人力资源、信息、知识和经营过程的紧密结合，以有效实现知识价值的科学转化。

二、知识管理的过程

（1）知识创造。知识创造是指组织开发创意和设计解决方案的能力，这是知识管理的目标和任务。知识创造是一个自然发生的过程，其中激励、鼓舞、试验和机遇对其起着重要作用。知识的新颖程度取决于它能否更熟练和更有效地解决现有问题，或在市场中导致创新。

（2）知识确认。知识确认指在现有组织环境下考察并评价知识的有效性。随着组织的不断成熟和不断发展，新的知识不断被创造和出现，这就需要组织对知识进行确认和评估。同时原有的部分知识可能变得陈旧，需要重新调整和提炼。

（3）知识组织。知识组织指知识被创造并得到确认后，为了有效地存储与检索，而对其进行合理和有效的组织，并使之结构化，从而实现对知识的高效存取、利用和管理。这是知识管理的基础。

（4）知识获取和检索。知识获取和检索是指多策略、多模式、多方法、多层次地检索和获取知识的过程，它要求尽量把知识编码化，转化为显性知识。对于不能编码的隐性知识，要通过社会化的途径加以交流。这是知识管理的起点。

（5）知识传播。知识传播指在检索和获取所需要的知识后，在整个组织中对其加以传播和共享，这是生成新知识的必要前提。组织、人员和技术之间的互相作用直接影响知识传播的结果，如电子邮件、内部网、电子公告牌和新闻组的应用能促使知识在组织中广泛传播，从而允许组织成员以多种观点和角度来讨论和解释信息。

(6) 知识应用。知识应用指采用知识来生产组织的产品与服务，从而为组织创造价值，它是知识管理的最终目的。在知识应用过程中，组织和人员可以发现新问题，并在试图解决出现的新问题时创造出新知识。

知识管理是一个知识创造、知识确认、知识组织、知识获取、知识传播和知识应用的综合过程，其中的每一个环节对组织核心竞争力的构建和支持都是必不可少的，任何一个环节的缺失都会使整个知识流不能正常运转。知识管理过程的循环往复，相互协调，是组织运转的重要能源和推动力，如图 2-1 所示。

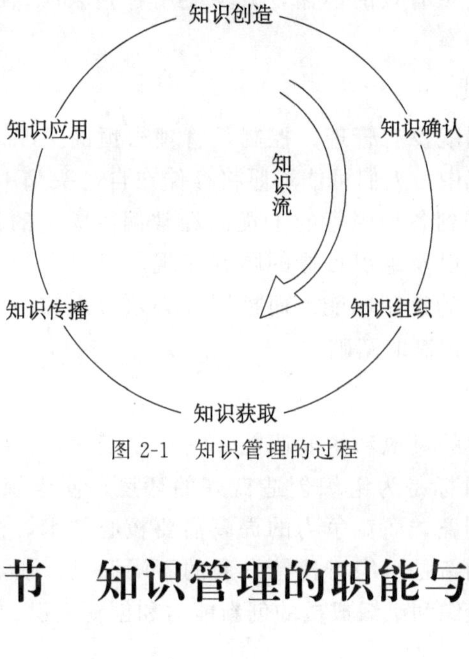

图 2-1　知识管理的过程

第五节　知识管理的职能与原则

一、知识管理的基本职能

知识管理的职能主要包括学习、中介、控制和创新四种职能，它们是相互联系交叉渗透的，并总围绕组织或个人赢得可持续发展的优势而展开。

(一) 学习职能

学习职能是由知识的指数级增长与更新模式所决定的。在知识管理中，每一个知识管理者遇到的首要问题是个人和组织的学习问题，因为学习是整合及应用知识以适应需求变化的基本途径，也是取得新信息增强理解力以便更好地实现知识管理的前提。学习职能的关键是学习内容、学习目的和学习的程度等，它涉及知识的收集、整理、存储、传递和共享，其中知识的收集、整理、积累是基础，传递、共享是个人、组织学习的结果之一。特别是组织在学习过程中要激励员工在组织内部共享个体知识。并在共享中正确区分和处理有效知识和无效知识，以提高组织整体知识积累的层次和水平。

（二）中介职能

中介职能是由知识的量大数广、分布的不均衡性和分散性所决定的。知识管理的中介职能不仅可以加强知识的提供者和知识的使用者之间的联系，为使用者提供快捷、准确的信息来源，实现明确、固定的知识传送，而且能将知识需求者和最佳知识源相匹配，使分散性强、传递性差、适应范围窄、一般不易传播的经验知识得到更有效的传输，减少使用者获取信息的机会成本和使用成本，提高知识的利用率。

（三）控制职能

组织中没有控制就没有管理，控制是管理永恒的主题，这决定了知识管理的控制职能。在组织中，人们可能不愿将存储在自己头脑中的知识与大家分享。另外组织的活动会受到各种因素的干扰而经常偏离既定的目标。因此，要解决好知识的共享问题，以及组织目标的顺利实现，组织中各个层次的管理者都必须充分重视知识管理的控制职能。而控制又必须解决知识评价的问题，对知识的合理评价和预期是控制的基础。

（四）创新职能

创新是知识管理的灵魂和主要职能，它存在于学习、中介和控制的每个过程中。知识管理的目标是为组织创造良好的环境，使组织获得永久的竞争力，以实现组织最大的利益。而竞争力的提高需要核心技术，核心技术必须进行不断的创新。因此，创新是组织可持续发展的不竭源泉。知识管理的创新职能主要包括培养和提高组织和组织成员的创新能力和创新意识。

二、知识管理的原则

知识管理的原则是有效管理知识的基础。知识管理的主要原则有以下七个（Allee，1997）。

（一）积累原则

知识积累是组织或个人实施知识管理的基础。重视信息和知识的积累，是进行知识管理的首要条件。知识积累能有效防止知识随着某项具体工作的结束而消失，或者随着员工的离去而消失的情况出现。知识积累可以通过技术措施来实现，支持知识积累的技术主要有群件技术、文档管理技术、数据库技术、知识生成、文本挖掘与检索技术等。

（二）共享原则

知识共享不仅能有效实现知识价值的最大化，而且有利于构建组织开放融洽的文化环境，使组织成员能更有效地接触和使用知识和信息，从而使知识得到更有效的利用。实现知识共享的技术主要包括网络技术、群件技术、数据库与知识库、知识地图等。

（三）交流原则

知识积累和共享为知识发挥作用提供了基础，而知识交流是使知识体现其价值的关键环节，是发挥知识价值最大化的有效途径。只有在交流过程中才能更好地学习知识、利用知识与创新知识。为了使信息和知识在交流过程中畅通无阻，组织必须营造一个有利于交流的组织结构和文化氛围。知识交流在知识管理系统中处于最高层次。典型的知识交流技术有邮件系统、网上论坛、E-Learning 等。

（四）人本原则

虽然知识的载体有很多种，但是人是其最重要的载体。人不仅能通过实践活动归纳出各种有用的经验、规律以形成隐性知识，而且也能促进隐性知识的显性化。因此，人始终是知识应用和知识创造的主体。只有以人为本，加强对人的管理，才能形成组织成员之间相互信任的环境，才能促进成员之间相互帮助、讨论和沟通。在受到尊敬与关怀的情境下，人们才能真诚地、开放地进行组织的知识管理工作，进而实现组织的知识创造、分享、积累、扩散和创新。

（五）全员性原则

在实施知识管理的组织中，从最高管理决策层到一般管理者，人人都要认识知识管理的功能与作用，支持知识管理的系统建设，熟悉、参与知识管理活动。因此，组织不仅要有专门的知识管理部门来完成知识管理的具体业务工作，而且要强化知识管理系统与其他业务系统的联系，把知识管理放在组织管理的最高层。

（六）动态性原则

组织知识管理的环境是不断发展变化的，因此，组织的知识管理既要主动适应社会技术和知识需求环境的变化，有效调整知识管理的具体目标，又要建立一个开放的知识平台，不断丰富、更新组织的知识库。

（七）契约原则

知识作为组织的一种宝贵的资源，其产权问题是知识管理中的一个关键问题。在很多组织中，有许多产权问题尚不明确。员工的知识能否被组织占有或租用？谁目前拥有或曾经拥有员工的知识使用权？当员工为客户提供服务时，他们的知识属于谁？一般认为，组织文件和信息系统中的知识属于组织，可以和员工分享，然而，当员工流向新的组织，引用原组织系统中的知识时，是否侵犯这些知识的产权？因此，签订适当的知识契约尤为重要，特别是在知识型组织之内。

第六节　知识管理的特点与策略

一、知识管理的特点

（1）知识管理是以知识为核心的管理，具有智力优势。一是对知识本身进行管理，二是对与知识有关的要素的管理。在组织的知识管理中，无论是对知识本身的生产、交流、内化等的管理，还是对与知识有关的资本、资源的管理，都是以知识为核心的管理。知识是知识管理的基础和管理对象。

（2）知识管理应以人为本，这是知识管理的显著特点。在组织中，拥有知识的是人，人是组织中最活跃的因素。要有效地进行知识管理，必须大量吸收和培养新型知识人才。人才是极其重要的，必须加强对人力资本的投资和管理，从而充分开发员工的智力、培养其知识创新能力，发挥集体的智慧和创造力。全面提高员工素质和充分肯定人的价值成为知识管理的重要标志。

（3）知识管理的边界具有不确定性。管理边界的不确定性是知识管理与一般资本管理的一个明显区别。因为在知识管理中，不仅管理的对象和范围具有不确定性，而且知识管理所需要的知识结构也具有不确定性。同时，由于信息网络化出现了动态联盟的虚拟企业，其人力资源、组织结构的虚拟化使知识管理的边界更为模糊，以及经济虚拟化和信息化条件下，企业间“双赢”的竞争与合作使企业竞争环境难以明确界定。这些都决定了知识管理比资本管理具有更多的不确定性，必须以不同于资本管理的思维模式、管理机制和技术手段实现知识管理。

（4）知识管理以知识共享为目标。提高组织的应变和创新能力，增强组织的竞争力都要求组织内部的知识共享。知识是组织最重要的战略资源，最大限度地掌握和利用知识是提高组织竞争力的关键，这就要求所有员工共同分享他们所拥有的知识，这对组织和员工来讲是一种挑战，担心失去自己的优势，但如果不能实现知识共享，企业和员工都可能遭受巨大的损失。

（5）知识管理是利用知识管理知识，对管理者有很高的要求。组织最高知识管理者的管理职责主要是制定知识管理战略，构建知识创新激励机制、制度和政策，确立知识管理的方针和目标；建立核心能力的动态联盟，提高企业核心竞争能力；塑造知识型组织的文化，提高员工素质；建立新的资源分配机制和原则；主持知识管理体系的评估，实施组织再造，建立知识型的组织机构。

（6）知识管理既对组织内部知识进行管理也对外部知识进行管理。它包括对知识、技术、资本、资源、产品等市场因素进行分析，对知识、技术和产品的发展进行预测，对产品的市场占有率和竞争力进行分析，在对顾客需求进行调查的基础上，对顾客现在及未来的需求加以分析和预测。

二、知识管理的策略

组织管理者只有把知识当做一种资产来管理、利用、创造和投资，才会变得积极和敏锐。知识管理的策略主要包括以下四个方面。

（1）知识管理与核心业务相结合。如果组织脱离特定的项目对知识进行收集、分类、查询、利用，就如同建造了一座空中楼阁，迟早是要失败的。如果不把知识管理与核心业务相结合，使组织项目的成败完全维系于技术本身，知识管理就形同虚设，毫无效益可言。

（2）知识管理与组织投入相结合。在组织知识管理的投入中，最大的投资不是技术和设备投入，而是人力与时间投入，即对知识本身的投入。组织管理者的眼光要放远一些，要加大人力与时间的投入。硬件投入不会很快产生预期的效果，员工用于创造知识的时间和投入才与知识管理的成果相辅相成。只有加强知识投入，才能提升知识管理水平。

（3）知识管理与激励方式相结合。知识管理需要相应的激励机制与之配合。知识管理的初期，知识共享还没有成为一种自然的行为。此时组织有必要采取相应的物质激励、精神激励、情感激励措施，以营造组织知识共享的环境。

（4）知识管理与人的素质相结合。人是知识的有机载体，是知识管理活动中的主体。知识管理就是要把组织知识链中的智慧聚集为组织的竞争力，员工的知识背景、道德行为及思想意识会对组织知识管理的质量产生影响。因此知识管理必须注重人的素质的提高。

第三章

图书馆与知识管理

图书馆作为收集、整理、加工、传播和利用社会文化知识的重要机构，它的基本职能是保存人类文化遗产、开展社会教育、传递科学知识和开发智力资源，这些方面也是知识管理的基本内容，所以图书馆在本质上可以被视为一个知识管理机构。

第一节 文献管理与知识管理

一、文献及其特点

（一）文献的概念及其类型

1. 文献的概念

文献是指记录知识和信息的一切载体。它是记录知识和反映知识的重要形式，也是积累知识、继承知识、传播知识的重要工具。文献在人类生活中占有重要的地位，并日益成为影响社会发展的基本因素。随着科学技术的发展，文献的形式正由传统的纸质型向电子资源、网络信息等不同的文献形式发展，文献泛指图书馆的一切纸质文档与电子资源等。

2. 文献的构成要素

（1）记录内容。记录人类在生产生活与科学创造等活动中所获得的知识和信息，是文献的最主要职能。随着社会科学技术的发展，文献所记载的知识信息内容不断被扩大和深化。

（2）记录载体。即用于记录知识和信息的物质载体。它由最初的龟甲兽骨、石头、木头、兽皮等天然材料，发展到纸质载体、胶卷、胶片、磁带等电磁介质，直至计算机磁盘、光盘、网络等电子媒介。

（3）记录符号。文献中的知识是借助于文字、图表、声音、图像等记录下来并为人脑所感知的。早期文献符号有图画、符号、象形字等，后来又有了字母文字。在纸质载体时代，记录符号主要是文字、图形、符号。自从唱片、电影、录音、录像等音像资料出现后，模拟的声音和图像信息也成为一种新的记录符号。

（4）记录手段。指信息内容被存储到载体上的方式。随着科学技术的发展，文献的记录手段越来越多，从早期的机械手段（如拓、书写和雕刻、打字、印刷等），发展到后来的化学手段（生产胶片、光、电、磁等记录手段），文献记录手段越来越多样化。新出现的计算机可读文献则综合了电、磁、光技术成为新的文献记录手段。

3. 文献的类型

（1）按照文献的载体形式，文献可分为印刷型文献、缩微资料、音像资料和机读资料：①印刷型文献是指用铅印、胶印、雕刻等各种方式印制出来的各种文献，其主要载体为纸质；②缩微资料又称缩微复制品，是用摄影方法，将文献的内容缩摄在胶片上，借助于专门的阅读设备阅读的一种文献；③音像资料又称视听资料，是将声音、影像记录在电磁材料上，并通过相应的电子设备使用的文献类型；④机读资料是将文字、声音、图形、图像等多媒体信息记录在磁盘、光盘等介质上，借助于计算机等电子设备使用的文献类型。

（2）按照文献的出版形式，文献可分为图书、期刊、报纸、科技报告、专利文献、标准文献、会议文献、政府出版物、学位论文、产品样本等：①图书是指用文字、图画或其他符号记录或印刷在纸张等载体上并具有相当篇幅的文献；②期刊是指定期或不定期连续出版，有固定的名称和版式，有连续的序号，每期发表多位作者的多篇文章，由专门的编辑机构出版的一种连续出版物；③报纸是以刊载新闻和评论为主的定期连续出版物；④科技报告又称研究报告或技术报告，是科研人员围绕着某一学科或某一课题进行研究、实验过程中的成果报告或总结报告。通常以正式报告、进展报告、技术报告、备忘录等形式出版；⑤专利文献主要是指专利说明书，是专利申请人向政府专利局递送的新发明创造的书面文件；⑥标准文献是标准化组织或有关机构对产品或服务等的质量、规格、生产过程及检验方法等所作的技术规定；⑦会议文献是指在国际或国内会议上宣读、发表或提交的论文、报告、讨论等资料汇编，又称会议录；⑧政府出版物是指政府所属各部门发表、出版文献的总称；⑨学位论文是指高等院校本科生、研究生或教学科研单位读硕士、博士学位的人员在申请学位时所撰写的论文；⑩产品样本又称产品说明书，是说明产品的性能、规格、使用方法的技术资料。

（3）按照文献的性质和功能，文献可分为一次文献、二次文献、三次文献：①一次文献又称原始文献，是人们对已创造的知识进行第一次加工而形成的文字记载；②二次文献是对一次文献进行加工、整理后形成的文献。它对一次文献的特征如题名、责任者、出处、分类、主题进行揭示和排序，或将一次文献的内容进行压缩报道，主要类型有目录、索引、文摘等；③三次文献是按照一定课题的需求，利用二次文献对一次文献进行分析、综合而编写出来的文献。主要有综述、述评、专题报告、可行性报告、数据手册等。

4. 电子出版物

（1）电子出版物的定义。电子出版物出现于20世纪后半叶，目前对电子出版物还没有统一的定义，我国新闻出版总署1997年颁布的《电子出版物管理规定》中规定："电子出版物是指以数字代码方式将图文声像等信息加工后存储在磁、光、电介质上，通过计算机或者具有类似功能的设备读取使用，以表达思想、普及知识和积累文化，并可复制发行的大众传播媒体。媒体形态包括软磁盘（FD）、只读光盘（CD-ROM）、交互式光盘（CD-I）、图文光盘（CD-G）、照片光盘（Photo-CD）、集成电路卡（IC Card）和新闻出版署认定的其他媒体形态。"这是目前我国对电子出版物比较全面、科学且具有权威性的定义。

（2）电子出版物的优缺点。电子出版物具有其他信息载体无法比拟的显著优点：①存储信息量大，体积小，密度高，节省空间；②查阅便捷、快速，精确度高；③传播速度快；④价格便宜；⑤信息资源利用率高，使用范围广，可跨越时空传递信息；⑥直观生动、交互性强。但电子出版物也具有一定的缺点：①电子出版物保存寿命有限；②技术依赖性强，借助于装置设备阅读；③存储信息易受干扰、破坏而丢失；④版权及盗版问题严重。

（二）文献的特点及其功能

1. 文献的特点

（1）生产数量大、增长快。由于科学技术在深度和广度的不断发展，各种知识门类不断增加，各个知识领域的文献信息数量越来越大，增长速度越来越快，呈指数级增长趋势。

（2）类型复杂、形式多样。传统文献以纸质印刷型为主要形式，随着科学技术的发展，出现了印刷型、缩微型、视听型、机读型等各种文献信息形式并存的状况，对人类文献信息的生产传播方式产生了巨大影响。

（3）时效性增强。目前，科学技术知识的更新期在不断地缩短，科技文献的老化在不断加剧，各类科技文献的平均寿命不断地降低。

（4）传播速度快。由于现代信息技术的发展，特别是网络技术在全球的迅速普及，信息的传播已打破了时间和空间的限制，信息全球化已成为现实。

（5）文献信息内容交叉重复。科学技术的发展趋势，向着分化和综合两个方向前进。分化的趋势导致学科越来越细化，分支越来越多。而综合的结果导致各个学科相互交叉渗透，出现许多边缘学科。这导致文献信息内容也出现交叉重复。

（6）文献质量下降。由于网络技术的发展，未加筛选的信息大量进入信息传播系统，加剧了社会文献总体质量的下降。

2. 文献的功能

（1）存储知识与信息的功能。文献的产生是为了保存和传递社会经验与知识。文献的积累与丰富，其根本的原因也在于社会知识的积累与发展。

（2）传递扩散信息的功能。信息是人与自然、社会交流的中介。人类用于交流信息的工具很多，文献是最为重要的一种。文献具有可信度高、系统完整、传播久远等特点，在人类交流系统中占有独特的地位。

(3) 社会教育功能。文献的社会教育功能体现在两个方面。一是通过文献，人们可以学习掌握各种知识，文献成为人们终身学习的工具。二是各种伦理道德、宗教信仰、哲学等社会观念，通过文献进行传播，规范了人们的社会行为，成为社会的自我控制力量。

(4) 传播文化知识的功能。文献是人类科学文化传播与发展的重要手段。人类的科学技术、文化知识通过文献得以迅速传播，促进了人类的进步与发展。

(5) 休闲娱乐的功能。文献中包括文学作品、音乐作品、影视作品、游戏作品等，这些都可以满足社会成员对文化欣赏、娱乐的需求，对促进人自身的和谐和社会的和谐有着重要的作用。

二、图书馆文献管理

(一) 图书馆文献管理的概念

图书馆文献管理是以文献为基本单位来表达、测度和评价知识，是图书馆的一项基础性工作。其主要内容是对加工整理后的文献进行科学的组织，完整地保管，从而提高文献的利用率。从图书馆初期的保存文献，到近代图书馆的保存人类文化遗产和向大众提供文献服务，文献管理工作的任务就是通过文献的收集、分编和管理，生产出符合社会发展所需要的文献产品，为文献利用者提供所需要的文献信息，使文献得到充分的利用。

图书馆通过对图书文献的系统收集、有序整理和科学保管，使刊载人类知识的图书文献积累得越来越多，这些图书文献保存了自然科学、社会科学各个领域中系统的知识。其中，既有高深的科学专著，又有通俗的普及性读物。图书馆收藏的图书文献，是人们汲取知识的养料和源泉。因此，图书馆要确定自身在社会中的独特位置，除了适当搜集、加工、收藏信息外，最重要的还是立足于对系统的“文献知识”的开发利用，为社会营造良好的学习和创新的知识环境。

(二) 图书馆文献管理的特征与要素

1. 图书馆文献管理的基本特征

(1) 客观物质性。文献管理的客观物质性具体表现在馆员、文献、工具都是物质的、可感知的。馆员是文献管理的首要条件。同时文献管理必须以一定的文献对象为前提，并需要运用一定的物质手段（如馆舍）来管理文献。

(2) 主观能动性。文献管理是人有目的、有意识的一项活动，这使得文献管理具有一定程度的主观能动性。

(3) 社会历史性。在图书馆历史发展的长河中，文献管理工作有一个从简单到复杂、从低级到高级的发展过程，在不同的社会历史时代它具有不同的特征，如古代的藏书楼、近代的公共图书馆、现代的数字图书馆，都具有不同的时代特征。

2. 图书馆文献管理的要素

（1）管理主体——馆员。馆员是指具有一定管理文献经验、劳动技能和知识的人，即运用工具、手段和方法作用于文献的有一定劳动能力的人。在文献管理过程中，首先要有馆员的体力的支出，同时需要馆员的智力（知识、经验和技能等）的参与。随着图书馆的发展和管理工具的复杂化，智力参与在文献管理过程中的作用越来越重要，在图书馆总体劳动中从事脑力劳动为主的馆员也越来越多。馆员不仅是文献管理工作中不可缺少的要素，而且是最活跃的要素。因为“馆员”的要素虽然也包括在文献管理工作的广义的“物”的要素之中，但馆员具有特殊的能动性，是活的要素。同时，文献和管理手段、设施在没有馆员参与时，只不过是可能的文献管理工作，只有通过馆员有目的、有激情、有创造力的工作，文献管理工作才能得以顺利实现。

（2）管理客体——文献。文献是文献管理工作的对象，通常是指由馆员进行组织分类，使之变为读者可利用的文献资料。文献的性质、范围与文献管理工作的关系非常密切。因为文献是文献管理工作的物质前提。没有文献，也就没有文献管理工作，馆员只有将使用工具作用于文献时才构成现实的文献管理工作。作为文献管理工作基本要素的文献并不是一成不变的。在图书馆发展的不同阶段，文献管理工作过程中的文献形式也有所不同。在图书馆发展的较低阶段，文献更多表现为天然的物质材料。随着社会的发展，特别是现代科学技术的发展，文献形式呈现多样化发展趋势。

（3）管理工具——馆舍、文献组织方法等。工具是文献管理的又一个不可缺少的要素。它在文献管理工作过程中用以改变或影响文献的物质资料或物质条件，是馆员与文献之间相互作用的中介，是文献管理工作系统中的构成要件。管理工具是馆员借以管理文献的手段、方式和方法的总和。在文献管理工作过程中，馆员通过工具作用于文献，按照一定的要求，利用工具组织文献。

工具一般可以分为物质工具和精神工具。物质工具是馆员从事文献管理工作的物质手段和物质条件，包括馆舍、书架、打字机、计算机等。精神性工具是以观念形态存在的思维框架，包括分类法、目录组织法等，即按照文献本身的内容特征和形式特征进行系统排列组合的有序化方法。经过有序化处理的文献一方面构成文献本身的科学贮存体系——文献集合体；另一方面又组成各种能表现文献特征的检索工具——图书馆目录、各种书目、索引、文摘、简介、题录等，担负起文献信息高度集合的检索和报道的功能，并以其特有的专指性去适应使用者对文献信息的选择需要。

（三）图书馆文献管理的流程

（1）文献搜集。文献搜集是图书馆文献管理工作的起点，也是开展其他各项工作的基础。文献搜集是受图书馆文献采购的选择原则支配的，它必须根据自身的方针任务、专业特点、服务方向和读者的需要，以及财力、人力和库藏条件，从广泛的文献信息资源里有计划、有针对性地进行选择收藏，以建立起一个完整的、系统的、为特定范围的读者服务的文献资源体系。因此，文献搜集不仅要有明确的目的和长期规划，如文献本身所含的知识质量价值，知识信息的密集程度，以及知识的新颖性、独特性和先进性等，还要随时调查搜集到的文献是否被有效利用，如是否满足社会（不同类型读者）的需要，即文献的适用性。

（2）文献组织。文献组织的目的是把各种文献资料按照它们本身的特征组成一定的文献集合和检索信息集合，使文献在内容和形式上有序化，成为一种既方便检索利用，又便于管理的文献体系。文献组织的方法主要有两种：一是根据文献的内容特征来组织；如根据每一种文献所阐述的学科知识内容或本身的特点，依照一定的文献分类体系将文献归类，以确定该文献在知识体系中位置。或通过文献内容所论述的对象（主题），用经过规范的语词（主题词）进行标引并按一定的规则对文献进行排列组织；二是根据文献的内容特征来组织，如以文献的著者、书名（刊名）、书号（刊号）、机构、出版事项，以及登录号、流水号等要素来描述和组织文献。经过文献组织后，文献就成为便于管理的文献存储体系。

（3）文献服务。文献服务是指通过文献的典藏工作和已编制的检索工具把各种馆藏文献提供给读者。文献服务的方式主要有六种：①文献外借，这是文献提供服务中最普遍、最基本的形式；②文献阅览，文献阅览也是图书馆为读者提供文献服务的基本方式之一；③文献的宣传报道，文献报道可以提供最新的馆藏信息，以提高文献的利用率，如文献推介评价、展览成列、新书通报、读书报告会、二次文献报道、综述等；④文献阅读辅导，对读者进行文献知识的教育，包括熟悉馆藏，熟悉图书馆的各种目录以及文献检索的知识与技能，辅导读者利用各种参考工具书，还包括对一般读者，特别是青少年读者的阅读方法进行指导，并向他们推荐阅读文献；⑤参考咨询和文献检索，这是一项针对读者特定需要而开展的文献服务工作，是文献提供服务中最有效、内容最丰富的一项工作。它主要提供文献或文献线索、各种事实或数据等，来回答读者咨询，满足读者的信息需求；⑥信息研究，信息研究是指围绕某个特定的课题进行全面搜集、实地考察、系统分析、归纳、判断，然后将所得到的有价值的信息成果以综述、述评、专题报告等三次文献形式，提供给读者或有关方面，为其提供决策参考，或作为科学研究的前期资料。

（四）图书馆文献管理存在的不足

（1）管理对象局限于显性知识。尽管文献管理包括记录型、实物型和零次文献等类型，但在实际操作中，文献管理只是将记录型信息资源纳入其管理范畴，即将显性知识的表现形式纳入其管理范畴。文献管理未能充分意识到隐性知识的存在，从而限制了管理范围，并限制了文献管理效能的发挥。

（2）忽略了文献利用的过程。在文献处理中，文献管理仅关注人类智力活动的记录形式，无法从更高的角度进行全方位的信息（知识）管理，从而大大限制了它在信息服务组织中的地位。

（3）关注文献提供而对需求产生的原因重视不足。文献管理关注将文献（信息）提供给用户，而对用户获取文献的根本原因重视不够，即针对具体问题寻找更佳决策或更有效方法重视不够，从而使它无法将文献和知识区别开来，其结果是文献管理工作长期徘徊不前。

（4）未能真正把文献信息作为一种资产化的资源来管理。文献管理关注的是在适当的时间，以适当的方式，向适当的用户提供适当的文献（信息），未能对图书馆的知识资产进行切实的资本化运作，从而限制了其对图书馆知识增值的作用。

三、图书馆文献管理与知识管理的关系

（一）图书馆文献管理与知识管理的联系

（1）工作主体和工作目的相同。无论是文献管理还是知识管理，都是由图书馆馆员开展的信息管理活动，其终极目的都是为广大读者和用户提供知识信息服务。

（2）记录工具相同。无论文献还是知识，都属于思想观念的范畴，都需要通过语言来表达。因此，在大多数情况下，文献单元和知识单元都使用语言符号系统进行记录，以实现其固定化、外在化、客观化和社会化。

（3）组织方法基本相同。无论文献载体还是知识内容，都可以通过标志法（分编或元数据）、分类法、主题法、简约法（编制文摘、索引）、述评法等进行组织。

（二）图书馆文献管理与知识管理的区别

（1）社会背景不同，即依据的读者需求不同。在文献管理时期，人类的知识总量还不是很庞大，学科和文献数量较少，读者的时间和精力允许图书馆按“种”、“卷”、“册”为之提供服务。而如今，“硬”载体的各种文献汗牛充栋，海量的网络信息资源呈指数级增长，加上社会竞争加剧，读者越来越希望图书馆能按概念、公式、定理、事实等知识单元提供切题的个性化知识信息服务。

（2）工作对象的范围不同。文献管理主要以有硬载体的各种文献为处理对

象，主要是印刷型文献，只有少量的缩微品、磁带、磁盘和录像带；而知识管理的工作对象则扩大到网内外所有负荷知识信息的人和物，凡意识域（指人脑中的知识信息）、物质域（指产品、样本、模型、文物、雕塑、票证等所蕴含的知识信息）和载体域知识信息（此类知识信息最丰富，有口语、体语和文献三类信息资源）的资源内容都应包括在内。

（3）工作内容不同。文献管理主要涉及的是整册的书刊，仅仅是文献的分类、标引、编目、文摘、索引、翻译等浅层次的整序活动；知识管理在囊括上述活动的基础上，还涉及网络信息搜索和鉴别、语义网络组织、自动文摘、自动分类、数据挖掘、推送技术等。

（4）获取方式不同。文献管理的重点是客观知识，包括知识内容记录符号、载体形态及传递的形式，而知识管理的重点在于创新，它不仅研究客观知识，还研究主观知识，也就是有效提供知识和控制知识生产传播的全过程。

（5）技术手段不同。文献管理可以仅靠手工完成，早期实现的图书馆自动化基本上是模仿传统的手工管理流程，而知识管理依托的是图书馆自动化、信息化、数字化和网络化，离开了计算机、国际互联网及其信息资源，图书馆是不可能实现名副其实的知识管理的。

知识管理是文献管理发展的新阶段，它要求把文献与文献、文献与活动、文献与人连接起来。在人际交流的互助互动过程中通过文献与知识共享，运用群体的智慧进行创新，以赢得竞争优势。因此，知识管理与文献管理既有密切的联系，又有明显的区别，不能简单地认为知识管理是文献管理的继承和发展，但也不能将两者对立起来，作为毫无联系的对象考察。

第二节　信息管理与知识管理

一、信息与信息管理

（一）信息的概念

信息自古有之，但人们较晚才把对信息的认识上升到科学高度。自 20 世纪 50 年代信息概念被正式提出后，就被广泛深入的研究，但学者们至今对信息仍没有一个统一的认识。许多学者都在各自的研究领域做了大量的工作、从不同的角度对信息概念进行了表述。

国外具有代表性的信息概念如下：1928 年，美国的哈特莱（Havtley）发表的《信息传输》论文中区分了消息和信息，认为消息是信息的表达者、是具体的，而信息是包含在消息中的抽象量；1948 年狭义信息论创始人申农（Shanon）

在《贝尔系统技术杂志》上发表题为“通讯的数学理论”的论文，他认为，信息是用以消除随机不确定的东西；控制论的创始人维纳则认为，信息是人们在适应客观世界，并使这种适应反作用于客观世界的过程中，同客观世界进行交换的内容名称。

国内具有代表性的信息概念如下：《辞海》认为“信息是指客观存在的消息、情况、情报等”；黄学忠（1985）认为，信息就是客观世界中各种事物变化与特征的最新反映，是客观事物之间联系的表征，是客观事物状态经过传递后的再现；周三多等（1998）认为，凡能表述客观事物，帮助人类相互沟通的所有符号，比如文字、语言、数据、图表、音像、手势等，均可称信息。

信息作为一门新兴学科，涉及的领域广、内容丰富，其概念又在不断发展和变化，导致其定义表述形式纷繁复杂。一般认为，狭义的信息是指为了某种目的而带来的有用的、能为人们所认识的且是事先不知道的消息、情况等。广义的信息是客观世界中各种事物的变化和特征的最新反映，是客观事物之间联系的表征，换言之，信息是通过一定的物质载体反映出来的，表现客观事物的运动状态、相互联系的确定程度及规律的陈述。

（二）信息的特征

（1）信息的客观性。信息是事物变化和状态的反映。由于事物及其状态、特征和变化是不以人们意志为转移的客观存在，所以反映这种客观存在的信息也带有客观性。不仅信息的实质内容具有客观性，而且信息一旦形成，其本身也具有客观实在性。

（2）信息与载体的不可分割性。在人类社会的信息活动中，各种信息必须借助于文字、图像、胶片、磁带、声波、光波等物质形态的载体，才能为人们听、视、味、嗅、触觉所感知，才能够为人们识别和利用。从某种意义上说，没有信息载体，也就没有信息本身。

（3）信息的价值性。信息本身不是物化产品，但它一经生成并物化在载体上，就是一种资源，具有可用性，能够满足人们某些方面的需求。在一定程度上信息还具有代替物质资源和劳动力的作用，如通信业的发展大大减少了人员的流动及实物的流通总量和缩短了其运输距离。

（4）信息的时效性。信息的时效性是指信息从发生、接受到利用的时间间隔及效率。信息是有寿命、有时效的。信息的使用价值与其所提供的时间成反比。时间的延误会损耗信息的使用价值，甚至导致其价值的完全消失。

（5）信息的可分享性。信息的可分享性是指信息的共享性。信息的共享性使信息资源易于扩散，使信息具有比物质资源更广泛的开发和利用程度，信息的生产成本不取决于其被使用的规模。

（6）信息的可传递性。信息系统就是由信源、信道、信宿组成的有机整体。

信源发出信息后，经由信道传递至信宿。信息的传递手段和方式多种多样。信息传递的快慢，对于信息的效用和价值至关重要。

（7）信息的可加工性。人们对信息的需求往往具有一定的选择性，即利用科学的方法对大量的信息进行筛选、分类、整理、概括、归纳，选取自己所需要的信息，并找出带有普遍性的规律性信息。信息还具有可变换性，它可以从一种形态转变为另一种形态，如物质信息可转换为语言、文字、数据、图像等形式。同样一条信息可以用多种不同的载体来记录。

（8）信息的可再现性。信息的可再现性包括两方面的含义：一是信息作为客观事物的一种反映，它为人们所接受、认识的过程，也是客观事物的再现过程；二是信息的内容可以物化在不同的载体上，传递过程中经由载体的变化而再现出相同的内容。

（9）信息的可存储性。信息反映的内容是客观的，信息的客观性决定了信息具有可存储性。信息的存储和积累使人们能够对信息进行系统的、全面的研究和分析，使信息得以延续和传承。

（10）信息的积累性。信息的积累性是由信息的可储存性决定的。人类知识宝库不断丰富和扩充的过程，就是信息经过系统化、抽象化和规律化而形成知识的长期积累过程。

（11）信息的可再生性和可增值性。信息具有确定性的价值，但在不同的时间、地点，对不同的人又有不同的意义，并且同一种意义还可以引申、推导、繁衍出更多的意义，从而使信息增值。信息的再生性，使它成为人类社会取之不尽、用之不竭的资源。

（三）信息的分类

（1）按信息产生的时间，信息可分为历史信息、现在信息、未来信息三种。历史信息是指反映和描述过去所发生的各种事物特征和变化的信息。这类信息常用语言或文字、声像作载体流传下来。现在信息是反映和描述现在正在发生的各种事物特征及变化的信息。往往这类信息的价值最大。未来信息是指反映和描述未来发生的各种事物特征及变化的信息。这类信息是一种预测信息，是制定规划和战略所必不可少的。

（2）按信息加工程度，信息可分为原始信息和二次信息、三次信息。原始信息（一次信息）即“第一手材料”，指未进行加工的信息。这是最广泛、最基本、数量最大的信息资料，也是信息的基础。原始信息一般都是零散的、无序的，必须经过不同程度的加工处理，才便于使用。二次信息是指对原始信息加工处理后的信息。这种信息已经变成有序的、有规则的信息，它容易存储、检索、传递和方便使用，有较高的使用价值。三次信息指在一次信息、二次信息的基础上，经过研究、核对产生出的信息。这种信息产生于人类的研究成果，而不是直接的人类社会活动。

（3）按信息内容，信息可分为社会信息和自然信息。社会信息是人类从事各种社会活动以及彼此交流所产生的各种信息，具有鲜明的目的性和有用性。社会信息按照其内容的不同可细分为政治信息、经济信息、文化信息、军事信息、体育信息、生活信息等。自然信息是指自然界事物变化、特征及事物之间内在联系的反映。如关于宇宙天体、自然生物、山川河流等方面的信息。

（4）按信息的性质，信息可分为定性信息和定量信息。定性信息是用非计量形式来描述各种事物变化特征的信息，它着重揭示事物的本质、特征。定量信息是指用计量形式来描述事物特征及其变化的信息，着重揭示事物量的规定性。

另外，信息还有许多分类。如按人们对信息的感知方式，信息可划分为直接信息和间接信息两种；按信息的反映面划分，信息可分为宏观信息、中观信息和微观信息；按信息运动形态划分，信息可分为静态信息和动态信息。

（四）信息的功能

（1）传播知识的功能。社会的进步、生产的发展是以人类知识的积累和使用为基础的。传播知识是信息的一项基本功能，信息是知识得以传播并得到应用的媒介。离开了知识的不断积累和运用，任何发明创造、实现技术进步，都是不可想象的。

（2）推动生产力发展的功能。信息与能源、材料一起被称为推动人类科技进步、经济繁荣和社会发展的三大支柱，与材料、能源相比，信息是无形的，但它却是生产力得以发展的必不可少的要素之一，是实施社会管理、生产管理、促进科技进步的媒介和动力。

（3）管理功能。人类的一切活动要在有序状态下进行并实现其目的，就必须有担负组织、管理、协调、控制的机构和人员。而一切管理要实行有效管理，都离不开信息。信息是现代管理者实行调解控制和决策的前提、组织指挥的保证。

（4）日常生活中的实用功能。信息在日常生活领域的流动量和使用量，是其他任何领域无法比拟的。信息与人的日常生活的关系，就如同阳光、水和空气一样，是人的生命的组成部分。人的日常生活对信息的依赖表现为人际关系的沟通和生活应用常识的积累。

（五）信息管理

1. 信息管理的概念

信息管理是指人们为达到预定的目的，合理地运用各种手段，对信息进行组织、控制、加工与规划的行为。信息管理的目标是最大限度地发挥信息资源作用，有效地满足各种信息需求，有效地解决信息无序化与需求的特定性（特定的人对应特定的时间、特定的地点、特定内容信息）之间的矛盾。此外，信息管理不仅要有效地利用现有的信息资源，而且要挖掘潜在的信息资源。信息管理在重视信息的社会效果的同时，还要注重信息的经济效果，加强对信息全面管理，即信息技术、信息资料本身、从事信息工作及参与信息活动的人的管理（邱均平等，1999）。

2. 信息管理存在的不足

（1）管理对象只局限于显性知识。信息管理一般只重视显性知识的管理，而忽视隐性知识的管理，即注重通常所说的信息的搜集与加工整理，而忽视激发组织的员工贡献他们所积累的隐性知识并实现共享。正是信息管理未能充分意识到隐性知识的存在，从而限制了管理的范围，并限制了信息管理效能的发挥。

（2）忽略了成果的创造过程。信息管理只注重创造活动成果的管理，目的是监督和控制组织内的信息流以支持决策。对信息的收集、检索、挑选、分类、存储和分析只能按开发时确定的思路和流程处理，忽视了成果的创造过程，即创新，严重限制了信息资源开发的深度和利用的广度，也让使用者深感不便。

（3）强调管理的技术和手段。信息管理强调建立并维持一个通畅与高效的信息网络，其出发点是将信息视为对管理和决策有重要作用的数据，对具体问题寻找更佳或更有效的方法重视不够，极端缺乏弹性，从而使它无法将信息和知识区别开来，而这些知识是能导致用户更有效行为的信息，其结果使信息管理工作长期徘徊不前。

（4）关注信息提供而对需求产生的原因重视不足。信息管理关注将信息提供给用户，而对用户获取信息的根本原因重视不够，即使在信息管理的高级阶段，信息管理人员虽然也参与一些组织信息需求方面的战略分析，但对如何利用信息来进行组织创新，在信息管理中并没有特殊的要求，而且往往组织的信息管理者和使用者之间不能很好地沟通。

二、信息管理与知识管理的关系

（一）信息管理与知识管理的联系

1. 知识管理是信息管理的发展

信息管理是将各类信息以一定的方式汇总、组织起来，方便人们利用计算机来查询和检索。知识来自信息，它通过对信息的提取、识别、分析和归纳转换而来。知识管理通过一组问答序列，即解决方案的集合寻找和识别与问题有关的关键性信息，并将这些信息进行提取，形成对某一问题的专门知识，作为决策的依据，故信息管理是知识管理的基础，而知识管理是信息管理的延伸和发展。

2. 两者都需要信息技术支持

信息技术的发展大大改进了人类进行信息交流的手段，扩大了信息获取的范围，并使信息交流以更高效的方式进行，它为信息管理的发展提供了强有力的支持，使信息管理由低层次的信息管理发展到现代化的信息资源管理。信息技术同样也为知识管理提供了物质技术保障，为知识的产生创造了有力的环境和条件，成为知识管理的物质技术基础的重要组成部分。

(二) 信息管理与知识管理的区别

1. 内涵不同

信息管理主要侧重的是建立并维持一个通畅与高效的信息网络，从事信息的收集、检索、挑选、分类、存储和分析等。尽管在信息管理的高级阶段，信息管理人员也参与一些组织竞争方面的战略分析，但利用信息来进行组织创新，在信息管理中并没有特殊的要求。此外组织的信息管理者和使用者之间不能进行很好的沟通。而知识管理则是对包括信息在内的所有知识资源实施全面的管理，把组织的知识资源统筹起来，和其他资源相结合以致力于组织的创新活动。知识管理就是把信息与信息、信息与活动、信息与人连接起来，实现知识共享，运用集体的智慧和创新能力，以赢得竞争优势。

2. 背景不同

信息管理是人类基本的管理活动，其背景是信息经济，信息经济的核心是信息技术，支柱是信息产业。知识管理是信息管理的一个新领域，其背景是知识经济，知识经济的核心是科学技术和管理，关键是人才。

3. 目的不同

信息管理以对数据和信息的处理为基础，目的是监督和控制组织内的信息流以支持决策，提高信息资源和信息产品的使用效率。知识管理以知识的发展、知识的组织、知识的传播和利用等为基础，实现知识价值的最大化，实现知识创新和知识共享。

4. 内容侧重点不同

信息管理是为解决组织的环境问题对信息资源进行开发、规划、控制、集成和利用等一系列活动，强调管理技术和手段，重在信息技术开发和利用信息资源，具有决策参考的意义；知识管理不仅包括对知识的管理，而且包括对人的管理，强调文化、人才，充分体现“以人为本”的管理思想。

第三节　图书馆发展与知识管理

一、知识经济的兴起对图书馆的影响

(一) 知识经济对图书馆管理理念的影响

目前，人类社会已经步入一个以知识（智力）资源的占有、配置、生产、分配、使用（消费）为重要因素的经济时代，知识已经成为一种新的生产要素和资本形态，是经济增长的决定性因素。在这种知识经济时代背景下，“知识就是资本，知识就是财富”，人们对知识的需求越来越旺盛，各种机构也越来越注重其知识资本的开发、积累与利用。图书馆被认为是国家知识创新体系的重要支撑机构，图书馆员被誉为“知识导航员”、“知识管理者”或“知识专家”。因此，人们希望从图书馆找到他们所需的知识，希望图书馆为他们提供所需的知识，希望图书馆为他们提供知识服务的平台。知识经济时代的知识管理是建立在知识分工基础上的一种新型管理模式，是运用现代信息技术和网络手段对相关知识进行连续管理的过程。作为一种全新的管理模式，它为图书馆管理提供全新的观念、理论、方法和途径。图书馆实施知识管理，必将大力促进图书馆事业的发展。如果图书馆仍然因循守旧，故步自封，不能打破传统的管理思维模式，引入新的管理理念，那么图书馆就会错过发展的良机，甚至被市场淘汰。

（二）知识经济对图书馆服务方式的影响

知识经济时代下的竞争是知识和知识创新能力的竞争。传统图书馆在知识载体的管理方面，如文献组织、检索与传递，为社会的发展和人类的进步做出了重大的贡献，却很少强调创新在图书馆工作和发展中的重要作用，也忽视了图书馆员创新能力的培养。因此，图书馆必须随着时代的发展变化去不断地调整自己的功能，由知识载体的管理过渡到知识的管理。这种管理创新能够保障图书馆为国家知识创新提供必要的服务，是图书馆在信息服务的深度和广度上的新的突破。图书馆不能只注重文献信息的收集、检索与传递，更应重视从繁杂的信息环境中捕获和析取解决所面临问题的信息内容，通过对原始信息的组织、加工、分析研究（包括筛选过滤、去伪存真、去粗取精），形成再生的、升华的知识或解决方案，为企业、政府部门或其他用户提供一种基于知识的信息服务。因此，运用知识管理模式是知识经济发展对图书馆服务提出的要求，也是图书馆发展的必然趋势。

（三）知识经济对图书馆管理模式的影响

长期以来，图书馆利用不完全竞争的信息市场，依赖本身拥有的信息资源、设备与场地，为某区域或某类型用户提供以流通、阅览为主的低层次信息服务，来保持本身的专业地位与活动领域。然而，知识经济是一种网络化、信息化经济，在数字化、网络化和信息化时代，各种信息服务机构不断涌现，信息过剩已经代替信息匮乏，成为时代的特征。许多商业信息服务机构日趋庞大，它们的服务手段及内容已延伸到图书馆的各种服务领域，图书馆长期形成的垄断性服务及其优势正在逐渐丧失。面临着激烈的市场竞争，图书馆再想依靠垄断竞争优势来参与市场竞争已经不可能。实际上，随着新技术的应用，图书馆一直在改变管理与服务方式，它不仅具有相当好的知识积累和知识资源管理基础、较成熟的知识管理的理论与方法，而且更拥有一批积累了多年丰富经验和专业知识的图书馆员，他们是图书馆竞争力之源与竞争优势所在。要整合图书馆内的信息资源与人力资源，图书馆必须实施知识管理，因为知识管理第一次将信息和具有创新能力的人共同作为管理的对象，并且特别关注具有创新能力的人（李锋，2002）。通过对图书馆员工的智力知识资源进行深层次开发与利用，可以保障图书馆在网络化、信息化环境中为用户提供了高层次的信息服务，从而获得可持续发展的竞争优势。

二、知识管理与图书馆管理创新

（一）图书馆实施知识管理是管理理论的创新

图书馆管理作为一门科学，是在吸收借鉴管理学理论和方法，并不断总结管理实践经验基础上逐步发展壮大起来的。早在1891年，博斯特威克（Arthur E. Bostwick）就建议新西兰图书馆协会在图书馆工作中采用具有企业效率的方法（Stueart and Moran，2002）。20世纪30年代，泰罗的科学管理理论被引进和应用于图书馆工作中，它帮助图书馆在经费管理、时间管理、标准化管理等方面摆脱了经验管理的框架，使图书馆采用了科学管理的方法，探索改善图书馆管理方法、提高图书馆管理效率的途径。系统理论的引进与应用，促进了图书馆管理思想在系统化、理论化方面的发展和图书馆管理学的确立。定量管理、目标管理、激励管理、全面质量管理、信息资源管理、人本管理、战略管理、企业识别系统（CIS）理论、学习型组织理论等多种管理理论与方法被推广并应用于图书馆管理实践，使现代图书馆管理理论越来越丰富。被誉为新一轮管理革命的知识管理，作为一种全新的管理理念和方法，不仅对信息的收集、存储、管理与传递进行系统的组织管理，更注重把握知识间的相互关系，创造一种隐性知识与显性知识互动的机制与平台，从而创造出新的知识去满足社会发展的需要。这不仅是知识管理的本质，也正是现代图书馆追求的目标所在。知识管理的本质与图书馆的发展要求是一致的。因此，图书馆引进知识管理的一些理念、技术与方法，将图书馆内散布于各个员工、各部门、各分馆的专业知识、智能及工作经验、技术，加以系统地搜集、整理，并提供给员工共享与应用，促进图书馆进行知识管理，从而实现图书馆管理理论在管理功能、模式、方法与策略上的创新。

（二）图书馆实施知识管理是管理实践的创新

图书馆作为从事信息资源搜集、整理、保管、传播和利用，并为社会提供服务的机构，研究和借鉴知识管理的经验，将带来图书馆管理模式的创新和良好的管理效益。在传统管理模式的影响下，图书馆往往满足于文献信息的收集、整理、浅层次加工与传递，很少考虑所提供的信息是否满足了用户需求。从内部管理的角度来看，一方面，图书馆不重视内部组织知识的积累，没有像对待人力、馆藏或设施那样把组织知识理所当然地作为一种资源，没有像管理其他资源那样对有关组织知识加以管理，也没有应用组织知识来改进服务或学术信息的传递（Townley，2001）。图书馆员工的知识和工作经验常常是依赖一种师傅带徒弟的方式来传承的，当这些岗位的人才流失后，存在于他们头脑中的隐性知识也不复存在。没有一套系统的方法来组织本单位知识，使之能为图书馆员工所利用以达到改进图书馆工作的目的。另一方面，图书馆没有建立良好的知识信息交流与共享机制、奖赏机制，不注重员工的教育和培训，造成了员工工作效率低下、素质不高，图书馆服务质量差、人才流失严重的局面。而知识管理对图书馆管理的创新是全面的、系统的，它包括基本理念的创新、管理内容的创新、管理职能的创新、管理原则的创新、管理模式的创新、管理方法的创新、管理工作的创新、管理文化的创新等（盛小平，2003），以知识管理理念、方法来构建图书馆管理体系，将使管理更具实效。

（三）图书馆实施知识管理是馆员角色的创新

图书馆实施知识管理，一方面给图书馆员提出了许多挑战，包括环境、编码化、客户化和合作等方面，如图书馆员必须摆脱被动服务的“功能束缚”（在回应用户需求前在等待问题或检索请求）；另一方面增强了图书馆员管理各类信息和隐性知识的作用，如图书馆员除提供用户所需的知识或信息外，还为用户开展增值服务，如为用户提供相关的、准确的、及时的和有效力的或有价值的增值服务。同时拥有一些新的技能可以将图书馆员的价值提升到更高层次，这些技能包括更多的摘要、信息或知识分析、跨域知识集成、现有知识的合成和可用知识的提取等。为实施知识管理，图书馆员必须要思考他们的现有角色、职责，要重新审视现有服务质量，要提升其信息技能，要了解新的工作方式与更新的工作方法、工具、技术。图书馆员要成为知识管理工作者，而不仅仅是信息的管理人或看门人。在提供知识的访问、分类与组织的服务时，还要通过创建知识库、开发知识地图、提高知识存取和改进知识环境等方式来开展知识管理活动，以知识管理者（专家）角色来满足客户不断变化的需求。

三、图书馆与知识管理的关系

（一）图书馆是保存和传播知识的机构

图书馆在知识管理领域具有一定的竞争潜力，主要表现在四个方面：①图书馆长期以来一直从事文献的分类、组织与整理工作，已形成的主题词表、叙词表或分类法可以充分说明图书馆在对显性知识管理方面已经具有明显的竞争优势；②图书馆作为信息中介机构在传承知识方面积累了丰富的经验；③图书馆能够广泛采用先进的信息技术来强化自身的知识管理能力，如通过建立数字图书馆来为用户提供更加专业化、学科化、主题化或个性化的知识服务；④作为一个学习性组织，图书馆在知识管理中能起更大的带头作用。图书馆虽然在显性信息（知识）的收集、组织与使用上比较有成效，但由于网络信息的爆炸式增长，图书馆的显性信息和淹没在基于Web链接的其他网址、数据库和电子出版物中的隐性信息却较难获取。因此，图书馆应该将知识管理的目标定在更高的层次上，在知识资源管理、资源共享和联网、信息技术的发展、用户服务、人力资源管理等关键服务领域内改善知识管理的水平（李华伟，2003）。

（二）图书馆内部活动的实质是知识组织与管理

图书馆通过“知识标记”体系（分类表、主题词表等）来组织与管理知识使文献知识单元处理中的存取随机性和存储组织化功能得以实现，为用户提供了一个有序化的知识体系。过去，图书馆常用的分类法、主题法、文献编目、数据库编制等，都可称为知识组织的工具或内容，其实质上是对文献信息单元的揭示与描述。虽然没有具体到文献中所包含的知识单元，但也起到了知识组织与领航的作用。在如今网络环境下，图书馆对网络信息的组织与开发、元数据的推广与运用、学科导航库和学科门户的建设，使当代图书馆在知识管理上深入各种信息中的知识单元。除分类法、主题法外，图书馆也利用自然语言、各种网络知识表示语言（如HTML、RDF、XML）、元数据、元知识等新型工具来进行知识组织与管理。这些实践工作为图书馆知识管理积累了丰富的经验。

（三）知识管理是图书馆事业的拓展

在知识管理时代，图书馆不应只局限于文献的管理，而且应该促进知识的流通，了解不同群体对知识的不同需求。图书馆整理文献内容，是为了“使用”文献，应根据读者所需求的信息主题概念来呈现文献的内容，使之易于存取，进而创造新知识。引导读者在资料的大海中寻求有用的信息，提升读者的知识水平，是图书馆在知识管理时代重要的任务。图书馆所要处理的是与知识相关的业务，如知识的辨识、搜集、整理与组织、利用、分享。只有快速适当地利用知识管理，由信息组织者扩展为知识管理者，这样才能既有助于图书馆组织与访问那些帮助图书馆员和管理者完成任务的无形资源，也有助于把图书馆转化成一个更有效的知识共享型组织。实施知识管理，图书馆员的个人知识可以转化为在图书馆内得到广泛共享和适当利用的集体知识，促进图书馆内部的知识流通，提升图书馆员获取知识的效率，增加图书馆整体知识的存量与价值，有效发挥图书馆员的知识能力与潜能，从而使图书馆员成为以拥有专业知识为用户提供解决方案的知识工作者（李琇儿，2003）。

第四章

图书馆知识管理基本原理

在我国，图书馆知识管理起步于20世纪90年代末，并随后在图书馆界引起了广泛关注。图书馆知识管理是知识管理理论与图书馆实践相结合的一种新的管理思想和方法，它全面、系统地实现了图书馆管理的创新，这些创新主要表现在基本理念、管理内容、管理职能、管理原则、管理方法等方面。图书馆知识管理基础理论研究包括图书馆知识管理的主要目标、任务、内容和实现条件等。

第一节　图书馆知识管理的概念

一、图书馆知识管理的概念

图书馆知识管理是指图书馆应用知识管理理论、技术与方法，合理配置和使用知识及其相关资源，充分满足用户不断变化的信息与知识需求，并提升现代图书馆的各项职能使其更好地发挥作用的过程。图书馆知识管理是在吸收企事业机构知识管理经验基础上发展起来的，是知识管理理论与实践的一部分。图书馆知识管理具有比文献管理更深刻的内涵，它以知识管理理论为基础，以图书馆知识管理系统（包括信息与知识资源、人力资源、物质资源、技术与图书馆文化等要素）为管理对象。图书馆知识管理包括广义与狭义两方面。

广义的图书馆知识管理，是对图书馆内与知识生产、获取、组织、存储、交流、传播和应用有关的一切活动及其规律的管理与研究，它既包括图书馆知识运营过程的管理，也包括图书馆知识资本的管理，涉及图书馆的人力资本、结构资本、市场资本与知识产权资本的全方位管理，还包括知识管理与图书馆学、情报学、图书馆管理学互动规律的研究。

狭义的图书馆知识管理是图书馆以工作人员和读者为主体，以知识信息为对象，以实现知识的价值和知识创新为目标，对图书馆内知识本身的管理，包括对知识的生产、获取、组织、存储、交流、传播和应用的管理过程。

因此，图书馆知识管理不是图书馆对书籍、报刊、音像资料、数据库等一般知识载体的保管和利用的管理，也不是图书馆运用现代信息技术进行的知识挖掘、知识地图、知识仓库等信息的管理工作，而是为完成一定目标，去识别有用的、相关的知识，并吸收、组织、整合、综合知识，创造性地使用知识的管理模式。它以尽可能地满足读者的需要为目标，真正体现出人的价值，是一种真正以人为本的管理模式（柯平，2010）。

二、图书馆知识管理的主体与客体

（一）图书馆知识管理的主体

图书馆知识管理的主体是指从事图书馆管理实践活动和认识活动的图书馆人，依据性质和规模的不同，可以将其分为个人主体和组织主体。（石向实和刘晨，2006）

1. 个人主体

图书馆知识管理的主体可以是个人，也可以是组织。一般情况下，图书馆知识管理的主体以组织的形式出现。同时个人也可以作为知识管理的主体发挥重要的作用，主要表现如下。

（1）个人知识的管理水平对组织的发展产生重要的影响。个人知识不仅仅通过学习获取来自书本中的理论知识，更多的还包括个人在实践过程中的经验总结和个人体验。随着个人生涯的不断延展，个人知识会不断增加。这些知识如果不经过管理，那只能是零散性、分子式且不稳定的。只有充分地利用知识管理的各种工具，将自己的知识进行分类、存储和分享，才能促进个人知识的有效利用，最终目的在于把个人发展与组织效率有机地结合在一起，最大限度地促进组织目标的实现。

（2）个人的不同特质为知识管理带来多样化的特色。在知识管理活动中，无论其主体是组织还是个人，个人的特质都会使知识管理活动表现出特有的色彩。而组织领导人个人的特质，更是深深地影响着组织的工作和活动。

（3）个人的需要推动知识管理不断发展。知识管理的发展过程，就是不断提出问题、不断解决问题的过程。而所提出的问题，都源自于个人的需要。个人不断发展的需要，使问题得以不断出现，从而推动了知识管理的不断发展。

2. 组织主体

组织主体也是由个人主体组成的，但区别于个人主体的是，组织主体的出发点和目的是为了组织利益，是以组织作为一个整体进行的知识管理活动，组织进行知识管理是为了更好地发展组织和实现组织目标。

组织主体进行知识管理最有效的组织形态是学习型组织，即把人当做组织中核心的价值，将学习贯彻到整个组织，使个体与团队、组织的根本变革结合在一起，为全面提升组织竞争力营造良好的氛围，这是组织生存与发展的重要基础。一个理想化的学习型组织可以通过自我超越、改善心智模式、建立共同愿景、团队学习、系统思考（彼得·圣吉，1998）等活动方式，使组织不断创新、不断进步。在这样的组织中，“大家得以不断突破自己的能力上限，创造真心向往的结果，培养全新、前瞻而开阔的思考方式，全力实现共同的抱负，以及不断一起学习如何共同学习”（程红莉，2003）。

（二）图书馆知识管理的客体

图书馆知识管理的客体是主体认识活动和实践活动对象的总和，是进入主体活动领域同主体相互作用或为主体活动所指向的客观事物，依据管理客体的性质，可以将其分为知识、知识用户、知识工具和知识活动（柯平，2004）。

1. 知识

这里的知识是指图书馆采集、加工、组织、存储、传播、使用和创新的知识，包含文献资料、图书、广播电视电影节目、数据库、网络信息等各种形式的知识信息。由于知识的可表达程度对知识管理有极大影响，目前关于知识的描述、计算机语义表达、语义 Web 技术已经成为研究的热点。

2. 知识用户

知识用户主要指知识的使用人、利用者，即信息用户和知识接收方。知识管理的一个重要目标是促进知识转移，使知识从源头向目的地转移和扩散。知识用户的性质对知识转移有着重要的影响。为了做好知识管理，需要研究和掌握知识用户的需求、动机、知识结构、行为模式和吸收能力等方面的情况。

3. 知识工具

知识工具是开发和利用知识的设备、设施、技术等，它们是知识管理的物质基础和条件。知识管理工具和技术覆盖了知识开发、传播、应用及创新的各个环节。知识管理技术主要有计算机技术、网络技术、通信技术和人工智能技术，及其他应用技术。知识管理工具主要包括知识获取工具，如搜索引擎、知识门户、知识地图等；知识发展工具，如数据挖掘、概念图等；知识锁定工具，如知识仓库、数据仓库、编码技术等；知识传递工具，如可视化技术、知识推送技术等；知识利用工具，如群件技术等；知识评价工具，如评价技术、商业智能等（仇元福，2003）。

4. 知识活动

知识活动包括知识的开发、组织、传播、转化和利用等过程。广义的知识活动就是知识管理的主体与客体之间相互作用的知识管理平台。知识管理平台是一个组织的知识管理系统，这个管理系统通过知识管理技术实现对知识的存储、开发、传播、利用，建立知识交互流通界面，或者提供一个领域的整体解决方案，也可以是知识管理的大环境和知识管理制度等。

知识活动有多种模式，其中较为典型的是日本的竹内弘高和野中郁次郎提出的一种知识活动的隐性知识和显性知识互相转化的四种基本模式（SECI）模型（竹内弘高和野中郁次郎，2006），如图 4-1 所示。

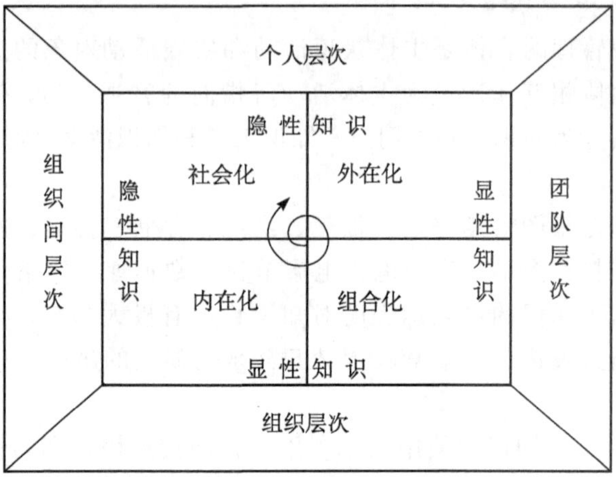

图 4-1 知识活动的 SECI 模型

第二节 图书馆知识管理的内容与特征

一、图书馆知识管理的内容

图书馆知识管理主要内容包括六个方面。

(1) 基于知识视角的图书馆研究，主要是从知识角度来重新审视现代图书馆的管理对象、管理内容、管理职能、管理技术以及管理方法等问题。

(2) 图书馆知识资源管理，分为图书馆知识资源管理和图书馆知识过程管理。图书馆知识资源管理，即图书馆显性知识管理与图书馆隐性知识管理；图书馆知识过程管理，即对由知识获取、知识组织、知识创造、知识共享、知识服务与知识评价等活动组成的知识管理过程进行管理。

(3) 图书馆人力资本管理，强调从人力资本而非人力资源角度来加强图书馆员工管理，包括人员招聘、安排使用、学习、考核、提升、奖惩。

(4) 图书馆知识组织管理，即对支撑图书馆运行的组织能力与信息能力的管理。其中组织能力包括图书馆组织结构、规章制度、程序和协调能力；信息能力是指图书馆利用信息网络技术整合图书馆信息与知识资源并使其达到价值最大化的能力。

(5) 图书馆市场资本管理，强调从图书馆声誉和形象、客户关系、人际网络等方面加强图书馆管理。

(6) 图书馆知识产权管理，即对图书馆运营过程中所涉及的知识产权的管理。在网络环境下，图书馆遇到了许多与知识产权有关的新问题，如数据库、域名的知识产权保护以及信息服务与知识服务中的知识产权保护。

图书馆知识管理的内容也可以概括为一个目标：持续知识创新；一个基础：图书馆知识资本；三个层面：组织的管理、团队的管理和个人的管理；四个过程：图书馆队伍建设、信息资源建设、用户服务和基础结构建设；五个环节：知识生成、知识存储、知识转移、知识共享、知识创新。四个业务过程以图书馆的知识资本作为其知识管理的基础，分别通过五个知识环节展开，通过三个层面进行管理，通过四个过程协调来实现图书馆知识管理的总体目标（柯平，2006），如图 4-2 所示。

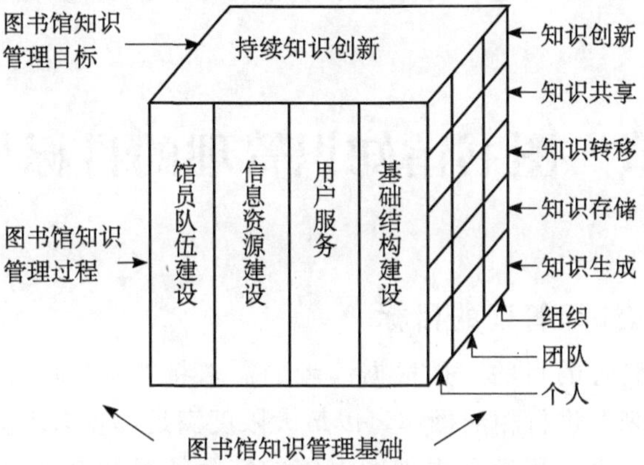

图 4-2　图书馆知识管理内容示意图

二、图书馆知识管理的特征

（1）以知识资源（资本）作为管理核心，将最大限度地组织和传播知识作为提高图书馆服务能力的关键。图书馆一方面将所拥有的个人和群体在实践中积累的信息、知识、经验、技能，通过图书馆这个知识平台与其他个人或群体分享，并在借鉴他人知识的情况下促进自身知识的增加和员工隐性知识与显性知识的相互转化，进而实现知识充分的共享与利用；另一方面将图书馆保存的数据和信息转化为读者的知识和能力，培养知识用户在不同情景中应用、吸收和传播知识的能力。

（2）体现以人为本的管理思想，重视人的作用和发展。图书馆知识管理强调开发图书馆员工潜能，加强职业培训与继续教育，不断提高员工的知识水平及其获取知识和创新知识的能力，并激励员工将其知识与智慧应用于业务与服务工作之中，尽可能地满足读者的需要，从而在尊重员工个人价值与自我实现的基础上实现图书馆集体目标。

（3）以创新性为目的，重视知识共享与知识创新。图书馆知识管理的一个主要目标是促进内部员工之间的知识交流与共享，它要求所有员工共同分享他们的知识，提升图书馆知识创新与利用的能力。图书馆知识管理另一个主要目标是知识创新。图书馆知识管理不仅仅是对文献借阅、知识信息的收集、存储、整理与传递进行机械的管理，而且也要把握知识间、知识与用户间的相互关系，创造新知识去满足社会发展和用户对信息知识的需要。

（4）重视知识集成管理，管理边界具有不确定性。图书馆知识管理不仅强调人、财、物等硬性生产要素，而且更加重视知识、信息、经验等软性生产要素在集成聚变中的主导作用，通过资本存量、知识存量的裂变重组与功能放大，从而突破传统管理模式的边界与金字塔形结构限制，实现管理组织结构的网络化与虚拟化。

第三节　图书馆知识管理的目标与任务

一、图书馆知识管理的目标

图书馆知识管理的目的，是根据读者的需求将图书馆内在和外在的隐性和显性知识集中起来，进行相应操作，以最大限度满足读者需求。

图书馆知识管理的目标是根据图书馆的实际情况和客观要求，应用知识管理原理、技术与方法，合理地组织与高效地使用图书馆的各种资源（包括物质资源、技术资源、人力资源、知识资源与组织资源），最大限度地提高图书馆系统的功能，更好地满足社会与用户对图书馆的信息与知识需求，实现社会与图书馆之间、用户与图书馆员工之间的和谐共处。

（一）知识增值

图书馆知识管理的一个重要特点是把图书馆的文献信息资源作为知识来管理。传统的图书馆管理，是把馆藏文献资源当做文献来管理，这样的管理思想和管理方法就是物本管理，它不考虑文献中负载的知识内容。而图书馆知识管理，是把馆藏文献资源当做知识来管理，重点考虑如何使知识发挥作用和知识的传播问题，这种的管理思想和管理方法就是人本管理，它是以知识增值为目标的管理。

以知识增值为目标的管理是一种知识导向型的管理，是图书馆以文献的内容即知识来管理，是以读者需要为导向的管理。图书馆知识管理通过有效的管理，为读者了解知识、分析知识、综合知识和获取知识提供方便的条件，使知识能够更好地为读者所利用，为更多的读者所利用，转化为读者的知识，让更多的人分享知识的价值，从而实现知识的增值。一些现代图书馆为最大限度方便读者获取知识，采取开放式、藏阅借合一的书刊服务模式，用大量计算机终端提供数字化信息服务，按内容对馆藏知识加以组织，大大节省了读者获取知识的时间和精力（盛剑锋，2007）。

（二）知识创新

图书馆知识管理的一个重要目标，就是通过对图书馆馆藏知识的有效管理来促进知识创新。它包括对已有知识的组织、管理，展现现有知识中人们还没有充分认识的内容，还包括通过对知识的管理，和建设图书馆的知识创新团队。

1. 组织知识

组织知识是图书馆根据一定的要求，把馆藏的文献资料按照一定的规则组织起来，方便读者利用的过程。图书馆目前的分类编目工作实质上就是一种组织知识的工作。现代图书馆的发展，使图书馆要面对纸质文献、数字文献、网络文献、虚拟文献等各种形式的文献。如何用适当的方式，把多种形式的文献中的知识组织起来，使庞杂的知识有序化，更加方便地为读者所利用，使读者能够发现知识的新价值，这是时代对图书馆提出的新要求。要满足这个要求，就需要图书馆在理论和方法上不断创新，以图书馆学的知识创新来应对知识的增加和图书馆科技的变革。

2. 知识系统

图书馆一般都按照一定的规则对文献进行分类、编目和典藏，所有的文献都是按照某种分类法组织起来的。这样的文献管理虽然也是一种知识管理，但是限于工作人员的知识水平，这种文献管理一般只能根据文献的学科属性进行分类，难以根据文献中的知识内容进行详细分类。现代信息科技的发展，使根据知识内容进行分类从而组成知识系统成为可能。现代搜索引擎可以快速、方便地从海量信息中检索出人们所需要的内容，人们可以根据自己对知识的要求，借助信息技术，组成自己的知识系统。这样的知识系统，不是一些知识的简单集合，而是知识的有机组合，它可以更好地启发人们的思想，形成新的知识。现代图书馆知识管理的一个重要任务，就是要充分利用现代信息科技成果，有效地帮助读者构建知识系统。

3. 创新团队

图书馆进行知识管理，实际上是一种对传统图书馆管理的创新，它不仅强调以知识的传播和利用为重点进行管理，而且要求图书馆工作人员以知识的利用者角度来组织自己的工作。这就要求图书馆工作人员大胆摒弃传统观念的束缚，用新的观点、新的视角、新的方法来考虑和从事自己的工作，用创新的态度来从事图书馆业务。知识创新对于图书馆管理来说，既是管理观念和工作方法的创新，又是图书馆专业知识的创新。通过图书馆知识管理，不仅可以促进图书馆工作的有效开展，而且能够培养出一批有创新精神的专业人才。图书馆创新团队的形成和发展，是图书馆事业不断发展的最有力的保证。

4. 知识社区

知识社区是一个组织中具有相同的工作经历、兴趣、目标的人们所组成的一种非正式的群体。它在一定的基础设施的基础上建立知识人性化、技术化的社区环境，使组织内部、内部与外界共同达到信息互换，知识共享的效果。知识社区是图书馆内外人员进行交流和互动的场所，它为图书馆知识管理系统的使用者提供了一个知识交流和共享的平台。只要在权限允许的范围内，用户都可以针对某一问题或某个决策创建一个项目讨论区进行交流及技术讨论。知识社区可以把知识以简洁明了的形式展现出来，特别有助于挖掘组织的隐性知识。它为组织成员提供突破时间、空间限制的知识交流环境，使人们在“你问我答”中实现知识的共享，并增加了用户对知识进行交流的机会，提高了知识的利用率和知识管理系统的效率。

（三）人的发展

知识是人类创造的，应该为人类造福，促进人类社会发展。图书馆知识管理根本的目标就是要促进人的发展。

1. 读者知识的发展

图书馆知识管理，以新的理念和方式，为读者提供更好的知识服务，可以有效地促进读者知识的发展。图书馆所做的一切工作，都是为了帮助读者获取知识、发展知识，这是图书馆的根本目标。为适应时代的发展及根本目标的实现必须采取新型的管理理念和工作方式。

2. 读者素质的发展

图书馆不仅具有传播知识的功能，而且还具有育人的功能。图书馆在向读者传播知识的过程中，也把特有的工作理念、工作作风、行为方式展现在读者面前。如果一个图书馆思想解放、工作要求严格、待人和蔼、开拓进取，读者也会受到熏陶，养成认真、进取的作风。图书馆知识管理同传统的图书馆管理相比，更具有创新性和积极性，更有利于读者素质的发展。

3. 馆员素质的发展

图书馆知识管理对图书馆馆员的素质提出了更高的要求，要求馆员不仅要掌握图书馆学的相关知识，有认真工作的敬业精神，而且要求馆员至少懂得一门其他学科的专业知识，懂得读者的心理和习惯，有对于知识的热爱和追求精神。图书馆实行知识管理，必然会提高对馆员素质的要求，客观上会促进馆员素质的发展。而馆员素质的提高，又会对图书馆知识管理工作产生促进作用。

二、图书馆知识管理的任务

图书馆知识管理是现代信息技术条件下的一种新型的图书馆管理理念和工作方法。图书馆知识管理主要任务，一是建立“知识组织”，二是实行“知识组织”。

(1) 合理组织与利用以知识资源为主的图书馆各种资源（包括物质资源、技术资源、人力资源、知识资源与组织资源），使之充分发挥作用。

(2) 促进图书馆内部员工知识（包括隐性知识与显性知识）的交流、共享与利用，拓展图书馆知识资本。

(3) 合理设计以知识为基础的组织结构，构建知识（学习）型组织结构，优化图书馆业务流程，提高工作效率，从而实现图书馆的可持续发展。

(4) 加强图书馆人力资源（资本）管理，培育以知识为动力的职工队伍，提高员工素质与能力，发挥员工的才干和技能。

(5) 营造以知识为导向的组织文化，以创新作为图书馆的基本手段，尊重个人，尊重知识，重视培训，塑造图书馆知识管理环境。

(6) 对文献进行知识的序化（收集标引）、优化（重组评价）组织，对网络资源选择描述，进行网络知识的开发组织。

(7) 拓展知识服务，开展基于分析和内容的参考咨询服务、专业化服务和个性化服务，提高服务层次与水平。

(8) 建立系统的、标准化的、量化的知识管理考核指标体系，评估图书馆知识管理实践，改善知识管理水平，提高知识管理效率。

三、图书馆知识管理的过程

图书馆知识管理实质上是一种过程管理，是系统地、有组织地对文献信息和网络信息予以处理的既定过程，是为满足图书馆提高适应力、生产力、竞争能力、知识使用效率和创新能力的需要，而寻求将图书馆数据和信息处理能力同馆员的创新能力结合起来的一种过程。图书馆知识管理的过程分为知识获取、知识加工、知识传播、知识应用、知识创新等五个阶段，如图 4-3 所示。

(1) 知识获取。知识获取不仅指从数据中挖掘出知识、从信息中提取知识、从知识库中查询知识，而且还包括把分散在组织内部每个员工头脑中的隐性知识聚合起来，形成能解决问题的系统性知识。这是图书馆实施知识管理的前提，也是图书馆利用知识创造价值的基础。

(2) 知识加工。知识加工指通过整理和分类对知识进行重新描述。知识加工确定知识的最终存在形式，是知识传播与应用的前提。其目标是将所获取的知识进行保存和安全管理，并为知识传播和应用创造系统、及时、高效的环境。

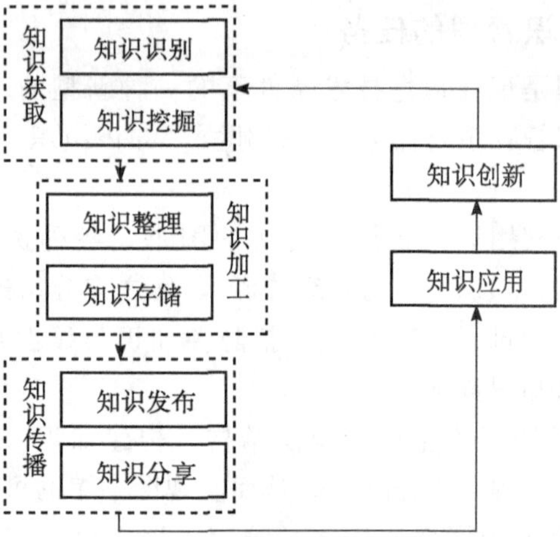

图 4-3　图书馆知识管理的过程

（3）知识传播。知识传播是指通过知识的发布与分享达到知识的共享，它是知识加工与知识应用的纽带。图书馆通过完善知识数据仓库和网络信息技术及基础设施，不仅可实现图书馆员工对隐性知识的共享，而且可满足不同读者对各类知识的需求，从而促进知识应用的顺利进行。

（4）知识应用。知识应用是指在知识处理系统之间和相关人员之间实现知识共享与利用。它与其他过程紧密相连，是知识管理的实现手段，是图书馆最终实现“创造知识价值”核心目标必不可少的过程。

（5）知识创新。知识创新是指在已有知识的基础上，通过知识交流和共享，经过人脑（电脑）加工而创造出新的知识。知识创新是图书馆知识管理的最终目的和最高目标，它可以更好地满足用户需求，为用户提供价值更高、针对性更强的知识服务。

第四节　图书馆知识管理的职能与原则

一、图书馆知识管理的职能

（一）知识获取职能

在过去，图书馆以文献信息的收集、流通（传递）与保存作为工作重心，相应地在管理上只注重计划、组织、指挥、协调与控制等几种功能。在知识经济社会中，作为一个知识中心、文化中心和信息中心，图书馆知识管理以各种知识信息（包括传统文献、电子文献和网络信息）的组织、传播与利用为工作核心。因此，知识获取必然成为图书馆知识管理的基本职能。所谓知识获取，就是从各种信息源中发现、提取和挖掘知识的过程。它可分为人工获取、机器辅助的人工获取、机器自动获取三种类型。在图书馆管理实践中，知识的人工获取仍是一种现实可行的办法，如文献资料采购、实地调研等；机器辅助的人工获取知识是如今最常用的方式，它既能保证一定的精度，又能确保较高的效率，如利用搜索引擎收集主题资料、利用网络进行文献传递等；机器自动获取知识是人工智能追求的目标，虽然目前图书馆在这方面还没有取得突破性进展，但却是今后发展的方向。

（二）知识中介职能

著名图书馆学家吴慰慈先生指出：图书馆是帮助人们利用文献进行间接交流的中介物。图书馆的中介作用，主要体现在它能够实现文献使用部分的内容价值和使用价值，使用户能够通过图书馆获得所需要的文献信息，为文献信息价值的开发与转化提供渠道。图书馆是中介性机构。这里的“中介性”实质上就是针对文献信息而言的（吴慰慈和董焱，2002）。在知识经济时代，图书馆不仅是文献信息的中介性机构，也是知识的中介性机构。所谓知识中介，是指图书馆通过信息技术如群件、内部网、工作流和文件管理系统把知识需求者和最佳知识源关联进来，进行明确、固定的知识匹配和传送。因此，图书馆知识管理不再局限于文献信息的管理，而是根据不同用户对知识的不同需求最大限度地捕获、挖掘与用户相关的知识，通过为用户提供有效的知识共享平台加速知识的传播与利用，充分发挥图书馆的知识中介功能与作用。

（三）知识转化职能

在图书馆管理实践中，隐性知识与显性知识、个人知识与集体知识时常自觉或不自觉地在相互转化。图书馆的隐性知识分为个人隐性知识与集体隐性知识两部分。个人隐性知识与个人有密切的关系，主要包括具体的诀窍、手艺、技巧和技能，个人的知识结构、吸收新知识的能力、判断力、发现问题和解决问题的能力，工作经验、生活阅历、思维模式、人际关系、兴趣特长，人的喜怒哀乐、直觉、偏好和激情，以及信仰、价值和奋斗目标等。集体隐性知识是图书馆全体员工长期以来通过相互交流和相互协作所形成的工作理念、默契、信仰、经验、亲和力与凝聚力、技术、工作方式与方法、馆员之间和馆员与读者之间的沟通与交流机制、图书馆对内外环境和事件的应付能力和协调能力、图书馆对外服务的整体水平和信誉等。

促进隐性知识与显性知识的相互转化是图书馆知识管理的首要任务。按照日本的野中郁次郎和竹内弘高的观点，这种知识转化可以概念化为隐性知识与显性知识在不同层次转化的螺旋上升过程（SECI 模型），如图 4-4 所示。

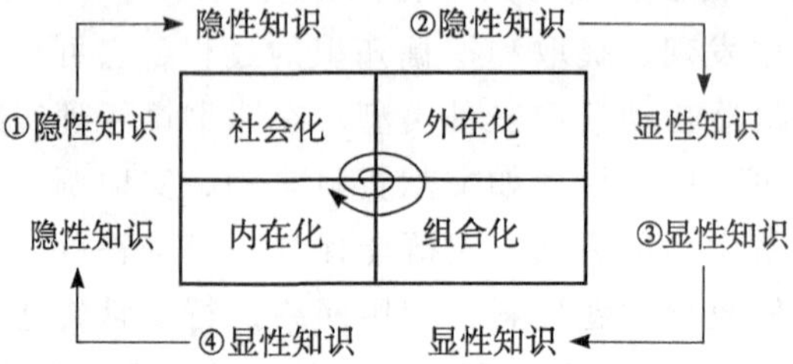

图 4-4　图书馆知识活动 SECI 模型

(1) 社会化（socialization）是指从隐性知识到隐性知识的转化，是员工之间、员工与用户之间主要通过仔细观察、面对面的交流、传授等方式分享各人的经历、经验、技能、诀窍等隐性知识，在潜移默化中寻求个人知识共享的过程。

(2) 外在化（externalization ）是指从隐性知识到显性知识的转化，是对隐性知识概念化，将其转化为他人易于理解的显性知识的过程。这主要体现在两个方面，一是图书馆员对自己的研究成果和工作经验进行总结，以发表论文、撰写专著或研究报告、进行演讲等方式展现出来，达到互相学习和共同提高的目的；二是用户将自己的隐性知识明晰化和显性化，使图书馆员更准确地理解和把握他们的需求。这时常常通过隐喻、类比、假设、模型对话、讨论等方式将隐性知识显性化。

(3) 组合化（combination）是指从显性知识到显性知识的转化，是图书馆员通过各种方法对许多原始信息进行整理、编码、分类、排序、分析和研究等，提炼出用户所需的知识，形成新的知识体系的过程，如图书馆员所做的文献资料汇编、知识组织与分类等。

(4) 内在化（internalization）是指从显性知识到隐性知识的转化，是图书馆员通过学习和培训，获取新的知识，在工作中有效地运用这些知识，内化成个人的隐性知识的过程。基于内部化，可以重新开始新一轮知识转化，由此形成一种知识螺旋。因此，知识转化是图书馆知识管理的另一种职能。

（四）知识共享职能

知识共享包含两个方面：一是知识所有者向组织贡献自己的知识，使个人知识变成集体显性知识；二是个人从集体知识或知识库中发现并吸收对自己有用的知识。图书馆正是通过不同主体之间知识的交流、传递与应用，来履行知识共享的职能，这些职能包括两种。①编码化策略。它是指通过图书馆内部的管理机制和沟通渠道，将个人知识转化为编码化的工作流程、数据库或知识库中的内容。编码化的工作流程是将知识嵌入到图书馆的业务流、信息流或知识流，将工作流程编码化、规范化甚至标准化。数据库或知识库是组织知识的有效方式，知识通过编码进入数据库或知识库后，就可以方便地被其他馆员使用。②个人化策略。它是指将没有掌握某种知识的人和掌握该知识的人紧密地联系在一起，主要通过人与人之间的直接交流实现知识共享。如根据具体实际情况或要求，将具有不同领域知识的人组成一个团队，通过团队成员间的相互交流来商议与解决问题。成功的知识管理系统能促进知识共享，帮助馆员从知识库中发现对自己有用的知识并从中获得启发和智慧。

（五）交流职能

交流是图书馆知识管理的一个重要职能。谢拉（Shera）认为，图书馆不仅是一种社会文化现象，或者是社会的工具，而且是交流传播网络的重要组成部分（谢拉，1986）。图书馆对文献的收集、存储、整理、组织、传递与利用等活动的本质是人类知识交流。在图书馆知识管理工作中，一方面为了解用户的潜在与现实需求，开展与推广新的服务方式与内容，扩大对外合作与提高图书馆的国内外形象，图书馆都必须加强与用户的交流；另一方面只有在图书馆内部建立一个有利于交流的组织结构和文化氛围，使员工之间的交流畅通无阻，才能最大限度地使信息和知识在交流过程中得到融合和升华，才能使知识交流者得到启发和提高。如果说知识获取和共享是使知识发挥作用的基础，那么交流则是使知识体现其价值的关键环节。只有在交流过程中，才能使知识在社会和用户间进行扩散和传递，更好地完成知识的学习、利用与创新，促进知识创新成果向现实生产力的转化。

（六）创新职能

创新既是图书馆发展的原动力，也是图书馆知识管理的一个重要职能。图书馆知识管理可以帮助用户获得相应的知识，并提供最新的信息，是推动知识创新的前提条件。图书馆知识管理的本质在于创新，创新是图书馆知识管理的一种内在功能。图书馆知识管理的创新是多层面、全方位、全过程、全员性的，包括管理观念创新、管理模式创新、管理体制创新、管理机制创新、管理方法创新、管理流程创新等，这是图书馆自我改变以适应环境变化的过程，是图书馆不断地进行变革和再造的过程。其具体要求是图书馆要打破常规，设计和整合工作程序，建立能够充分体现个人价值的团体式组织，提高管理与服务水平和效率，并以敏锐的观察力密切关注图书馆未来发展的新趋势、新动向、新问题，以实现全方位为用户开展知识服务的目标。图书馆也可直接参与科学研究、知识生产等过程，成为国家知识创新体系的有机组成部分。

（七）学习职能

在知识经济时代，图书馆总处在一个不断变化的环境中，用户需求在变、科学技术在变、竞争对手的状况在变、信息市场在变、人们的观念和社会文化在变、用户与员工的知识结构在变、管理思想在变等，所有这些变化对现代图书馆管理提出了挑战，图书馆要想获得成功就必须不断地进行变革和再造，必须不断地进行学习。学习成为图书馆的竞争要素和生存方式。所谓学习是指组织学习，组织通过知识获取、传播、提炼、创造与实现，以获取不同信息、分享共同认识来开发知识，以及增长见识、知识和联合过去与未来行为的能力。知识管理能帮助组织与个人解决学习问题，因此，图书馆知识管理可以通过系统思考、战略学习、团队学习、对话、建立共同愿景、信息系统的使用、反馈系统的利用、自我管理、知识共享来推进组织学习，从而发挥图书馆的组织学习功能，使图书馆成为一个学习型组织。

（八）教育职能

巴特勒（Butler）、谢拉（Shera）等指出，图书馆的主要功能在于把文献中的客观知识通过阅读活动转换为阅读者的主观知识，当这种转换成为人们普遍的、规模化的、经常化的需要，任何个体力量都无法保证其在社会范围内的实现时，“制度化了的图书馆”便随之出现了。因此，图书馆从诞生的那一刻起就担负着社会教育功能，是学校教育的有益补充（王余光等，2007）。随着知识经济的发展，社会对知识工作者的需求越来越旺盛。人们为了提高自己的素质与竞争能力，需要不断地学习新知识、了解新情况、适应新环境的挑战。这样，继续教育和各种形式的教育就成为全社会的潮流。图书馆是能够提供大量知识信息的公益性服务组织，必然成为人们进行素质教育、继续教育和终身教育的理想场所。图书馆通过举办多种方式的培训班、讲座或学历学位教育来加强用户教育，培养用户鉴别、检索、选择和利用知识信息的能力。

二、图书馆知识管理的原则

（一）开放原则

知识管理通过知识共享，运用集体智慧，以提高应变能力和创新能力。它要求建立一个开放的图书馆知识管理平台，让所有的成员能把自己的知识，包括具体的诀窍、手艺、技巧和技能，共享到知识管理平台上去。同时此平台也吸收和利用外部知识以丰富图书馆知识库。

（二）创新原则

创新是知识管理的灵魂，是图书馆发展的动力，也是图书馆管理者对外部环境应变能力的一种体现。随着知识经济和网络技术的发展，图书馆要想在信息市场中求生存、求发展，尤其需要以创新作为图书馆发展的基本手段，摈弃保守、封闭和僵化的思想，突出变化、开放和灵活性。其创新内容包括管理理念、管理对象、管理职能、管理原则、管理方法、管理工作和管理文化等。

（三）共享原则

由于知识的使用和消费不会使知识减少，反而通过知识交互，人的知识会不断地得到更新和丰富。知识不遵循边际收益递减规律，反而体现出要素边际收益递增性。此外，知识的不可独占性和消费上的非排他性使得知识的社会效益通常要高于知识产品给生产者个人带来的效益。知识的这些特性促使图书馆在知识管理实践中强调知识共享原则，其基本措施包括知识共享搭建基础平台，如建立图书馆知识管理系统；创建学习型组织，使图书馆成为学习资源中心；创建知识共享的组织文化，营造知识共享的环境与氛围；建立知识共享的激励机制，促进员工参与知识共享等。

（四）协作原则

基于知识的共享性，图书馆团队间的协作活动（包括知识服务、研究与开发和组织学习等活动）变得非常重要。只有团队协作才能真正将知识资本挖掘出来并加以形式化和资本化。只有在知识得到共享之后，知识才与知识的拥有者个人相对独立，才能说明图书馆对知识有了更大的所有权，知识才不会因员工的离开而流失。

（五）人本原则

图书馆知识管理要体现人本原则，也就是要“以人为中心”、“以人为根本”，这里所指的“人”，不仅包括读者（用户），也包括图书馆员工。以读者（用户）为中心，为读者（用户）服务，是图书馆一切工作的根本，也是图书馆存在和发展的根据，图书馆要尽量满足读者（用户）的需要；以职工为本，加强职工队伍建设，调动职工的工作积极性，依靠职工做好服务工作，是图书馆做好读者（用户）服务工作的基础。

（六）激励原则

图书馆实施知识管理会遇到很多矛盾，如知识共享的低成本与知识创新的高成本的矛盾、知识创新过程的长期性与知识使用寿命的短期性的矛盾、知识拥有者对知识的垄断性与知识本身要求的共享性的矛盾，而要解决这些矛盾，图书馆首先要解决知识共享的问题。对此，图书馆必须建立知识管理激励机制，包括知识运行机制、知识明晰机制、知识绩效机制和知识奖惩机制（李华伟等，2002），并针对不同类型的知识型员工采取不同的激励方式，针对职业生涯不同阶段采取不同的激励策略，从而促进知识共享与知识创新。

（七）层次原则

图书馆知识管理一般可分为三个层次。一是信息管理，即对信息的收集、整理、储存、查找和利用的过程。二是对知识的管理，即包括对客户、供应商和图书馆内部员工的知识加以识别、获取、分解、储存、传递、共享、创造、价值评判和保护，并使这些知识资本化和产品化的过程。三是对图书馆知识资本的管理，也就是对图书馆人力资本、市场资本、结构资本和知识产权资本的管理。图书馆只有分析、认识管理的不同层次，以采取相应的管理方法，才能取得最佳的知识管理效果。

第五章 图书馆知识管理的组织系统

图书馆知识管理是以组织的形式进行的。作为组织，除了具有一般组织的基本特性外，图书馆还有一些与知识管理有关的特点。图书馆知识管理的关键在于高素质人才，这在客观上要求图书馆加强人力资本管理，提高全体员工素质与能力。而高素质人才的培养往往与图书馆组织结构、组织学习、图书馆文化紧密相关。了解这些性质和特点，做好图书馆组织建设工作，建立知识型团队组织与学习型图书馆，营造创新型图书馆文化，将有效地促进图书馆知识管理。

第一节　图书馆知识管理的组织结构

一、图书馆组织结构对知识管理的影响与作用

（一）图书馆组织结构对知识管理的影响

目前大多数的知识管理活动是在组织范围内开展的，组织的结构体系、文化及设施都会对知识管理产生影响。图书馆作为专门以各种载体形式的文献向社会提供知识服务的组织机构，是整个社会创新体系的一部分，是启动社会知识创新工程的要素之一。其根本任务是要通过对文献知识的组织，把知识与社会联系起来，起到知识交流的中介作用，成为社会知识利用和知识创新的桥梁。图书馆的知识管理，不仅应该从其内部管理着眼，还应该从其社会职能考虑。其基本内容包括图书馆的内部组织管理和业务工作管理两个层面。

图书馆的组织结构要以知识为基础，以图书馆组织内外各种知识高效有序地运作为出发点，以组织中知识沟通的便捷性、业务关系的合理性、管理人员知识水平与其职责的适应性以及管理活动的应变性为原则，分析各工作环节和读者的知识需求和知识流规律，考察馆员所拥有的知识、智慧、经验和技能，把握需求与能力相匹配的最佳切合点，真正建立起有利于馆内外主客观知识广泛交流和高效整合，从而最大限度发挥馆员智慧潜能，提高图书馆整体服务效率的组织结构。

图书馆应先对原有部门机构进行功能整合，建立以其主要职能为主体的基础性组织机构框架，再根据具体工作需要，在组织框架中设置一些以任务为中心、便于经常调整的工作小组，使这种动态的、灵活的、临时性工作组与相对稳定的基础部门相结合，通过局域网络将各工作小组与部门联系起来，将馆员与读者联系起来，形成一个工作网、知识网、人际网，为图书馆知识交流共享和知识创新，创造一种刚柔相济的充满活力的组织形式。这就要求打破传统的金字塔形组织结构，建立起柔性、反应快捷的图书馆知识管理型组织结构，改变长期以来按职能、业务工序、文献载体形式、文献学科内容等多层次划分的

直线式和严格等级制的结构，重新设计并建立适应现代信息技术发展、有利于知识交流和应用、以知识为基础的组织结构，这是图书馆实施知识管理、推进知识创新的组织保障。

（二）图书馆组织结构对知识管理的作用

知识管理，是随知识经济发展而出现，以知识为基础的新的管理思想和管理模式。实施知识管理是为了充分开发和有效利用组织的知识资源，从而提高组织的创造能力。其实质是通过对知识资源（包括显在的客观知识和隐含于人脑中的主观知识）的开发与利用，促使其相互转化，从而提高组织的创新能力和发展能力。

图书馆知识管理组织结构以切实的条件为保证鼓励图书馆员之间知识的交流与共享。同时，团队式的工作小组使得任何一位馆员的想法、建议或意见都能得到广泛的交流，学习成为一种日常的、自觉的事情。在这样的组织结构中，组织的产生与传播、知识资源的积累与扩大以及最终服务创新与管理创新的速度都将大大加快。如果没有一个知识管理型的图书馆组织结构，成功地实施知识管理几乎是不可能的。了解图书馆知识管理的性质和特点，并结合这些特点做好图书馆的组织建设，将会有效地促进图书馆知识管理。

（三）图书馆知识管理的组织结构特征

图书馆知识管理的组织基础是知识管理型图书馆，这种知识管理型图书馆与传统图书馆相比，其主要变化表现如下：一是组织结构由缺乏柔性的等级制转变为较少约束、流动的扁平化组织；二是图书资料、信息在职能部门间的顺序转移变为图书馆内部以任务为中心的团队，并行工作成为可能；三是大量严格标准的例行程序转变为能应付更多不确定性的非常规做法和加速变革的复杂性、多样性策略；四是从等级制的细致的劳动与管理分工、以自我为中心（封闭在某岗位上）等转变为同等级的人员网络过程的集成、对话式工作、联合多个部门的才干和能力共同创造某项知识产品（服务）的虚拟图书馆或图书馆内、图书馆间进行资源组合（重组），来把握和传递具体服务的动态团队。知识管理型图书馆一般具有如下特征。

（1）扁平化。在知识管理时代，图书馆必须调整图书馆的组织管理机构。从内部来看，图书馆原有的管理层次将逐步减少，部分中间管理层将被精简，层次众多的金字塔式组织将变得扁平化；从图书馆外部来看，图书馆通过采取缩小规模、重组、外包，以及聘用顾问和雇佣短期劳动力的办法来实现外部调整，从而建立一种紧凑、干练的扁平化组织结构，促进信息和知识的传递与沟通，使图书馆中每个人都能充分发挥自己的个性和创造力。

（2）柔性化。这是与刚性化相对应的，典型的柔性化组织有三个主要特点，一是职务界限模糊；二是集体决策参与管理；三是上下左右进行良好的意见交流。柔性化组织要根本改变领导驾驭图书馆员的思想观念，真正发挥广大馆员的创造力。同时它还要求建立柔性化管理机制，及时将馆员的个人知识（包括显性知识和隐性知识）转化为图书馆广大馆员共享的知识。

（3）网络化。网络化结构以比其他组织更快、更节省能源的方式沟通信息。网络是人与人之间互相联系的沟通途径，在网络中人们彼此交谈，分享思想、信息和资源。图书馆员通过网络不仅可以了解到情报信息理论与实践的最新发展，而且员工之间可以通过网络进行交流，并在交流中使知识得到共享与发展。另外，通过网络化组织，图书馆可以与外部建立知识联盟，尽可能地吸收各种知识，并使之与本图书馆的知识相结合，增强自身的服务能力。

二、图书馆组织结构的变革

（一）图书馆组织结构变革的内涵

组织结构变革，是组织在内外环境变化的压力下，为了适应环境、更好地提高组织效能、实现组织目标而进行的对组织机构、领导关系、人员配置的调整和改变。图书馆作为一个系统，它具有相对的稳定性，但不可能一成不变。图书馆同其他组织一样，需要随着时代和事业的发展，适时地进行组织变革，以适应时代和发展的要求。

图书馆组织结构变革要求图书馆根据组织环境的变化，充分利用和挖掘组织可以拥有的各类社会资源，利用新的技术水平和管理理念，开展各项服务。从而实现社会角色的重新定位、工作重心的转移、服务方式和服务内容的创新等一系列组织目标，构建一个开放式、学习化、虚拟式、创新型的图书馆新组织。

图书馆组织结构变革是一种影响深远的变革，图书馆组织机构、机构职能、领导关系、人员配置的调整等，都会对图书馆的工作和发展产生重要的影响。图书馆实行知识管理，就是要跟上知识社会发展的步伐，与时俱进，适时进行组织结构的调整和优化。

（二）图书馆组织变革的驱动因素

1. 管理的变革

一旦图书馆原有的组织形态适应不了变化的需要，组织变革的需要就必然产生。同时，图书馆员的素质的提高，必然对图书馆组织的职权、分工、奖惩、绩效产生影响，对图书馆组织结构的变革提出要求。图书馆要实现长远的、可持续的发展，就必须从以收藏文献为中心转变到以知识服务为中心，就必须对组织结构作出相应调整，重新设立职能部门和业务部门，处理好各部门之间的关系。

2. 任务的变化

组织是为了完成一定的任务而设立的。任务的变化，必然要对组织本身产生影响。图书馆的组织结构安排是为图书馆的发展目标服务的。作为社会公益性机构，图书馆承担着保存人类文化遗产和向公众提供文献服务的职能。在图书馆发展的初级阶段，图书馆主要履行保存文献的职能，图书馆组织结构上主要是采访部门和典藏部门的建立和完善。随着社会的发展，人们利用文献的需求在增加，为了适应社会发展的需要，图书馆就要由原来侧重保存文献的机构逐渐转变成保存文献和提供知识并重的社会机构。在社会发展的不同时期，图书馆的职能有着不同的侧重点。随着社会的发展，图书馆的组织机构需要不断加以调整和变革。

3. 技术的新发展

不同的科学技术水平需要不同的组织结构形式加以匹配，以信息技术为先导的现代科学技术革命必然对图书馆的组织结构形式提出新的要求。当今的图书馆，普遍实行计算机管理，大量使用信息设备为读者提供知识服务，网络技术越来越深入到图书馆工作的各个方面。新的信息技术的发展和运用，推动图书馆设立和加强信息技术部门，从而变革了原组织结构在十几年前，只有少数大型图书馆才有计算机专业人员，而现在的图书馆，稍具规模的都设有信息技术部门，有专人从事系统维护、网络技术方面的工作。新兴的信息技术部门，已经成为图书馆最重要的业务部门。

4. 读者的新需求

在知识经济时代，读者对图书馆文献信息的需求已发生重要的变化，读者不再单纯地借阅书籍和报刊，而是借图书馆来获取自己所需的各种知识。读者需求的这种转变，对图书馆提出了知识管理和知识服务的要求。图书馆要进行知识管理，就要对图书馆的组织进行变革并赋予新的功能。相对于图书馆组织任务的变化、新技术的运用，读者需求的变化是推动图书馆组织变革的最重要的因素。读者的需求，是图书馆存在和发展的根据，图书馆要重视读者需求的变化，并在需要的时候进行适当的组织变革，以便能够更好地满足读者的需要。

三、图书馆知识管理的组织结构设计

（一）图书馆知识管理组织结构设计的概念

组织结构是指组织的控制方式，主要涉及组织的各种构成因素及其相互关系。图书馆知识管理组织结构设计是指图书馆根据组织目标，把组织目标规定的任务分解成分目标和分任务，据此设立相应的业务部门，确定相应的指挥、配合和协调方式，以保证组织有效运行和实现组织目标。

图书馆知识管理组织结构设计重点要解决两个方面的问题：一是要根据社会需要和图书馆知识管理目标及自身特点，设计有利于完成图书馆知识管理各个职能的部门，确定这些职能部门的职责；二是要确定各职能部门之间的相互关系，以科学、合理的方式联结各部门、各层次，使各部门之间能够相互配合、相互补充。解决好这两个问题，就可以建立一个有活力的、有效率的、有一定应变能力的、可持续发展的组织。

图书馆知识管理体现在图书馆组织机构上，就是要在图书馆中加强读者服务、知识导航、读者—图书馆互动的职能，把对物和人的管理转变到对知识的管理上来。因此，各个图书馆应根据自己的情况，因地制宜，确定最适合自己的组织形式。

（二）图书馆知识管理组织结构设计的原则

1. 管理幅度和管理层次相适合的原则

管理幅度是指一位管理人员直接管理、指挥和协调的人数。在管理学中，一般认为越是下层的管理，管理幅度可以更大一些，越是上层的管理，管理幅度应该更小一些。管理幅度越小，越容易进行有效的管理。管理层次是指工作人员之间领导和被领导关系的数量或职位等级的数量。管理层次应当越少越好，这样便于指挥、协调和控制，便于相互传递信息，可以使管理更为有效。管理幅度与管理层次是相互联系的。在组织规模一定的情况下，管理幅度直接决定了管理层次和人员的数量。管理幅度越宽，管理层次就越少。为了提高组织的效能，在组织结构设计时，必须合理确定管理幅度和层次。

图书馆要进行有效的知识管理，需要对管理幅度和管理层次进行认真设计和优化。从提高工作效率的角度来看，应当尽量减少部门设置，增加部门的管理宽度。这就是人们常说的“管理扁平化”。图书馆知识管理的组织结构设计要尽量采取扁平结构，它减少了管理层次，简化了信息传递环节，使业务部门之间更具渗透性，有利于发挥广大馆员的主动性和创造力，有利于分权和授权。

2. 以用户为导向的原则

管理理论和管理实践都表明，机构的每一个部门都有自己的供应者和用户，知识管理要求每一个员工都必须对自己的用户负责。图书馆知识管理是满足用户知识需求的管理活动，用户是图书馆知识管理与服务工作的轴心，是图书馆知识管理与服务质量的最终评价者。图书馆知识管理的组织机构设计应该以用户为导向，离开用户，图书馆的机构设计也就失去了存在的价值。图书馆工作部门设立，不仅要考虑图书馆发展和建设的要求，还有考虑不同时期的工作重点和工作任务，在保持部门设置相对稳定的前提下，适时撤销和增设工作部门，或者调整部门的工作职能，以使部门能够专业化地为用户进行工作，保证知识管理与服务的工作质量和工作效率，促进图书馆稳步发展。

3. 以流程为导向的原则

图书馆知识管理关注和强调利用自己独特的知识和能力，根据用户的需求，帮助用户检索所需的信息，并对大量信息进行分析、过滤、加工、重组，直至获得能解决用户实际问题的知识，它贯穿于用户解决问题的全过程。图书馆知识管理的组织机构设计应以流程为导向，打破部门障碍，将重要的工作流程从不同部门中清理出来，按流程组织安排，使工作不仅从头至尾有整体感，而且能够实现动态和连续的全程管理，从而增强知识管理与服务的有效性。

4. 以人为本的团队式管理原则

为了使工作具有延续性和规范性，组织机构应处于相对稳定状态，但是实施知识管理与服务的图书馆作为开放系统，与社会、环境、用户存在多种联系，在管理与服务过程中要打破部门障碍，在保持既定组织机构稳定性的前提下，按照流程成立工作团队，根据环境的变化不断加以调整，采用一种自我为导向的管理方式，提倡民主和参与，以充分利用每个成员的优势，高效率、高质量地完成组织目标。这样既能充分调动馆员的潜能，又能增加组织的适应能力。

（三）图书馆知识管理组织结构设计的基本要求

（1）要有利于馆员的相互影响、沟通和知识共享。不仅图书馆内部员工、部门之间要进行沟通，而且图书馆与读者、出版商、同行之间也要进行沟通。这样员工不仅可以了解其他员工在做什么，自己是否能够提供帮助，而且本馆也可以了解同行在做什么，同行是否走在了自己的前面，读者需要什么，本馆是否能够满足读者的要求等信息。

（2）要有利于图书馆知识的更新和演化。组织结构的设置应该使图书馆各部门之间能够交流各自所拥有的知识，能够使外界的最新知识和服务手段迅速地传入图书馆，并能迅速地被图书馆员工所了解，使图书馆和员工所拥有的知识和服务得到更新和深化。

（3）要有利于图书馆集中资源完成知识服务的社会化。图书馆拥有知识资源的最终目的在于使知识社会化，使图书馆获得最大的社会效益。因此，图书馆的组织机构应该有利于图书馆调动资源，集中力量完成知识服务的社会化，有助于协调知识服务社会化过程中的研究、开发、营销等各种活动。

（4）要有利于提高图书馆对读者需求的适应能力。图书馆能够通过“适应——纠正——适应”的过程不断满足读者需求，从而使图书馆充满活力，提高组织的工作效率，迅速地对读者需求的不确定性和多变性作出反应。

（5）要有利于进一步培养图书馆员工的团队合作精神。图书馆团队不仅包含图书馆内部人员，还应包含出版商和读者，这样才能使图书馆的知识服务按照读者需求设计，按照资源最优化配置来组织、开发和服务。要组建一个充满合作精神的团队，需要馆员、读者和出版商拥有共同的语言、价值观和文化。

此外，还需要馆员具有团队合作精神，认同集体文化。这些都需要一个具有合作精神的组织结构作为其基本条件。

(6) 要有利于引导员工的系统学习，使员工能够系统地学习、思考，将分散在各个员工头脑中的零星知识资源整合成强有力知识服务的力量。这种学习不仅仅是从他人处获得知识和信息，更重要的是通过学习来激活员工和图书馆的知识组织、知识开发和服务创新能力。员工学习新知识，不仅要通过正规教育或业余教育来完成，而且也要通过实践来完成。所以，图书馆的组织结构、管理模式都应该进行较大的调整，使员工能够在实践中和与他人合作中学习知识并积累知识。

(7) 图书馆的组织管理体制应该是一种宽松的、民主的管理体制。图书馆的发展需要高水平的领导，正确的战略指导，创新的知识服务，实用的技术手段和方法。而要达到这一点，就在完善的管理体系和机制下，使每一位员工均有余地和动力充分发挥自己的能动性和创造性。

四、图书馆知识管理组织机构的设置

根据国际标准，图书馆分为国家图书馆、高等院校图书馆、非专业图书馆、学校图书馆、专门图书馆和公共图书馆六大类型。这六大类型的图书馆，由于它们的具体任务和服务对象不同，对文献资料的搜集、整理、储存和传播的内容、形式和方法也各有差异，但是无论是哪种类型的图书馆，其机构设计必须适应知识管理与服务的发展与需要。

长期以来，流通阅览、采访编目、参考咨询、办公室是图书馆的主要部门，承担着图书馆的基本工作。随着科学技术和读者需求的不断发展，图书馆的办馆理念也不断发展，这就要求图书馆跟上时代步伐，合理设置部门，如信息技术部、数字图书馆等，使图书馆的工作适应知识管理与服务的要求。

图书馆知识管理的机构设置是同图书馆的规模和任务相联系、相适应的，必须根据实际情况确定适合的机构形式。一般说来，采用的组织机构形式主要有以下四种。

(一) 直线制

这是最简单的组织结构，适合规模较小的图书馆。这种结构就是管理人员直接管理下属，下级只对直接上级负责。规模很小的图书馆甚至可以没有部主任这一层，馆长直接管理馆员。

(二) 职能制

这是最常见的组织结构，适合中等以上规模的图书馆。这种结构的特点是在图书馆内设置一些职能部门，如学术委员会、办公室、流通阅览部、采访编目部、参考咨询部、信息技术部等，这些部门对其他部门的工作有建议、说明、解释、劝告的权利，但是不能行使指挥命令权。图书馆在有多个副馆长的情况时，副馆长之间进行职权分工，如业务副馆长、行政副馆长等，各人分管一摊，也是一种职能制。

这种组织形式的优点是分工严密、职责清楚，整个组织有较高的稳定性和工作效率；缺点是各职能部门之间目标不统一，信息交流困难，最高领导的协调工作量很大。

（三）主馆分馆制

现今有一些大型图书馆，不仅有一个大型的主馆，而且还有若干个分馆。一般情况下，主要的职能部门都设在主馆，这些部门的职能辐射到全馆。分馆有的是规模较小的图书馆，有的是专业性的图书馆，主馆和分馆一起组成一个综合性的大型图书馆。例如，国家图书馆、浙江大学图书馆、武汉大学图书馆、中国人民大学图书馆等实行的就是主馆分馆制。

（四）知识团队

直线制和职能制的组织模式，由于职责的严格细化而导致其组织结构过于僵化，在许多方面已经不适应知识管理的要求。所以，需要按照知识管理的要求，组建支持知识管理的知识组织——知识团队。同时，设立专门协调图书馆知识管理工作的职位——知识主管（chief of knowledge officer，CKO）。知识主管的工作职责是推动知识创新和培养集体创造力，根据图书馆工作任务的变化设计、协调、监督工作方案的进展实施，通过引导组织的知识创新，有效地提高馆员的知识管理水平，提高图书馆的知识共享和知识创新能力。在理念上和制度上真正将图书馆以实物为主导的资源配置体系逐步转向以知识为主导的资源配置体系。知识主管的主要职责就是担当知识管理的设计者和协调者。

第二节　图书馆知识管理的组织文化

一、图书馆知识管理组织文化的概念

所谓组织文化（Organization Culture），是指一个组织所共有的价值体系和公认的行为方式。这种共有的价值体系和行为方式在很大程度上决定了职工的观念和对周围世界的反应。当遇到问题时，组织文化通过无形的影响力指导和约束职工的行为，使他们以符合组织要求的方式对问题做出适当的反应。图书

馆知识管理的组织文化亦称图书馆文化（library culture），是图书馆在长期的生存和发展中所形成的，为图书馆多数成员所共同遵循的最高目标、基本信念、价值标准和行为规范，是组织文化理论在图书馆知识管理中的具体应用。图书馆知识管理的组织文化在图书馆工作的各个方面发挥着作用，体现着一个图书馆的文化内涵和管理理念。

组织文化是一种文化现象，也是一种管理思想的体现。在实践中，组织文化是一种可以转化为工作动力的精神能量，是一种精神动力。科学管理主要通过组织行政手段来提高员工和组织的工作效率，它以工作为中心，过多地注重数字资料和定量分析，把人们仅仅看成是执行任务的工具，缺乏对人的智慧、积极性、创造性的挖掘。任何一种管理制度的实施，必然牵涉到文化的变革。图书馆实施知识管理，需要建立适合知识管理的组织文化，重视人们在图书馆工作中的自我控制、自我约束，重视人的观念和思想的作用。图书馆通过对馆员共同价值观体系的倡导和行为方式的塑造，可以使馆员形成共同的价值观和行为方式；通过对馆员责任感、进取感、成就感的激励，可以促使馆员接受图书馆有形或无形的规范和约束，自觉地调整与图书馆的关系，自觉地将个人目标纳入图书馆的整体目标之中，使自己的思想行为与图书馆特有的文化氛围保持和谐，从而使员工充分发挥创造力，提高图书馆工作效率，提升图书馆服务的水平。图书馆组织文化，是图书馆组织的灵魂，是图书馆持续发展和进步的动力（罗敏，2008）。

二、图书馆知识管理组织文化的内容

（一）观念层面

观念层面主要指图书馆价值观，它是一种以意识为形态的深层次文化，是图书馆组织文化的核心。组织的价值观是指组织对自身的本质特征、最终目标以及为达到最终目标所采取的行动的根本看法。一个组织的价值观是组织内大多数成员所认同的价值准则，它是组织文化的核心。主体不同，价值观也就不同。图书馆知识管理组织文化的价值观，指的是图书馆的领导和员工共同信守的基本信念、价值标准、职业道德及行为准则，它是图书馆知识管理组织文化的核心和主要内容，包括图书馆的办馆理念、最高目标、图书馆精神、图书馆宗旨等方面的内容。观念层在图书馆知识管理组织文化中起着主导作用，决定着图书馆的发展方向。一个图书馆知识管理在观念层上达到什么水平，决定了它在工作上可能达到的水平。

（二）制度层面

制度层面主要指图书馆的各项规章制度和行为规范。规章制度和行为规范是组织或群体所确立的行为标准。它们可以由组织正式规定，也可以非正式形成。图书馆的规章制度是约束图书馆员工和图书馆读者的行为、维持图书馆活动的正常秩序的行为规范。规章制度也是一种组织文化，组织通过规章制度把自己的理念、宗旨、准则加以具体化、清晰化、明确化，约束组织成员的行为方式，促进组织成员按照组织要求养成行为习惯。图书馆的组织文化可以从图书馆的规章制度中显现出来，传导给员工和读者。因此，图书馆要经常根据知识管理和知识服务的要求及时修订、更新规章制度，使之相互适应。

（三）物化层面

物化层面主要指图书馆文化形象，它是一种表层的、显而易见的文化。文化形象是可以表达某种含义的媒介物或事件，如建筑、装饰、标志系统、服装等。在组织中，文化形象也用来表示组织的共同信念、价值与理想。组织可以运用文化形象或文化形象活动的方式去塑造组织文化。图书馆文化形象是图书馆文化的物化体现，属于组织文化的表层部分，是组织价值观的物质载体。图书馆应当重视和加强对图书馆文化形象的建设。如图书馆馆舍装修时，要考虑给工作人员和读者创造学习和安静的氛围；图书馆标志设计，可以充分展示图书馆亲切、严谨的风格；工作人员得体的着装，不仅便于读者联系工作人员，而且也可以增加工作人员的责任感。图书馆的文化形象建设，是组织文化的物质表现，能够直接体现图书馆的文化风貌。

三、图书馆知识管理组织文化的塑造

（一）倡导执著的学习精神

执著的终身学习、努力向上的价值观是一个组织制胜的精神动力。在图书馆中营造终身学习的文化氛围尤其重要，因为善于运用新技术已经成为图书馆知识管理组织文化的一部分。图书馆领导要了解当代图书馆发展的趋势和动向，跟踪当代图书馆学和信息科学技术的新发展，学习科学文化知识，学习管理科学知识。只有不断积极学习，领导才能跟得上时代的发展，才能有现代的、开阔的文化视角，才能提出图书馆组织文化建设的方向和任务。图书馆员要培养和建立终身学习的观念，特别是加强对科学文化知识和图书馆专业知识的学习，提高自己的文化素养。只有使终身学习与良好的组织文化衔接起来，员工才能理解、支持图书馆文化建设，并成为图书馆组织文化建设的积极参与者。

（二）培养创新精神

图书馆事业每前进一步，都离不开图书馆人的开拓创新精神，创新是现代图书馆发展的最大动力。在知识经济时代，实施知识管理的图书馆员不同于传统时代的图书馆员，他们能通过创造性的服务使知识增值，能用自己的智慧为图书馆事业和自己本人赢得发展。创新是图书馆实施知识管理的迫切要求，为了培养创新文化，图书馆的领导者应该率先垂范，在其决策、管理和工作上不断开拓创新，弘扬人文精神，以人为本，不仅要为读者提供形式多样的更为人性化的服务，而且要关心馆员个人职业生涯的发展，为他们发挥才能创造条件，使馆员在完成图书馆目标的过程中实现自己的目标。

（三）培育团队文化

团队文化是现代组织必须强调的重要内容。过去图书馆组织受传统金字塔结构的制约，形成了领导权威至上的价值观，各职能部门只关心自己分内的事情，相互之间不合作，导致组织不精简、不灵活、缺乏创造力（李东才，2006）。随着图书馆实施知识管理和组织结构的再造，图书馆组织打破传统功能分工，向扁平化、柔性化方向发展，图书馆的组织文化也发生相应变化，注重个人能力的发挥和知识共享，通过馆员技能的相互补充、自我管理、共同努力以达成组织的目标。

（四）建立行之有效的规章制度和行为规范

建立健全图书馆的规章制度，是图书馆组织文化建设的重要内容。图书馆的规章制度，是在长期的工作实践中建立和形成的，是随实践的发展而发展。在知识管理的图书馆规章制度中，要从文化角度把图书馆的理念、价值观贯彻到日常服务工作和馆员的行为中，使服务行为、语言、个人仪表和人际关系等都按规范行事，如对馆员的服务用语、言谈举止的要求、各项服务程序、职业道德准则、读者服务的工作规范、保护读者正当权益的措施等，并不断充实和完善，以制度建设推动图书馆组织文化的建设。对此，知识管理的图书馆在进行组织文化建设中，要在规章制度中注意体现组织文化和人文关怀的内容，提升规章制度的文化含量和文化水平。

（五）优化图书馆的文化环境

图书馆的文化环境在现代图书馆事业发展中所发挥的作用越来越重要，它直接影响图书馆在社会公众心目中的形象。图书馆作为知识的殿堂，需要有干净整洁的馆舍、醒目清楚的标志、优雅的阅读环境及浓郁的书卷气息，这对知识管理的图书馆来说尤其重要。图书馆知识管理的文化环境，不能简单地理解为就是装饰、装修，就是拥有多少数据库、图书资料和计算机等先进技术设备，而是用物质的东西传达办馆理念、表达图书馆的精神追求。所以，图书馆知识管理的文化环境建设，其核心是传递深层次的组织观念和升华组织文化水平。

第三节　图书馆知识管理的人力资源管理

一、知识管理对图书馆员提出的新要求

（一）高尚的思想职业道德

图书馆员在读者服务过程中，必须遵循一定的道德规范，即职业道德，这是图书馆道德体系的主体部分。图书馆员思想道德水平的高低直接关系图书馆事业的成败。图书馆工作人员只有具备了较高的思想道德水平和政治素质，树立了全心全意为读者服务的思想，才能做好读者服务工作，才能有为图书馆事业献身的精神。因此，图书馆员不仅要具备全心全意为读者服务的思想，而且要具备正确的人生价值观，尤其在网络环境下，图书馆员要保持高度的政治鉴别力和敏锐的洞察力，具有强烈的工作责任心和信息道德。

（二）敏锐的信息反应和处理能力

知识管理的图书馆是自动化、电子化、网络化、虚拟化的多功能知识服务场所。以计算机和网络为主的信息技术的广泛应用，将使图书馆的知识处理、知识存储、知识检索、知识服务发生深刻的变化。因此，图书馆馆员不仅要具有良好的知识信息意识，而且要具有熟练的信息技术处理能力、全球知识脉动的掌握能力以及获取、组织、管理和提供知识资源的应用能力，只有这样，才能够及时准确地捕捉到有价值的知识信息，才能够针对不同用户全方位、多角度地灵活选择各种知识，并及时准确地传递给用户（Despres and Hiltrop，1995）。

（三）良好的外语应用能力

一方面随着国际间交往的日益频繁，知识信息交流也越来越多；另一方面网上90%的信息资源是英文资源，要想及时跟踪、获取先进国家的新技术、新知识，就必须突破语言障碍。因此，外语特别是英语已成为图书馆馆员适应国际间交流、获取网络知识信息的必要工具。此外，图书馆馆员还必须具备流畅的语言表达能力和过硬的文字功底，以便能使用准确、清晰、简明的文字撰写、交流与推广各种知识评价、摘要、专题报告、综述等，为广大用户提供优质高效的知识服务。

（四）熟练的信息技术应用能力

由于网络和信息技术在图书馆的广泛应用，知识信息处理手段呈高度自动化趋势，将使图书馆的知识处理、知识存储、知识检索、知识服务发生深刻的

变化。因此图书馆馆员必须掌握各种新技术，主要是计算机、多媒体、通信、数据库技术等。目前计算机技术应用最广，如进行文献信息检索、联网、图书馆业务自动化管理等，要能熟练掌握网上编目、网上查询等技能。新技术应用能力包括一般性操作和专业软件设计两方面，馆员不但要学会操作和维修硬件的技能，而且要具有一定水平的应用软件的开发能力，这样才能适应图书馆知识管理发展的需要。

（五）系统的学术研究能力

图书馆实行知识管理，开展知识服务，图书馆馆员不仅要具备丰富的图书馆学、情报学知识，而且要有一定的社会科学、自然科学等背景知识以及边缘科学、交叉科学等综合学科的新知识。互联网络上的信息资源往往是由各种专业性、综合性很强的多种数据库组成，为了更好地为用户提供优质服务，要求馆员具有较高的开发智力资源的能力、开发信息的创新能力，利用各种专业知识进行综合分析，判断信息质量及其利用价值，这是能否准确无误地提供专业知识服务的关键，是馆员业务素质高低的重要体现。各馆建立各类专题数据库也必须依靠一大批训练有素的专业人员，即具有专业素养和信息技术知识、广博的第二专业背景、多学科专业知识和能力的人员。

（六）精湛的人际沟通能力

图书馆知识管理的价值是通过为用户提供各种知识服务而实现的，同时也是一种人际关系沟通的过程。通过馆员与用户的沟通，了解不同用户的需求与期望，有助于问题的分析和解答。因此，馆员应加强心理学、公共关系学等方面的知识学习，锻炼提高语言表达和说服能力，通过观察和捕捉读者的非语言信息，如语调、手势、体态等，从中分析出意义并掌握与读者沟通的技巧，努力缩短与用户之间“共识”的距离。此外，图书馆知识管理是一种团队特点比较突出的管理工作，要为用户提供准确、高效的知识服务，不仅需要具备概括组织能力、领导能力、企业家的眼光和方法，而且还需要各岗位馆员的精诚团结、协调合作，才能做得又快又好。

二、图书馆人力资源的管理与开发

（一）人力资源计划

图书馆要实施知识管理，就要有一支高素质的、稳定的职工队伍，而高素质的、稳定的职工队伍不是自然形成，它需要通过有计划地对人力资源进行管理与开发逐渐形成。人力资源计划主要是指根据图书馆知识管理与服务的发展战略和工作任务，确定图书馆未来的人力资源需求，制订相应的计划并设法满足这些需求。要做好这项工作，首先要进行人力资源需求预测，分析图书馆需要增加或减少什么样的人员，人员数量要达到什么样的规模，人员结构怎样才是合理的。其次要进行人力资源的发展预测，分析图书馆现有人力资源的未来发展前景和变化情况。最后要根据图书馆实施知识管理对图书馆工作人员的素质要求和图书馆的近期、中期、长期计划，对人员进行合理安排（开发）（刘丽辉，2010）。

（二）人员的招聘与使用

图书馆在人才招聘和使用上，要打破身份界限，根据才能选人才，按照特点用人才，真正做到人尽其才、才尽其用，力戒以人情关系、领导印象和主观好恶选拔人和使用人。选拔和招聘人员要面向社会、面向全单位，根据岗位需要（专业性、技术性含量高低），提出招聘要求（政治素质、专业素质、文化素质、身体素质、综合素质等），组织相应的测试（专业水平、综合素质和心理素质等）和测试方式（笔试和面试）公开招聘人员，通过公开招聘、按规定程序招聘，以保证能够公平和公正地招聘所需要的、合适的工作人员。

（三）人员的培训

1. 培训计划的制订

（1）组织分析。组织分析是指图书馆员的培训应从图书馆发展的角度动态地考虑，要紧紧围绕图书馆发展目标和发展战略。内容如下：图书馆总体的发展目标；图书馆内外环境的变化状况，包括读者需求变化、信息技术变化、内部管理工作方式变化、岗位设置变化、工作流程变化；图书馆人力资源需求分析，按照岗位和任务的综合评估，对馆员进行量化分析；图书馆为职业培训提供的条件，包括经费支持、时间保障、设备提供等。

（2）人员分析。人员分析是从在岗馆员的角度来考察培训需求，将馆员现阶段在岗的实际工作状况进行总结，与理想的工作绩效、岗位需要的技能进行对比、分析，通过测评与绩效考评等手段，对馆员的工作态度、知识文化程度、素质结构、能力高低、对所从事岗位的熟练程度、专长、爱好等情况进行了解，同时结合他们各自的“职业生涯设计”，找出现实与目标两者之间的差距，以此作为不同馆员的培训要求。

（3）岗位分析。岗位分析是对岗位和任务进行细化、量化分析，从工作的角度来确定培训的需求。岗位可分为两类：一类是技能型岗位或专业性岗位，这类岗位对知识和技能水平要求较高，工作内容有较长的连续性；另一类是体能型岗位或普通岗位，专业性不是很强，较容易替代的岗位。在这两种岗位内部，还可以进行细分，如各个岗位的重要程度，岗位的职责和难易程度，履行工作职责应具备怎样的素质，需要掌握哪些相关知识和技能，以此确定培训的重点和培训的内容。

（4）制订计划。计划是未来行动的方案，是实现目标的重要手段。如果没有培训计划的制订，培训活动就变成了随意行动。因此，图书馆培训计划的制订应在经费保证和政策支持的基础上，根据图书馆事业的发展规划、总体目标和定位，以及馆内人员状况和工作岗位的分析，依据整体与动态结合、长期与短期结合、灵活与有效的原则，根据在职人员的各种情况和特点，如知识层次、专业职务、年龄结构，以及岗位的性质，制订出符合本馆实际的培训对象、培训形式、培训内容及培训步骤等一系列的培训教育计划，为图书馆培训工作提供科学、实用、可行的方案。

2. 培训的内容

从图书馆可持续发展的角度，图书馆职业培训的主要内容应包括专业知识、技能知识和图书馆文化三大部分。

（1）专业知识，重点是图书情报学专业知识，学科基础知识及知识背景，图书馆自动化及网络相关知识，管理知识和沟通技巧等。对专业知识部分的培训要注重专业新知识的补充、知识结构的更新和工作技能的培养，以提高图书馆的整体水平。

（2）技能知识，主要指读者管理、阅读辅导中独特的管理技能和知识，日常工作中积累的经验，实践工作中行之有效的工作方法和程序，各种业务往来的用户关系，网络信息的搜索策略等。这类知识是图书馆组织高效运转的基础，但不易收集、整理、分享和使用，且易流失，所以通过内部学习和交流对隐性知识的继承是图书馆员职业培训的重要内容，目的是通过内部学习和交流来发挥图书馆整体的知识创新能力。

（3）图书馆文化，主要包括图书馆价值观，知识管理新理念，职业道德观，图书馆各种规程、规章等。在图书馆工作中，影响图书馆工作改进的不仅是技能和工作条件等方面，图书馆员工对职业的理念和态度等也是影响组织效率的主要因素。图书馆通过培训培育优秀的组织文化，以提高馆员的凝聚力，克服工作中不良思想因素的影响。

3. 培训活动的组织方式

（1）正统的学习方式。正统的学习方式是通过主要包括学校教育和继续教育两种形式来拓展图书馆员的知识空间，如在职学历教育、函授教育、专业课程进修、技能培训班等。它通过高效地提高图书馆员工的业务素质与专业知识，改善个体的知识结构，以达到群体知识结构的优化，这不仅有利于全体馆员整体素质的提高，图书馆服务水平与质量的提升，而且有助于对内部隐性知识的挖掘和利用。

（2）互动式的学习方式。互动式的学习方式是实现馆员个人的隐性知识转变为图书馆内的共有知识，从而达到图书馆业务经验共享目标的重要途径。图书馆及其相关组织要通过创造良好的环境，提供交流的场合，实现馆员个人的隐性知识转变为图书馆内的共有知识，以达到图书馆业务经验共享的目标。互动式的学习方式主要有：馆内学术研讨会、工作讨论会、专题知识讲座、专业知识竞赛、参观学习、考察活动和岗位轮换培训等。

(3) 网络式的教育方式。由于计算机网络技术和多媒体技术的飞速发展，远程教育、网上培训、网络教育已成为培训的主要手段。这种灵活、便捷、自主、交互式的自我培训学习模式不仅不受时间、空间的制约，减少工作和学习的矛盾，而且能在最大程度上挖掘图书馆馆员的学习潜能，促进其隐性知识向显性知识转化。网络式的教育方式是一种开放性的学习环境和个性化的培训方式，必将成为今后继续教育的发展趋势。

4. 建立图书馆知识库

建立图书馆知识库，就是构建一种隐性知识与显性知识互动的机制和平台，把隐性知识转化成人们可以共享的知识库。图书馆利用局域网，针对馆员的需求，建立显性知识库和隐性知识库。显性知识库容纳的是图书馆内部可供检索使用的知识，是显性知识的集合，也是知识培训的实施平台，它为馆员技能学习、知识交流与知识共享提供了高效、便捷的渠道，既方便馆员即时学习，又实现了全员培训的目标。

由于馆员培训知识管理的重点是隐性知识的发掘、传播和利用，所以为了保存和共享工作中积累起来的各种信息资源，还必须建立隐性知识库，记录每个馆员的智力成果，将个人的知识库转变为组织的知识库，主要容纳存在于馆员头脑中的经验、诀窍、技巧等意会知识。隐性知识库可分为两个子库，一个是专门人才库，这是将具有某种知识、技能和经验的人才编码入库，以供馆员和读者访问与咨询；另一个是以内部网络形式开展网络讨论，让员工将自己的经验输入内部网络，并对别人的提问和建议给予积极的反馈。

5. 培训效果的评估

为使培训取得实效，不至于流于形式，在每一次培训课结束时需进行适当的考核，以此作为年度考核的参考因素。图书馆办公室据此建立馆员继续教育档案，作为聘用、晋级、岗位调动、职称评定的依据。同时应建立良好的激励机制，调动馆员学习的积极性。把继续教育与人事工作结合起来，能大大调动广大职工的学习热情，同时使培训取得良好的效果，也促使馆员认识到学习是生存的前提，学习是工作的必需，学习是创新的基础，学习是发展的动力。

（四）人员的继续教育

1. 继续教育的目标

(1) 提倡馆员终身学习。终身学习是时代的需要，图书馆馆员要想持续开发自己的职业生涯，不仅要具备该种工作所需的特定知识和技能，而且更加需要在工作中培养不断更新知识的自我发展习惯与能力。继续教育给馆员提供了知识更新的机会，从培训学习中获得适应工作需要的动态知识和技能体系，以及自主学习和持续建构知识的能力。通过在工作中不断学习、思考、研究，对自身显性知识和隐性知识的“重新组合”和“再次发现”，实现知识更新，以便更好地适应工作的要求（Rowley，2001）。

（2）促进图书馆知识创新。创新是图书馆知识管理的核心，图书馆既要重视显性知识（馆藏书刊）的管理，也要重视馆员隐性知识（头脑中存储的智慧）的转化与发挥，以达到知识创新、知识传播与利用的目标。图书馆加强馆员的继续教育，就是要在馆内建立一种隐性知识与显性知识互动的机制和平台，对馆员富有创新意义的隐性知识进行管理、挖掘和分享，并通过馆员之间的沟通、群体的交往，使知识从个体拥有向群体拥有转变，促成隐性知识显性化，提高图书馆的整体业务素质和竞争能力，营造出不断创新、不断进取的文化氛围。

（3）营造学习型图书馆组织。学习型图书馆组织就是“能够进行不断创新、不断自我加压朝新的目标奋斗、不断建立并完善共同的追求、不断进行团队的学习、不断进行战略的系统的思考的图书馆组织”（王世伟，2002）。在学习型图书馆中，馆员是基本的学习单位，图书馆的目标都是直接或间接地通过馆员的努力来达到的。所以，图书馆应在馆员中推广终身学习的理念，营造学习共识，激发馆员的学习动机及潜能，同时更应强调馆员间的合作学习，以及群体智力、组织智力的开发，形成一个“工作学习化，学习工作化”的良好氛围，而每位馆员应该把个人的培训学习与图书馆的目标联系起来，将学习与工作相互融合，以便更好地完成工作，实现图书馆的总目标。

2. 建立继续教育的管理机制

首先要确保继续教育制度化。制度是图书馆员继续教育的重要保证，图书馆应该把馆员的培训视为各项工作的有机组成部分，并在制度创新中加以体现。图书馆在制定规章制度的过程中应加入《在职培训条例》，对各个岗位的馆员每年接受培训的学科、专业、内容和目标提出明确而详细的要求，并且对馆员继续教育的责任、权利和义务做出明确的说明，促使馆员把终身教育作为一种自觉的行为、工作所必需的要求。图书馆还应根据客观实际情况的变化，逐年对《在职培训条例》进行必要的修订，以此作为科学管理的依据，以确保馆员继续教育的规范化、制度化、长期化开展。

其次要建立继续教育的管理机构。为了保证图书馆教育培训工作持续、有效地开展，图书馆应设立一个归属图书馆学术委员会管理的专门管理机构，并由专人负责此项工作。每年根据图书馆的实际情况，结合对全体馆员进行职业培训需求的调查和分析，对培训内容设置、师资配备、时间安排及场所与相关设备布置等方面进行全局性规划，制订出切实可行的教育培训计划，拟订实施方案，据此组织开展多种教育培训活动。对馆员定期接受教育的时间、专业、内容和目标作出明确要求，要有步骤、分阶段地落实教育内容，并对培训成果进行考核，以保证图书馆员系统、完整的学习。同时应注重馆员对培训教育的意见和建议，不断总结经验，使继续教育趋于合理化。

再次要建立健全培训评估考核机制。为了保证在职培训工作的质量，图书馆应成立培训考核小组，制定科学合理、切实可行的考核制度，监督教育培训计划的实施与效果评估。具体措施如下：定期对每位馆员的培训进行考核，成绩合格者发给合格证，作为资格认定、职称评定的依据；把考核结果和岗位、聘任、晋升、奖金直接挂钩，将其作为年终评优、晋升工资、奖金发放的条件，并以规章制度的形式固定下来，以激发馆员参加终身教育的积极性、主动性和自觉性。

最后要实行继续教育的专业认证制度。依法管理是继续教育工作的必然趋势，也是继续教育发展的保证。当前学历教育普遍得到社会的认可，而在职岗位培训却得不到应有的承认，然而在实际工作中，岗位培训比学历教育更具有针对性和实用性，是更新馆员知识结构的重要手段，对工作效率提高有很大的作用。所以我国的继续教育必须加强规范化管理与制度保障，实行专业认证制度，对符合在职岗位培训的资格给予承认。

（五）人员的激励

1. 事业激励

图书馆馆员重视自己的职业生涯和事业发展，希望从事与自己的能力相称的工作，使自己的潜能得到充分发挥，并期望自己在事业上有所作为，是最具长期效应的激励措施。根据图书馆的性质和作用，事业激励分为四种。

（1）组织激励。组织激励的主要特征就是图书馆馆员可以共同参与图书馆管理与决策。图书馆在可能的情况下，要让馆员参与图书馆管理，这样更容易激励馆员提高工作积极性和主观能动性。通过组织激励，吸纳在基层工作的馆员参与决策，可以增加决策的科学性，促使馆员更好地实现决策目标，达到激励的目的。

（2）肯定激励。肯定包括赞美和表扬，是一种较高层次的需求，也是强有力的激励。积极的肯定能增强人的自信，强化人的行为表现，调动和开发人的潜能，极大地激发馆员的工作热情。领导对图书馆工作人员的肯定将会对其产生极大的鼓舞和鞭策，有时可以收到意想不到的效果。通过这种方式，让馆员知道自己是出类拔萃的，同时也能更好地激发其他馆员的工作热情，促进图书馆馆风的全面改变。

（3）绩效激励。绩效激励是一种将激励和实绩有效挂钩的激励方式，也是一种通过业绩实现获得成就满足的激励手段。通过科学、合理、公正、公开的绩效考评，让馆员知道自己的绩效考评结果，每个馆员都清楚图书馆对他工作绩效的客观评价。因此，对于绩效好的人员产生一种自我价值实现感，是一种鼓励；对于绩效一般或相对较差的人员更是一种鞭策，通过这种绩效评估来对所有馆员产生激励作用。

（4）目标激励。图书馆管理者要制定一个合理的工作目标，使馆员将压力变为动力，最大限度地挖掘其内在潜力。这种做法可以激发馆员的斗志，激励他们更出色地完成工作。激励的基础在于目标，目标的作用在于给人期望，期望使人产生动力，动力激励人的热情并由此引发人的行为。只有把图书馆与馆员个人的发展目标统一起来，才能实现图书馆与馆员个人共同发展的最佳结合。

2. 能力激励

工作是工作经验不断积累的过程，也是工作能力不断提高的过程。人总是需要进步和发展，每个人也都有发展自己、丰富自己能力的愿望。能力激励包括两个方面。

（1）培训激励。图书馆实施知识管理与服务，知识已成为一种重要的资本。同时，图书馆馆员的知识结构和专业技能发生了根本的变化，他们产生了强烈的危机感，渴望通过继续教育的形式学习新知识，掌握新技术，以适应图书馆发展的需要。通过培训，可以提高馆员实现目标的能力，为提升到更重要的岗位创造条件。图书馆管理者可以将培训定为一种正式的奖励，以针对馆员个人的不同需要，给他们提供各种继续教育机会，提高他们的学历层次和学术水平，以拓展他们个人的能力，增强工作责任感，提高服务质量。这样把馆员个人的发展与图书馆的发展结合起来，使图书馆与馆员个人共同发展，这是管理者能提供的最有意义的奖励之一。

（2）学术研究激励。科研工作是业务工作的总结和升华，在一定程度上代表着馆员的素质和业务水平，也体现了该馆的整体学术水平。图书馆管理者应通过组织馆员积极参与科研项目，以此强化馆员的科研意识，提高其科研的积极性。图书馆应当建立科研学术成果申报制度，明确从事科学研究为每个馆员的应尽职责，要求馆员撰写学术论文，并把馆员的科研成绩同年终考核、职称晋升、奖金发放结合起来，同时给予一定的精神和物质上的奖励，激发广大馆员开展科研的热情。有研究才能有创新，有创新才能有提高，学术研究是提高服务水平的基础和前提。

3. 环境激励

良好的规章制度与和谐的人际关系，都可以对馆员产生激励作用。图书馆要善于利用情感的纽带把图书馆员的心连接在一起，创设一种宽松、和谐、竞争的环境氛围，让他们充分感受到组织的温馨、集体的温暖，从而达到环境激励的目的。环境激励主要包括两个方面的内容。

（1）组织文化激励。员工凝聚力与组织文化有非常密切的联系。一种崇高而现实、有特色而又表达清晰的组织文化，可以起到增强员工对图书馆的归属感的作用。图书馆应打造自身独特的组织文化，营造良好的工作环境，建立有效的沟通渠道，细化员工绩效评价体制，让馆员参与重大决策的制定与执行，让每一位馆员的想法和建议都能进入图书馆信息库，让每一个馆员都有机会表达和言说自己的思想。创造一种高度和谐、友善、亲切、融洽、互相信赖、互相理解的气氛，有一种爱护人、尊重人、关心人的“以人为本”的组织文化，使图书馆职工团结友爱，保证图书馆协调、有序、高效地运行。

（2）竞争激励。竞争能使一个集体充满活力和创造力，也可以让个体充分发挥才能。营造良好的竞争环境，增强馆员求胜进取的内驱力，这也是一种有效的激励措施。图书馆应建立起公开、公平、公正的竞争机制，通过“双向选择、竞争上岗”、“强化岗位、淡化身份”、“以岗定级、按岗取酬”等一系列措施，真正体现“能者上、平者让、庸者下”的用人机制，营造出人尽其才、各尽所能、能有所用的环境，以此来充分调动馆员的主观能动性，激发他们的内在潜能，做好各项工作，并在竞争中挑战自我，实现自己的人生价值。

激励的方式是多种多样的，图书馆管理者只有根据自身的特点和实际情况，在充分了解每个馆员不同追求和需要的基础上，制定相应的制度和激励措施，坚持公平、公正、公开、实事求是的原则，灵活地与馆员的工作业绩相结合，与馆员的年终考核、职务晋升、职称评定以及与评选先进相结合，才能充分调动馆员的积极性和工作热情，才能更好地发挥他们的潜能，做好图书馆的各项管理和服务工作（张学军，2003）。

第六章

图书馆知识管理技术与工具

知识管理如果没有相应的工具配合是无法进行的，而知识管理技术表现为各种知识管理工具。知识管理技术对知识处理过程的自动化、智能化处理能够提高管理的效益和效率，它是构建知识管理系统的基础，也是实现知识管理的强大推动力，因为知识管理的各种功能都是依靠知识管理技术来实现的。目前对知识管理技术的研究很多，图书馆可根据自身的实际情况，选择不同的技术集合形成一个整体的知识管理系统，并与人性化的知识管理方法相结合，为用户提供知识管理服务。

第一节　图书馆知识管理技术概述

一、图书馆知识管理技术的含义

图书馆知识管理的根本目的是最大限度地捕获、挖掘、利用、传播知识，实现知识价值和服务价值；为用户提供有效的知识共享平台与接口，以帮助用户做出最好的决策；提升图书馆的形象，在为用户知识服务的过程中促进自身的发展，培养具有专业技能的员工群体。因此，现代信息技术是知识管理产生的催化剂，是知识管理得以有效实现的前提。

知识管理技术是实现知识管理必不可少的基本条件之一，是企事业机构知识管理的基本构成，是协助人们获取知识、存储知识、分享知识、利用知识的一种技术体系。目前，关于知识管理技术的含义主要包括以下几种观点。①广义上，知识管理技术所包含的内容远远超过某个软件或工具。针对知识管理的目标，所采用的各种技术，都可称为知识管理技术。其内容包括知识管理的信息技术、知识管理工具和知识管理软件，知识管理技术的作用是与人性化的知识管理方法结合，产生应用于知识管理的解决方案。②狭义上，知识管理技术是指能够协助人们生产、存储、提炼和传递知识的基于计算机的现代信息技术。这一观点仅指基于计算机的现代信息技术，但并不是将知识管理技术等同于信息技术，它强调知识管理技术是在数据管理技术和信息管理技术的基础上，针对知识的特性而开发的一些具有特殊功能的、能够协助知识管理人员和知识工作者进行知识生产、存储、提炼和传递的技术。知识管理技术的作用是减轻知识管理人员和知识工作者从事上述工作时的负担，提高知识管理和知识型工作的效率。③知识管理技术是指支持知识管理的相关技术。这一观点认为知识管理技术是指能够提供商业智能、电子协作、知识传递、知识发现和知识地图、专家定位五个方面功能的知识管理支撑技术。知识管理技术的作用是使知识管理从理想变为现实（安小米，2004）。

图书馆知识管理要实现在海量的非结构化数据中又快又准又全地找到用户

所需的数据，离不开知识管理技术的支持。图书馆知识管理技术和企业知识管理技术一样，它们都是现有技术的重新组合，其中最重要的是数据挖掘与检索、图书馆门户、文档管理、群件等。而分布式存储管理、数据库、Internet、Intranet、群集系统都是知识管理系统的技术基础。但图书馆知识管理技术并不局限于计算机技术，其他如元数据著录标准技术、数据库跨库检索技术、信息发布技术等均是图书馆进行内部知识传播的传统技术。因此，图书馆知识管理技术并不是一项技术，而是一个不断更新发展的技术体系，如图 6-1 所示，它包括的技术内容异常繁多，覆盖了知识的生产、分享、应用及创新的各个环节，如数据挖掘、决策支持、信息聚合（RSS）、人工智能等。它同时又是多种信息技术的集成，这些技术结合起来形成了整体的图书馆知识管理系统，能够协助人们生产、存储、提炼和传递知识的基于计算机的现代信息技术，为图书馆提供知识管理服务。

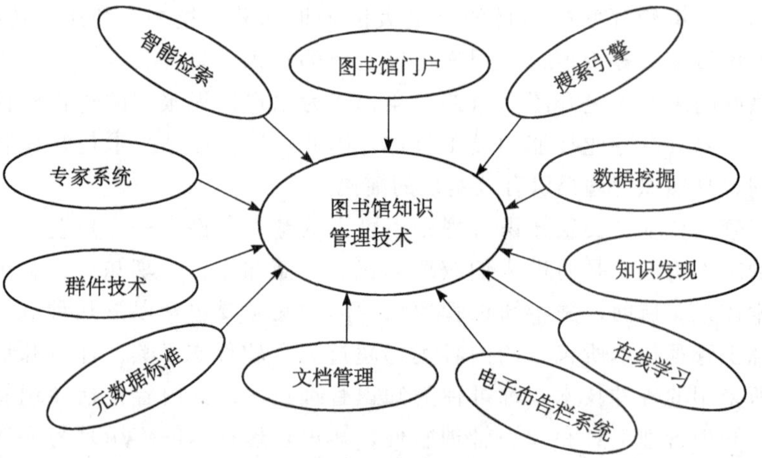

图 6-1　图书馆知识管理技术体系

二、知识管理技术与数据管理技术和信息管理技术的关系

数据管理技术是指那些能够协助人们生成、检索和分析数据的技术，以数据为对象，通常处理事实、图形等原始资料，典型的数据管理技术包括数据仓库、数据搜索引擎、数据建模工具等。而信息管理技术是指能协助人们更好地处理信息的技术，以信息处理为对象，如自动化信息检索与查询系统、初级的决策支持系统（DSS）、经理信息系统（EIS）、文档管理技术等。

无论数据管理技术还是信息管理技术，其处理对象大都是显性的信息，对隐性的知识基本无能为力，无法把握知识的丰富性和知识背景的复杂性，也难以有效支撑知识管理所强调的知识分享和协作功能。知识管理技术要求将处理对象的显性知识和隐性知识集中起来并进行互操作，如采用实时协作技术，可将管理对象的隐性知识挖掘出来，为隐性知识的共享提供强有力的工具。

知识管理技术区别于数据管理和信息管理技术，但知识管理技术并不排斥数据管理和信息管理技术，它是建立在数据管理及信息管理技术基础之上的、针对知识特性而开发的、能够协助知识工作者进行知识生产、分享、应用和创新的技术，是现代信息技术在知识经济时代的新发展。传统的数据管理及信息管理技术仍然会在知识管理中得到进一步广泛应用，成为整个知识管理技术体系中的重要组成部分。

三、图书馆知识管理流程中的技术应用

图书馆知识管理是建立在一个能够充分支持虚拟资源的服务集成，充分支持知识的析取与表示、知识的挖掘与再生、知识的存储与检索、知识的传播与应用，充分支持以用户为中心的个性化、专业化和智能化服务的新型技术基础之上，这一技术系统实质上是一种集知识信息资源与先进的信息技术于一体，能够灵活调用各种资源和功能的新型的用户服务系统。在实现这个目标时，整个路径可分为知识收集阶段、知识共享阶段、知识利用阶段和知识拓展阶段四个阶段，并且在每个阶段都有相应的技术支撑。

（一）知识收集阶段

Internet、Intranet 提供了图书馆收集知识的基本环境，数据仓库和信息仓库提供的是数据分析的方法和手段，将分散的信息按需要进行很好的定义和归并，而数据挖掘和知识发现是建立在数据积累基础上的，数据挖掘是从数据仓库或信息仓库中找出有用的信息和有价值的知识。

（二）知识共享阶段

群件技术以交流、协调、合作及信息共享为目标，群件技术和消息传递都为知识传递提供支持，而工作流是一类能够完全或者部分自动执行的过程，它根据一系列过程规则，使文档、信息或任务能够在不同的执行者之间进行传递与执行。文档管理和电子布告栏系统（BBS）则能把个人的隐性知识文档化和公开化，从而为更多的人所共享。

（三）知识利用阶段

门户为读者提供了利用知识的统一入口，智能检索提供了在海量信息中快速查找知识的手段。知识地图帮助读者在短时间内找到所需的知识资源。知识地图采用一种智能化的向导代理，通过分析使无序的知识结构化。专家系统帮助人们快速寻找专家并与其交流。分析代理则能帮助人们更好地分析和利用知识。

（四）知识拓展阶段

外联网（Extranet）使知识应用跨越了图书馆边界，通过使用它，使图书馆真正在因特网上开展各项业务，进行馆际间的合作，提高各馆间业务联系的速度与效率。在线学习（E-learning）是指通过因特网或其他数字化内容进行学习与教学的活动，它使人们有充分的自由，自己去获取知识。智能代理、背景分析则赋予了知识管理更多的智能。

第二节　图书馆知识管理的前沿技术

一、知识管理的硬件技术

（一）知识管理硬件技术架构

知识管理的硬件技术主要是指知识管理平台的搭建，组成知识管理系统基本架构，其层次可以划分为四层：①物理层，主要指建立知识管理平台和体系的基础设施，包括服务器、终端客户机、网络基础设备和各种操作系统平台；②数据层，主要涉及数据存储、检索、传输等硬件技术，包括数据库（如分布协助式数据库）和安全网络传输的硬件技术；③服务层，侧重于知识的发现、挖掘；④应用层，主要是知识的应用与创新。

（二）知识管理硬件技术涉及的前沿技术

（1）新型网络服务器系统。实施知识管理，必须解决当前网络服务器系统中存在的输入/输出（I/O）瓶颈问题、存储问题和可用性问题，研制高可用性网络服务器系统，开发相应的核心支撑软件，满足万维网（Web）、电子邮件（E-mail）、流媒体等海量信息服务对网络服务器系统性能的要求，为高端服务器系统提供核心技术，如网格技术、云计算等。研究主要内容及指标：基于64位高性能处理节点，采用分布式体系结构，研制具有强大的I/O能力、多媒体信息处理能力、智能化信息服务功能的新型高可用网络服务器系统。

（2）光纤通道交换机。光学交换技术不仅能满足传输数据流在光纤中传播的流量要求，而且光纤通道交换机能保证更高的安全性、可用性及性能，可以有效实施集中式的数据管理，最大限度地利用存储系统的存储能力，提供存储区域网络（SAN）更高的可靠性、灵活性和卓越的性能。

（3）集成业务数据的应用路由器。应用路由器是一种实现数据集成的新型技术，它将各种遗留系统连接在一起以实现转换引擎的作用。它可以被安装在需要数据交换的网络中，承担两种系统之间的转换角色，可使数据库信息、文件和其他相关业务数据无缝地传送到正确的源码库中。

（4）智能化网络访问终端。为满足知识管理的个性化服务理念，需要采取灵活、自然、个性化、智能化的移动、无线和嵌入式接入关键技术，方便易用的网络访问终端（包括网络计算机，NC）。主要关键技术包括多模式人机接口技术，嵌入式支撑技术，语音、文字识别实用化技术，可定制的个性化用户界面技术。

（5）3G（great global grid）移动技术。它涵盖了技术扩散、URL、接受回馈、结构放出模型、系统集成、主成分分析、隐私提高技术、知识管理系统等。

（6）4C 技术。4C 技术是指计算机（computer）、通信（communication）、控制（control）和内容（content）融合的核心技术，是知识管理普及化的重要基础。

（7）知识管理平台，如企业信息战略规划（ITSP）、企业资源计划（ERP）、企业信息门户（EIP）、知识管理系统（KMS）等。

二、知识管理的软件技术

（一）知识管理软件技术架构

根据知识管理软件技术日臻完善的导入路径，知识管理软件技术可分为三个层次。

（1）侧重于基础设施技术。以门户系统、内容管理系统等技术为代表，应用基础设施需要通过这些技术来实现知识管理同 ERP 及企业协同商务系统的整合，主要实现应用集成的企业应用集成技术（EAI）、实现人工集成的工作流技术以及集成的相关标准，如扩展标准语言（XML）等。

（2）侧重于智能化技术。智能化技术主要包括知识表示机制和知识推理机制。前者以知识本体论构建技术、动态知识的表示方法、知识表示工具的集成技术等为代表；后者指未来的搜索引擎技术不再以关键词匹配为主，而更多地应用知识推理技术，将表示友好的、搜索成功的知识及时呈送给需要的人，在这方面主要有智能代理技术、及时帮助精灵技术以及在线学习技术等。

（3）技术的集成与整合。随着知识管理技术的日趋成熟，其不仅智能化程度高，而且和业务应用紧密集成。该阶段的技术主要体现在知识的实时管理、无缝的知识集成以及有效的知识发现和创新等。

（二）知识管理软件技术涉及的前沿技术

（1）数据库知识发现。又称数据库中的知识发现（knowledge discovering database），是一种智能化的信息处理技术，是在计算机、人工智能、数理统计、知识工程等领域的研究成果积累的基础上发展起来的，这种技术可以自动地利用多种手段对大量的相关数据进行处理和分析，揭示其中隐藏的、未知的规律性，并据此完成决策任务或提供决策依据。

（2）语义网研究。语义网实际上是一种智能网络技术，能理解人类语言，并能推理，即不仅可以理解词和概念的含义，而且还能理出其间的逻辑关系。语义网技术有助于人们提高自身的直觉和分析能力，使人与电脑之间的交流变得像人与人之间交流一样轻松，大大促进全球范围内不同文化背景的人之间的合作。

（3）3G与云计算（cloud computing）研究。它的主要目的是将各种网络信息资源连接起来或将一些可以自我维护和管理的虚拟计算资源集中起来，并由软件实现自动管理，在全世界范围内通过网络以按需、易扩展的方式获得所需的服务，用户通过网络门户（节点）可使用整个网络资源（Balmisse et al.，2007）。

第三节　图书馆知识管理的支撑技术

一、计算机网络技术

Internet是通过标准通信方式将世界各地的计算机网络连接起来的网络体系。Intranet则是Internet技术在组织机构内部实现的内部网络，用于联系和共享组织内部信息，完成组织内部数字处理的网络，它能够以极少的成本和时间将一个组织内部的大量信息资源高效合理地传递到每个人。Intranet使用WWW工具，采用了防止外界侵入的安全措施，为组织内部服务，并有连接Internet的功能。Extranet是组织对外设立的一个服务运作的虚拟网络平台，它为了提高业务服务联系的速度和效率，运用万维网技术扩展组织的Extranet，它是Intranet的外部延伸，在这个平台上，组织不仅可以开展网络服务业务，而且还能增强与外界的实时沟通。Internet、Intranet、Extranet是整个知识管理系统的硬件支持平台，也是图书馆知识管理系统的技术基础。

二、群件（Groupware）技术

群件是协同群体合作的新工具，包括信息共享、电子会议、日程安排、群件文档、数据库、电子邮件、工作流自动化、软件和联系群体各成员的网络。由于群件实现了对非结构化信息的管理和共享，群件能够帮助读者建立应用系统，允许读者定义工作群体，允许多重群体定义。群件技术可以支持集中地点的群体工作，也可以支持分布式环境的分布式工作。例如，一个图书馆可以把从事某一重点课题研究的读者定义为一个群体，也可以把所有的学生定义为一个群体。一个人可以属于多个适当的群体。群件允许多个读者编辑同一个文档，允许访问群体工作日历，共享项目信息，记载所有读者的“会话”和交互作用，支持群体电子会议、屏幕共享和群体决策系统。群件产品与Internet相结合使得其威力更加强大。移动计算的功能使得它不但支持图书馆员之间的协作、信息

交流和工作进程协调，而且还能方便地支持成员间的问题设计和知识共享，从而使工作组成员可以真正高效地协同工作，并极大地释放了通信、协作与协调的力量。群件对图书馆来说就意味着一种高效的协同工作手段，从而成为图书馆知识管理的一个基础技术和有效工具。目前著名的群件产品主要有莲花公司（Lotus）的 Domino/Notes，网威（Novell）的 Groupwise 和微软（Microsoft）的 Exchange 等。

三、数据挖掘技术

数据挖掘（date mining，DM），亦称数据库中的知识发现（knowledge discovery in database，KDD），是指利用统计分析工具、神经网络、模糊逻辑、遗传算法或者其他人工智能技术，从大量的、不完全的、有噪声的、模糊的、随机的数据中，提取可信、新颖、有效、隐含在其中的、人们事先不知道的、潜在的并能够以被人理解的模式的高级处理过程。随着信息技术的高速发展，人们积累的数据量急剧增长，如何从海量的数据中提取有用的知识成为重要的问题。数据挖掘处理的对象，是数据库中的结构化数值信息，目的是抽取内在的联系和模式，发现不同数据属性的关联规则，预测未来行为的推理规则，满足用户的信息需求，支持其决策过程。数据挖掘就是为顺应这种需要应运而生的数据处理技术。数据挖掘系统（包括查询与报告工具、智能代理和多维分析工具）可以提供有关事物（事件、事项）的关联、顺序、分类、聚类和预报方面的信息和知识。数据挖掘的主要任务是：数据总结、数据分类、数据聚类分析、数据关联分析、数据偏差分析等。通过数据挖掘工具，图书馆可以从凌乱的数据中找到有用的知识。

四、办公自动化系统

办公自动化（office automation，OA），是利用网络通信基础及先进的网络应用平台，建设一个安全、可靠、开放、高效的信息网络和办公自动化、信息管理电子化系统，将办公人员与设备构成服务于某种目的的人-机信息处理系统。办公自动化为管理部门提供现代化的日常办公条件及丰富的综合信息服务，实现档案管理自动化和办公事务处理自动化，以提高办公效率和管理水平。从图书馆信息处理的角度，办公活动可归结为信息的采集、信息的存储和管理、信息的处理、信息的传送等。它主要包括七个方面。

1. 公文管理

公文管理主要负责公文的发送与接收工作。如将办公室收到的或办公室内部产生的各类文档进行记录，并将它们存储起来，还包括对文档的查询、借阅以及输出等进行管理。

2. 文字与表格处理

文字与表格处理是办公人员最基本的工作。实现办公自动化后可使办公人员利用文字与表格处理软件来起草文稿和编制各种表格。

3. 备忘录管理

用于帮助办公人员记住各种有关事项。办公自动化系统中的备忘录主要包括电话号码的管理、人名地址管理、日程安排管理、图书资料管理等。

4. 文档管理

用于管理办公室的各种文档资料。它对准备归档的公文或者图书馆各类合同、协议、文件、指示、资料等进行合理存储与查阅，并赋予其分类和查阅权限，实现合理存取。

5. 电子邮件管理

电子邮件管理主要功能是对电子邮件进行发送与接收、分发与转发、保存、查询及删除等。

6. 人事管理

人事管理主要包括员工资料管理、员工薪资管理、员工考勤管理、员工权限管理、部门机构管理、部门任命管理等内部人事管理的所有功能。

7. 日程安排

日程安排是办公系统的一个必不可少的辅助功能，可分为个人日程、部门日程，主要需要解决的问题是日程的基本存储和信息提示。

五、搜索和索引技术

随着信息量的几何级增长，如何从信息来源极其分散的internet中获取所需知识已成为人们日益关注的问题。搜索和索引（search and indexing）系统可以帮助读者在浩瀚无垠的信息海洋中获取自己需要的知识，其中最具代表性的是搜索引擎。搜索引擎，指的是收集因特网上几千万到几十亿个网页并对网页中的每一个词（即关键词）进行索引，建立索引数据库的全文搜索引擎。现在的搜索引擎已普遍使用超链接分析技术，除了分析索引网页本身内容，还分析索引所指向该网页的链接的统一资源定位符（URL）和锚文本（anchortext），甚至链接周围的文字。搜索引擎的一般原理是通过从互联网上搜集网页、建立索引数据库和在索引数据库中搜索排序三步，由页面生成系统将搜索结果的链接地址和页面内容摘要等内容组织起来返回给用户。搜索引擎的自动信息搜集功能分为定期搜索和提交网站搜索两种。

六、专家系统

专家系统（expert system）是将人类专家的知识和经验以知识库的形式存入计算机，并模仿人类专家解决问题的推理方式和思维过程，运用知识库对现实中的问题作出判断和决策。专家系统的基本结构包括知识库、推理机、数据库、人-机接口、解释机构和知识获取六个部分，其中知识获取、知识库和推理机是专家系统的核心。专家系统按照解决问题性质可分为解释型、预测型、规划型、设计型、诊断型、教育型、维修型、调试型、监督型、控制型等10种类型。对于图书馆而言，专家系统似乎更应当受到关注的不是已掌握信息的数量而是信息的质量，利用专家系统在某种程度上模拟人的决策，通过巨大的数据和信息分析功能帮助读者找到相应的文献资源，以便他们更快、更便捷地了解当今科技发展的前沿信息和知识。

七、知识地图

知识地图（knowledge map）技术是图书馆知识库管理系统的技术核心。从技术上讲，知识地图的实质就是知识目录的总览。知识地图是一种工具，仅指出知识所在位置或来源，并不包含知识的内容，其所联结的信息包括了人员、程序、内容以及它们之间的关系。知识地图是一个向导而不是一个知识的集合。知识地图的作用，在于帮助读者（用户）在短时间内找到所需的知识资源。图书馆知识地图，是将图书馆各种资源的入口集成起来，以统一的方式将图书馆的知识资源介绍给读者（用户）。知识地图采用一种智能化的向导代理，通过分析用户的行为模式，智能化地引导检索者找到目标信息。

知识管理中的知识地图是一种知识库管理系统技术（DBMS）与Internet技术相结合的新型知识管理技术，不同于情报学理论中布鲁克斯（Brookes，1981）提出的“知识地图”概念。布鲁克斯的知识地图是对文献中的逻辑内容进行分析，找到人们创造与思想的相互影响及联系的结合点，从而为用户提供知识之间关系的一种知识组织的理想状态。作为知识管理技术之一的知识地图则是对数据库或知识库中的知识信息，先通过人工或机器方式提取其主题词或关键词，每个词及其代表的文献作为一个节点，然后运用超文本技术，按照一定的规则在这些节点之间建立相应的超文本链接，使用户在命中某一文献后能根据链接提供的线索，进一步访问知识地图建设者认为可能相关的其他文献。知识地图技术建立的仍是文献之间（最多是信息之间）的联系，它遵循了布鲁克斯“知识地图”的思想，但它提供的不是知识之间的联系，所以并不是严格意义上的知识地图。

八、知识库

知识库（knowledge base）是一种由数据库、方法库、模型库、知识源库和专家库组成的知识集群，并使用数据库技术、多维数据库技术、专家系统、数据挖掘技术对知识进行管理的特殊的数据库，库中有与数据相关的语境和经验。知识库是一种特殊的信息库，它不仅仅存储了知识的条目，而且存储了通过各种来源所积累起来的与之相关的内容、知识条目的使用记录、来源线索等相关信息。知识库含有报告和查询工具，是图书馆积累知识、快速满足用户知识需求、创造新知识的基础。并不是所有具有智能的程序都拥有知识库，只有基于知识的系统才拥有知识库。知识库的建立需要拥有知识地图，通过知识地图把知识库中的资料与目录连接起来。

知识库需要个性化，每个不同的读者可以自由配置自己的知识库系统。知识库需要强大的搜索功能，不仅可以对文本知识进行检索，而且可以对多媒体的显性知识资源进行检索。知识库需要每个人都能方便地提交自己的知识，而这些知识必须进行必要审查，而这个审查过程必须能够自动推送到相关的专家面前。知识库中的知识必须能够进行评价，评价包括系统自动评价和不同个体的评价。知识库还要能够进行自动分类，另外还需要系统能够自动对知识文档进行索引、聚类等。知识库里还需要其余系统的知识，需要考虑扩展性，以及与不同平台、不同系统的接口，等等。

知识库结合了数据库技术和人工智能技术，使知识库中的知识不仅具有结构化的形式，而且具有部分非结构化的形式。结构化的知识主要是那些以文档形式存储的显性知识，而非结构化的知识主要是指存在于图书馆或者专家头脑中的隐性知识。同时，知识库是一个有机体，其生命力在于不断更新，只有当使用者不断从知识库中提取有用知识、删除过期信息，不断存入新内容的时候，知识库才会保持活力。

第四节　图书馆知识管理工具

一、图书馆知识管理工具的概念

知识管理工具是实现知识产生、编码和传播的各个技术和软件集合。图书馆要实现知识管理目标，仅仅依靠图书馆机构的调整和管理方法的更新是不够的，还需要相应工具的配合。图书馆知识管理工具是图书馆主要以计算机和网络集成知识信息、人员和业务流程，实现知识管理与服务的集合。在现阶段，实现知识管理工具不只是以计算机为基础的知识管理工具，人们平常用的笔和纸也是知识管理工具。

二、图书馆知识管理工具的分类

（一）知识获取工具

知识获取工具有很多，如主题目录和分类目录等，其中搜索引擎是最具代表性的知识获取工具。虽然搜索引擎能使人们十分方便地获取各种知识，但只是提供知识的存放位置或来源，不能搜索出所需要的高质量的知识内容。目前的技术发展已经使网络搜索引擎有了初步的智能，能够根据用户输入的关键词实现模糊搜索，并能够根据用户对各条搜索结果的作用频率，自动更新搜索结果。另外一种常用于知识获取的工具是数据挖掘技术，它是运用选定的知识发现算法，从数据中提取出用户所需要的知识，这些知识可以用一种特定的方式表示或使用一些常用的表示方式。

（二）知识整合工具

大多数搜索引擎通常在使用者提供明确的搜索条件的情况下，能够高效率地搜索与关键词相关的条目，但搜索结果之间是无序的，相互独立的，即使最强大的搜索引擎也不能实现完全智能式的互动搜索。因此，常规的搜索引擎不能搜索与人脑中的想法相关的知识，而现在有一些工具能够帮助人们实现，如Idea Fisher等工具，能够将相关的词句组合起来，帮助人们将分散的创新观点整合起来。另外一个工具Inspiration，则能够帮助用户形成一种概念图，从而提高使用者对知识进行合成的能力。

（三）知识创新工具

虽然人们可以通过搜索引擎大大加强了搜索的效率，通过人工智能实现简单的知识推理，达到一定程度的人工智能，但就目前的技术水平，实现自动化的知识创新还十分困难，或者只能实现辅助性的知识创新。例如，Idea Generator和Mind Link工具通过引导人们突破思维定势来提高创新能力。

（四）知识编码工具

知识编码工具的作用在于将知识有效地存储并且以简明的方式呈现给使用者，使个人和组织的知识更容易让其他人使用。知识编码工具可以分为以下两种。

1. 知识仓库

知识仓库是一种特殊的信息库，库中元数据有相关的语境和经验参考。真正的知识仓库远比数据库和信息库复杂，它不仅仅存储着知识的条目，而且存储着与之相关的事件、知识的使用记录、来源线索等相关信息。知识仓库通常收集各种经验、备选的技术方案及各种用于支持决策的知识，通过模式识别、优化算法和人工智能等方法，对成千上万的信息、知识加以分类，并提供决策支持。因此，知识仓库不仅可以避免重新获取知识带来的成本，同时通过提供对协作的支持加速组织创新的速度。当与专家系统、友好的应用界面相结合时，知识仓库将成为十分有用的工具。

2. 知识地图

知识地图是用于帮助人们知道在哪里能够找到知识的知识管理工具，它的作用在于帮助员工在短时间内找到所需的知识资源。知识地图最终指向的可以是人、地点或时间，但它们都指出了在何处人们能够找到所需的知识。和现在面临的信息过量一样，知识地图将来也同样面临知识过量问题，即使为使用者提供高效率的搜索引擎，也不能使使用者摆脱寻找知识过程中的混乱状态，需要有一个指引使用者的工具。知识地图又称知识分布图，现在知识地图已经发展为知识地图集。

（五）知识转移工具

知识的价值在于流动，在知识流动的过程中，存在许多障碍，影响图书馆中知识转移的效果和效率，使知识不能毫无阻力地任意流动。因此，我们需要根据各种障碍的特点，设计相应的制度和工具，使图书馆的知识更有效地流动。这些障碍有三种（张福学，2002）。

1. 时间差异

时间产生的障碍表现在历史的和实时的两个方面。对于图书馆来说，除非能够将捕捉知识编码化，并且在需要时及时提供给员工，否则许多有用的知识就会转瞬即逝。知识编码的工具可以克服历史性的时间障碍。实时性的时间障碍多存在于如何保持两种工作之间相互协调，以保证合作者之间进行充分的知识交流。如实时远程交流是能够克服实时性的时间障碍的工具。在这类工具中，目前最流行的是基于Internet的论坛或新闻组和称为群件的软件包。群件的特点在于它能够提供虚拟的工作平台，在这个工作平台上，员工可以交流看法，协同工作。在员工交流的过程中，群件系统不仅保存交流形成的文档，还能捕捉交流和互动的线索，保留了知识的语境，不仅克服了知识交流的实时性困难，同时也克服了历史性困难。

2. 空间差异

从交流活动中的知识交换效率来看，通常情况下，面对面交谈的知识交换效率是最高的，随着交流过程的交互程度的降低，知识交换的效率也会随之降低。随着网络的发展，人们可以建立起许多虚拟的交谈室来克服常规交谈室的不足。例如，利用群件技术，可以在网上建立交谈室，与服务项目相关的人员在交谈室中发表见解，每个交谈室由服务项目负责人或指定人选负责主持讨论，相关人员可以以文字或网络会议的方式参与讨论，在讨论结束后，由系统自动形成会议档案。

3. 社会差异

社会差异包括员工之间层级、分工和文化上的差异。人的经历各不相同，所以不同员工对相同的信息产生不同的反应，即使是通过完全相同的学习过程，不同背景的员工获取的知识也是不相同的。这些差异在很大程度上影响员工交流共享知识，同时这种差异也是最难克服的。任何知识能够转移成功的主要原因是参与者有共同语言，除建立正式的“传、帮、带”流程，还需要发挥人际互动的积极作用，通过非正式群体的活动，自发地实现组织的显性知识和隐性知识的转移。

三、典型的知识管理工具介绍

（一）知识仓库

信息管理注重显性知识或称编码型知识的搜集、存储、加工、检索、分析和预测，这方面的研究成果主要表现为数据仓库的开发和利用。数据仓库中仅仅存储了使用者所需知识的一部分，绝大部分智力财富以隐性知识的方式存在于服务者的大脑中。因此，数据仓库不足以满足用户对知识检索的需求。知识管理是通过共享和抓取隐性知识并将其转变为显性知识，筛选、存储、加工、检索、传递和利用显性知识，创造新的知识来增加社会价值的。为了满足知识管理和知识服务的需求，可以对现存的数据仓库进一步扩充，使其成为满足知识管理需求的知识仓库。知识仓库能够对不同类型的知识（显性知识和隐性知识）和不同形式的知识（纯文本、二进制对象、模型等）进行捕捉、存储、编码、组织和分析，而这些知识还包括元知识和分析后产生的新知识。知识仓库的体系结构模型，如图 6-2 所示。

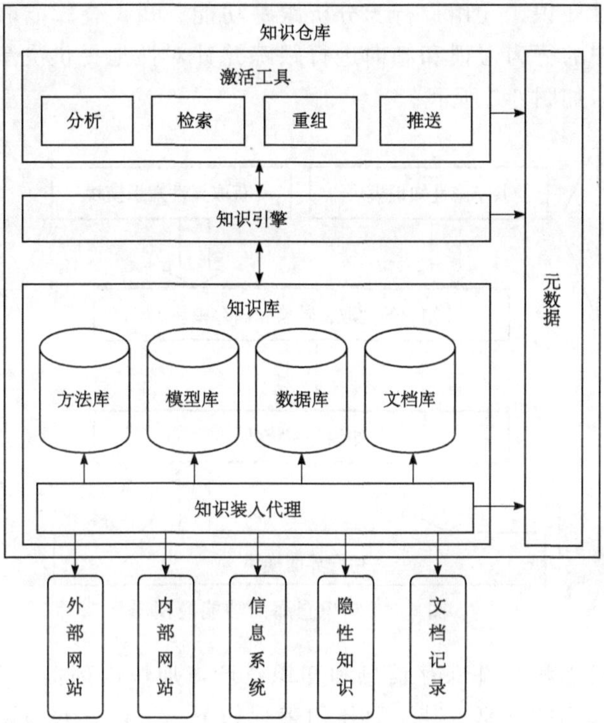

图 6-2　知识仓库的体系结构模型

知识仓库强调提供一个提升知识管理流程全过程的智能分析平台，很大程度上依赖于信息技术的发展并被日新月异的信息技术所推动。信息技术包括人工智能、神经网络、专家系统、多媒体技术、数据库、信息可视化、机器学习、信息分析与挖掘等，其中 OLAP（online analytical processing，在线分析处理）与 DM 是基于数据仓库技术而发展起来的信息分析与挖掘工具。信息技术的发展使知识仓库的功能实现变为可能，主要表现为如下五点。①隐性知识共享和转化功能。隐性知识共享和转化功能即知识仓库应具备共享隐性知识和将隐性知识转变为显性知识的能力。这依赖于机器学习、神经网络、信息可视化、多媒体技术等。②知识存储和检索功能。知识存储和检索功能即知识仓库必须提供数据仓库所拥有的全部功能，并具有更加丰富的知识表现形式。知识仓库应能有效生产、存储、检索、管理各种形式的知识。③知识分析功能。知识分析是一个非常复杂的过程，分析任务常常利用各类归纳和演绎的人工智能技术，如神经网络、数据处理的分组方法、统计、基因算法、基于案例的推理等。每一个任务在输入数据、执行参数和输出格式方面都有自己的要求。④新知识的产生和反馈功能。知识仓库中的知识随着不同的反馈环而得到实时更新，如通过头脑风暴法产生、共享和获取新的隐性知识；从用户刚刚验证和证实的结果中产生新的显性知识。⑤用户行为分析跟踪功能。知识仓库能够根据用户所提供的信息、用户的行为习惯和倾向进行跟踪并针对性地提供决策服务。知识仓库的功能模型，如图 6-3 所示。

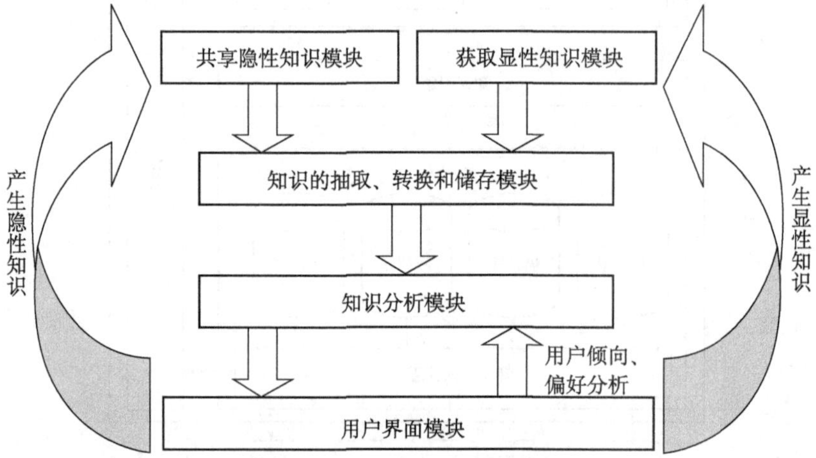

图 6-3　知识仓库的功能模型

知识仓库可以积累并保存信息和知识资产，加快内部信息和知识的流通，实现组织内部知识的共享，其主要作用表现如下。①信息和知识有序化。通过建立知识库，对原有的信息和知识做一次大规模的收集和整理，按照一定的方法进行分类保存，并提供相应的检索手段，这样使大量隐性知识被编码化和数字化，方便了信息和知识的检索，并为有效使用打下了基础。②信息和知识的共享与交流。知识库的建立，不仅大大减少了人们寻找和利用的时间，而且人们通过 Intranet 能迅速获得组织内外的新信息和新知识，从而加快信息和知识的流动。③实现隐性知识与显性知识的转化。员工把工作中解决的一个难题或发现了处理某件事更好的方法写成建议后，对其进行编码存储于知识库，使个人的知识上升为组织的知识同时，也使隐性知识转变为显性知识。知识仓库是一个有机体，其生命力在于不断地周期性地对知识仓库内的知识进行评价和更新。

知识库引擎驱动知识仓库系统进行各种动态知识服务，包括支持用户进行多策略、多目标的知识检索和实现基于任务过程的智能知识推送。知识库引擎是知识仓库系统的核心服务组件，它响应并处理来自客户（既可以是终端用户，又可以是客户应用程序）的各种知识查询请求。知识库引擎的实现主要考虑如何进行知识搜索与搜索结果显示。知识库引擎的实现机制，如图 6-4 所示。

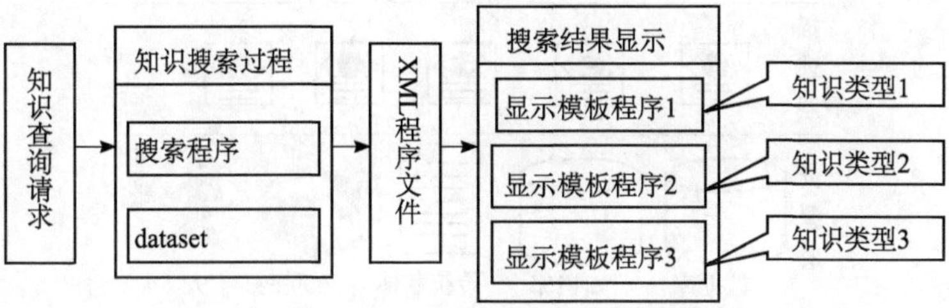

图 6-4　知识库引擎的实现机制

（二）知识地图

知识地图技术是帮助人们在恰当位置获取知识的知识管理技术。知识地图是知识库技术的重要组成部分，与知识库不同的是知识地图并不描述知识的具体内容，而是描述知识的载体信息。知识地图主要包括两个方面的内容：一是通过知识资源调查所获取的知识资源目录；二是目录内各款目之间的关系。知识地图必须清楚表示组织内部或外部相关知识资源的类型、特征及知识之间的相互关系，更高级的知识地图还应揭示组织的组织结构、业务流程、员工激励制度、客户承诺以及组织用以创造和利用知识的技术。因此，一份完整的知识地图可以实现的功能如下。①导航图的功能（指示知识资源的位置）。知识地图可以直接或间接地表示出组织的知识、知识载体、组织各部门或人员之间的关系。②检索和查询功能。用户在权限范围内可以访问和使用知识地图中的知识。③管理（培育、开发和评估）组织的智力资本。④使组织成员清楚地了解自己的角色和任务。⑤识别和整合知识资源。⑥揭示知识点之间以及节点与人或特定事件之间的关系，实现知识的提取和共享，为知识项目的运作提供有效的指导。⑦为组织的全体员工提供实现组织目标的学习途径，如知识开发地图。

知识地图的实质就是知识目录的总览，知识地图允许对组织知识资源进行处理、浏览和形象化。在知识目录中，具有重要意义的信息和知识，根据某种分类体系进行分类和典藏，其中的信息可以是文件、Internet 和 Extranet 上的

Web 主页、文档管理系统、最佳实践记录、数据库、数据仓库及数据市场；其中的知识可以是专家知识、商业规则、工作流图、工艺手册、配方、图表和地图。所以知识目录是基于数据库平台并能够在全社会范围内提供多项服务功能。知识地图的构建是一项复杂的系统工程，它需要结合知识管理、社会学、数据挖掘和人工智能等领域的知识。知识地图模型如图 6-5 所示。

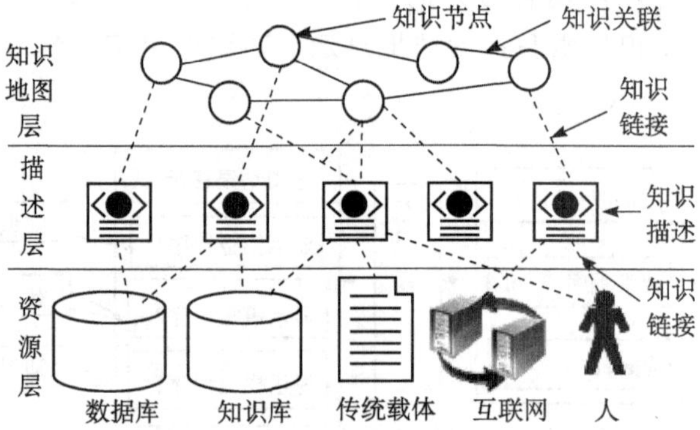

图 6-5　知识地图模型

图书馆在制定自己的知识地图时，关键是识别与组织知识，建立知识目录。知识目录是在图书馆知识资源评测基础上形成的一个数据库，它是收藏图书馆知识资源的著录处，能够揭示各知识款目之间的关系，并提供相应的链接服务。信息和知识的目录由元数据揭示。简单的元数据仅仅提供目录源的有关外部特征信息，如地点、作者、信息或知识生产日期、入藏号等。更高级的元数据能够揭示知识款目的内容特征，如主题、分类号、应用及该知识的相关背景等。我们可以将搜集到的知识作为起点来编制知识地图，其步骤大体如下：第一步，从语义联系的角度即主题来组织知识地图；第二步，建立各类知识与人之间、人与人之间、知识与知识之间的联系；第三步，通过可视化的技术把知识地图展现出来，既可以选择传统的目录等级层次，也可以采用树形结构或者更好的网状结构等。知识地图与浏览技术的结合，使得图书馆知识管理技术基础设施的建设成为一项不断进步和易于管理的活动，并为图书馆知识管理所引发的组织与文化变革提供有力支持。另外，知识库管理技术与网络技术的结合，使图书馆很容易地建立图书馆的知识中心，即利用网络通信协议把图书馆的知识库联结起来，采用统一的检索软件和用户界面，为读者提供对图书馆知识库的透明检索服务。如基于语义的学科知识地图架构图，如图 6-6 所示。

知识地图在图书馆知识管理中的作用如下：①有助于知识的重复利用，有效地防止知识的重复生产，节约检索和获取时间；②通过知识资源中的人员资料内容并在它们之间建立联系，以促进知识共享；③通过有关知识社群的运作，

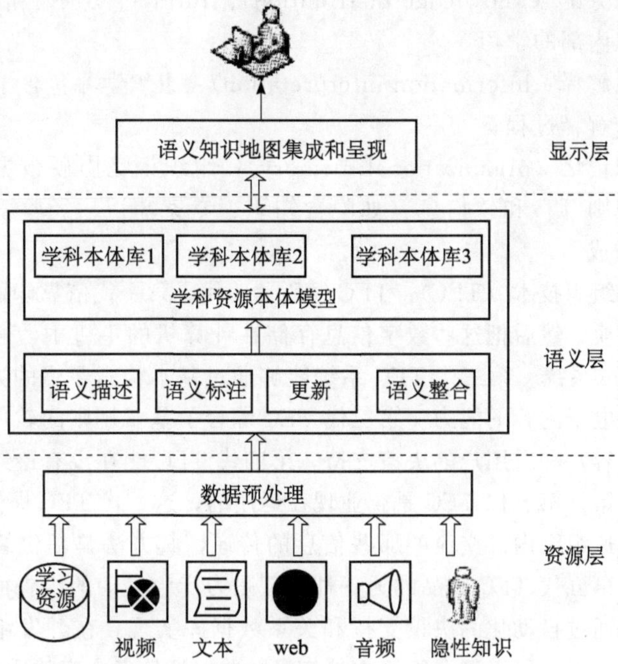

图 6-6　基于语义的学科知识地图架构图

发现图书馆内部能有效促进学习的非正式团体；④为知识项目评估提供基础；⑤通过知识资源中的业务方面以及新闻公告等内容，协助员工快速获取所需知识；⑥通过提供知识的检索，来协助读者决策及解决实际问题；⑦提供更多的学习、利用知识的机会；⑧有助于知识资产的创造和评价；⑨有助于建立合适的知识管理基础设施。

（三）知识网络

知识网络作为知识管理的一个工具，它能够使现有的知识透明化，并将责任赋予维护此类信息内容的员工，更重要的是能将信息与知识在适当的时机有效地传达给需要信息与知识的员工。知识网络工具主要包括三部分：Intranet、Extranet 和知识共享交流合作网。

1. Intranet

Intranet 是计算机网络技术在一个图书馆最直接的应用。它的优越性在于能够更快、更好地检索信息，提高工作效率，方便信息利用和流通。Intranet 通过影响环境因素，如信息基础设施和环境，能间接影响组织学习。Intranet 影响组织学习的方式主要有三种。

（1）知识获得（knowledge acquisition）：组织学习是伴随着组织知识库和组织特定的能力和过程的发展而发生的。

（2）知识分配（knowledge distribution）：Intranet 方便了信息的共享，因此加速了组织内部的学习。

（3）信息解释（information interpretation）：组织学习包含了一个组织内部的信息理解和解释过程。

（4）组织记忆（organizational memory）：组织记忆由硬数据（如数字、事实、图表和规则等）和软信息（如隐含知识、专家知识、经验、轶事、重要事件、经历）构成。

（5）内容组织技术（TEC）：TEC 经历了四代。第一代依靠印刷型文献到数字信息的简单转换，然后把这些数字信息存储在计算机的主机中，通过亚终端实现检索，如 Wang 系统。第二代 TEC 系统能够通过基本检索逻辑的方法，给用户提供整理和筛选电子内容的能力。第三代 TEC 综合了基于规则的软件（含有给专家系统提供的内容）和对用户的决策支持。第四代 TEC 能在没有最终用户协助的情况下作简单决策。第五代 TEC 是企业现在运用的，这一代 TEC 提供多种精密的特性，如推动加速组织内部交流的那些信息的传递，其方法是提供智能的收集服务和信息更新。第五代 TEC 产品的另一种类型是为产生生动的报告而选择出来的数据制图，可以通过自动化的决策支持和关系数据库实现。在开发组织内部网时把这些技术考虑进去，可以整合组织内外信息，并保证信息内容的质量。

2. Extranet

组织知识管理的外部知识网络主要通过群件技术来实现。群件，即以计算机网络为平台提供群体协同工作的软件。群件首先是一个邮件系统，能提供C/S结构、支持 Internet 标准的电子邮件服务，这也是用户最为熟悉、使用最多的群件功能；其次，它是个工作流自动化的系统，它以工作流为手段，设计处于人们业务流程相吻合的干线，使各级岗位或部门能协同办公和信息共享。

群件的核心是一个讨论区，一个可供议题的讨论、建议、决策沟通与储存的地方，信息的来源可以是组织内部或外部。一个群件的工作是提供一个组织过的、最实时的信息以便于这个工作组更有效率做出决策，并增进部门间的协调合作。

由于共享的信息都存放于群件中，成为一个组织的知识库，组织中的任何人都可以利用并从知识库中迅速获取工作资料、别人的经验等，所以群件为人们提供了知识共享、业务流转的基础通信设施，是计算机网络技术在知识管理应用中的重要工具之一。

第七章

图书馆知识管理系统建设

知识管理离不开一个知识管理系统的支撑。知识管理系统不是一个单纯的知识发布系统，而是一个交互式的开放的协同工作环境，主要面向协同工作、内容的管理和业务数据的挖掘，提高员工的知识和领导决策；是基于数据管理和信息管理，信息及其内涵的确定、获取、评估、系统化以及应用，以推动业务战略。图书馆知识管理系统的构建是图书馆知识管理的首要任务，它的构建和运行直接影响着图书馆知识管理的其他环节，在很大程度上决定着图书馆知识管理效能的发挥。因此，建立图书馆知识管理系统是图书馆知识管理的前提和基础。

第一节　知识管理系统概述

一、知识管理系统的概念

知识管理系统（knowledge management system，KMS）是一个有助于知识收集、组织和传播的管理技术集合，即知识管理的实施平台。由于“知识管理”的概念至今还没有一个统一的说法，相应地，“知识管理系统”也有不同的定义，其代表性的观点有以下几种。

Gallupe（2001）认为“知识管理系统是支持各种组织知识管理实践的工具与技术”。

Davenport 和 Prusak（2001）认为知识管理系统是经设计和开发的为组织的决策者（用户）提供决策和完成各种任务所需知识的一种系统。

Gray（2000）引用 Alavi 和 Leidner 的观点指出，“知识管理系统是一种集中于创造、聚集、组织和传播一个组织知识的信息系统。知识库和知识地图是知识管理系统的两种常见类型。”

乐飞红（2000）指出：“所谓公司知识管理系统，就是一个有助于知识的收集、组织和在公司内部员工之间传播的知识管理技术集合，它的核心是网络技术与知识仓库，能够对异质系统中的知识进行无缝检索，并通过 Web 浏览器向用户提供知识。”

袁红清（2000）认为知识管理系统以如何增加信息含金量、加强提供服务的及时性和准确性为目标，是企业管理技术、信息技术、网络技术和智能技术有机的结合体。

丁慰（2001a，2001b）认为，从企业建成学习型组织的角度来说，“知识管理系统是指以人和信息为基础，以整合组织知识学习过程、实现组织竞争力的提高为目的，利用先进的信息技术建立起来的网络系统”，“是建构学习型组织的工具”，它由内部网、知识资产管理、动态知识管理、数据仓库、协作和工作管理、工作流管理、文本和文档管理七部分组成；而从企业电子商务的角度来说，知识管理系统是对有价值的信息即知识进行强化管理的系统，是实现企业

“流动性整合”的工具，是企业电子商务的基础，它包括对客户、供应商和企业内部职工的知识加以识别、获取、分解、储存、传递、共享、创造、价值评判和保护，并使这些知识资本化和产品化。

武玫和杨德华（2004）认为，知识管理系统是用以信息技术为主的各种现代化科技方法辅助进行知识管理的一种手段，它是用软件的形式把部分知识管理的理念加以实现的一种管理系统。

从技术实现角度，知识管理系统是实行知识管理的技术平台，作为实现知识管理的计算机系统，它是一个具有知识管理能力和协同工作能力的软件系统，是一种融管理方法、知识处理、智能处理乃至决策和组织战略发展规划于一身的综合系统。知识管理系统也是一个有助于知识搜集、组织和传播的管理技术集合，是使知识可以脱离个体而具备专家性、综合性、完备性和系统性的软件系统，是实现知识管理的工具。

综上所述，各学者都从自身的研究领域和应用领域出发，从不同角度对“知识管理系统”进行描述，虽然至今尚无定论，但可以理解为是一个组织实现知识管理的平台，是一个以人的智能为核心，以信息技术为手段，对知识进行创造、捕获、整理、传递、共享，继而创造新知识的人-机结合的管理系统。

二、知识管理系统与信息管理系统的关系

信息管理系统是指运用计算机和通信技术手段对信息进行加工和管理的系统，即一切能够支持信息的收集、处理、存储和传播的系统都可以称之为信息管理系统。从技术的角度，信息系统是为满足组织对信息的需求，综合运用计算机、通信、网络、数据库和信息处理等多种现代信息技术而形成的系统。其功能如下：①信息输入；②信息处理；③信息存储；④信息传播。而知识管理系统是管理信息系统的延伸和发展，是一个对知识进行创造、捕获、整理、传递、共享，继而创造新知识的完整的管理系统。

（一）知识管理系统与信息管理系统的区别

（1）收集、处理和传播的对象不同。信息管理系统收集、处理和传播的对象是反映现实世界中事物客观属性的信息和显性知识。而知识管理系统收集、处理传播的对象除了显性知识外，还着重强调以人的头脑为载体的隐性知识，这些知识具有创新特征。

（2）处理对象的加工深度不同。信息管理系统信息的加工更多的是进行计算、合并、汇总、连接等表层的处理。而知识管理系统的加工过程则较多着眼于对知识的解析、分类、合成、整理、建立映射联系等深层的处理。因此，知识管理系统对知识的加工深度远远大于信息管理系统。

（3）系统的产品形态不同。传统的信息管理系统提供系统输出的形态通常

是一些报告、文档、报表、总结性数据或提示性信息，新型的信息管理系统类型（如DSS，决策支持系统）具有一定的分析能力，可提供一些预测信息和分析数据。而知识管理系统提供的结果则形态多样，是集文字、图形、声音、影像为一体的，通过超媒体链接而得到的输出，结果具有动态特征，可根据不同的需要而产生不同的结果形态。

(4) 系统产品的价值取向不同。信息管理系统提供的信息要求满足及时性、新颖性、针对性和准确性等特点，具有上述性质的信息产品被认为具有较高价值。而知识管理系统所提供的知识产品更倾向于创新性、科学性、经验和技巧的验证，注重知识产生和应用的背景及其内在联系，能对新知识再创造提供支持的系统产品被认为最具有价值。

(二) 知识管理系统与信息管理系统的联系

(1) 两类系统都由收集、处理、存储、传播、共享的过程组成。信息管理系统与知识管理系统的完整过程是由一系列处理阶段组成的，两类系统在各自过程的处理方法上虽然有所差异，但其系统过程都经历了收集、处理、存储、传播、共享的过程，没有本质上的差异。

(2) 两类系统的产品都能提升组织价值。无论是信息管理系统，还是知识管理系统，系统最终提供的结果（信息或知识）都是对组织具有价值的无形产品。在信息时代的今天，及时、有效的信息能为组织开拓创新提供依据。知识是组织进行创新和发展的重要源泉；有效的知识挖掘和利用能为组织创造新的价值。

(3) 新型的信息管理系统如DSS等都已具备了知识工作支持、管理决策支持、高层战略信息分析和基于网络的共享等能力，这些功能事实上正是运用已有知识进行再创新的过程，同时又是知识管理系统所需要的。因此在信息管理系统与知识管理系统之间没有明显的分界线，只是对信息和知识加工和挖掘的深度不同。

(4) 两者都建立在信息技术基础之上。信息管理系统是集计算机硬件、软件、数据存储和网络通信等技术为一体而构成的技术系统；而知识管理系统也正是依仗上述技术而建立的系统，所以两类系统的实现都离不开现代信息技术的发展和支持。虽然现在又有了一些新的用于知识管理的技术进展，如知识仓库、数据挖掘工具、群件技术等，但这些都同属于信息技术范畴，同样适用于信息系统的实现。

三、知识管理系统的类型

(一) 基于层次模型的知识管理系统

这种模型是由Sprague (1980) 提出的，将知识管理系统分为三个层次。第一层为知识管理工具，包括组成知识管理系统基本构件的专家系统语言（如Oracle PI/SQL）或程序语言（如C++）。第二层次为知识管理系统发生器（如

Lotus Notes)，它被用来建立各种特殊的知识管理系统。第三层次为所构建的专门知识管理系统。如图 7-1 所示。

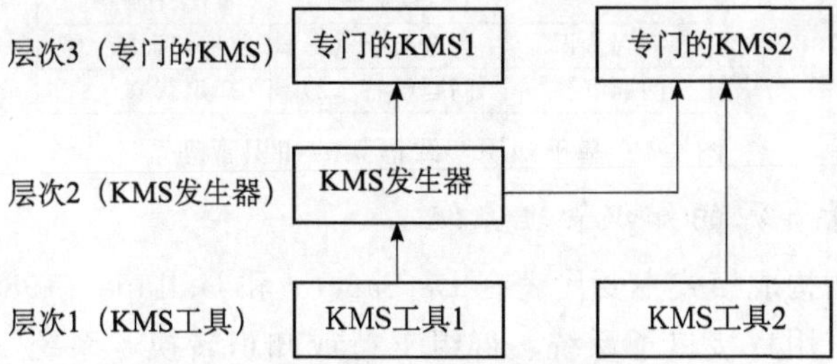

图 7-1　基于层次模型的知识管理系统

（二）基于一般系统框架的知识管理系统

这种模式把知识管理系统当做一种信息系统，通过其输入（知识、人员、工具)、处理（知识人员、工具的交互)、输出（有用的知识）和反馈（输出结果与输入和处理比较）来进行研究（Sprague，1980)。这种框架的优点是结构简单，覆盖面广，所有知识管理系统的主要组件都可包含其中。它的主要缺陷是不能突出知识库的重要性或人们之间知识转换的本质特征，如图 7-2 所示。

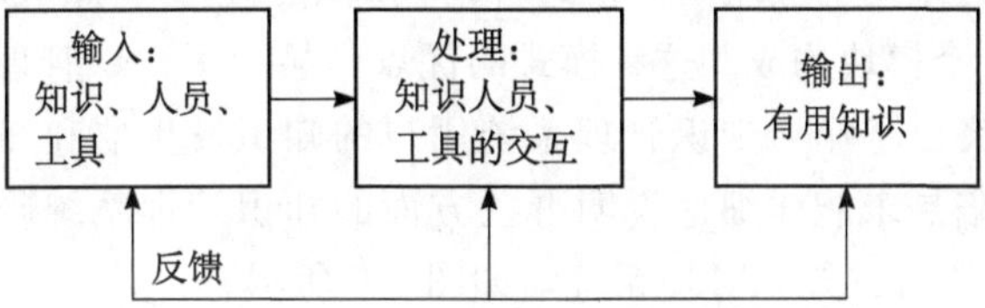

图 7-2　基于一般系统框架的知识管理系统

（三）基于知识生命周期的知识管理系统

这种模式是 Ruggles（1998）建立的一种知识获取（知识挖掘)、知识编码和存储（知识重组)、知识传递（知识共享)、知识利用（知识应用）的知识管理系统，来考察知识管理系统对每阶段知识的影响。这种基于知识生命周期的知识管理系统具有简化概念的优势，但它不能提供知识管理系统丰富的内在性，也不能指明缺少哪些方面的研究，如图 7-3 所示。

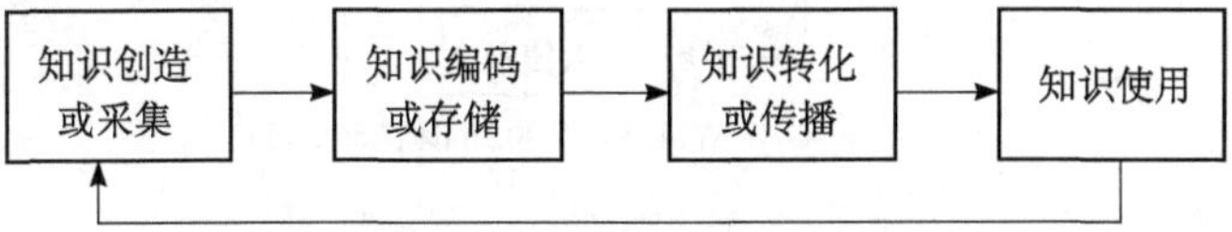

图 7-3　基于知识生命周期的知识管理系统

（四）基于知识实践框架的知识管理系统

这种模式以组织的知识管理实践为中心，突出支持实践活动的知识管理系统的类型与方式。它从问题识别的过程与所要解决问题的分类两个方面来考察知识管理实践，如图 7-4 所示。

		分类	
		新/唯一	过去已解决
过去	问题认识	创造机会（1）	监控与训练（4）
	问题解答	问题解答（2）	知识获取（3）

图 7-4 基于知识实践框架的知识管理系统

（五）基于资源的知识管理系统

这种类型的构成模式主要代表有 De Sanctis 和 Gallupe（1985）提出的基于知识库子系统、用户接口子系统、群组支持或知识转换子系统、用户（知识发生器）子系统四部分资源的知识管理系统。Meso 和 Smith（2000）所开发的知识管理系统由知识、技术基础、组织基础、人力资源、文化五部分资源组成。马海群（2000）提出知识管理系统由自由知识信息管理、知识应用管理、知识交流机制管理和知识财产管理四部分构成。乐飞红（2000）提出了由知识中心、知识贡献与收集系统、知识检索系统、专家名录、分布式系统、知识内容管理六部分资源组成的公司知识管理系统。Bowman（2002）认为所构造的知识管理系统由外部信息、内部信息、资源库创建与管理工具、知识库、元数据、知识检索工具、网关接口、万维网与互联网、格式自动化应用、数据仓库/数据挖掘与抽取工具、企业应用 11 个模块构成。这种模式的优点是显示了知识管理系统主要组件的内部关联，同时突出了作为知识管理系统用户的知识发生器和知识使用者的重要性。它的主要缺陷是未能详细地说明哪些方面的知识管理系统研究会是富有成效的。如基于 Web 资源的知识管理系统，如图 7-5 所示。

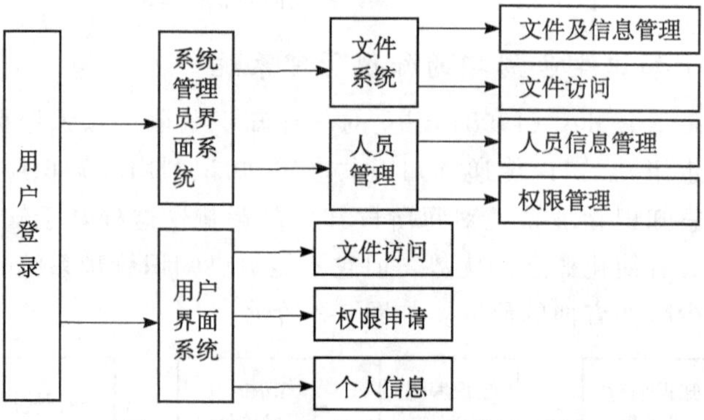

图 7-5 基于 Web 资源的知识管理系统

（六）基于 XML 的知识管理系统

李克旻和白庆华在对企业知识管理需求分析和知识管理流程分析的基础上，提出了基于 XML 的知识管理系统模型。这种模式由智能代理、文档转换接口、内容管理、知识发布与共享、工作流协同、决策支持、XML 与数据库接口、知识管理数据库八部分构成（李克旻和白庆华，2001），如图 7-6 所示。基于 XML 的知识管理系统与其他知识管理系统相比，具有的优势有：统一、良好的文档结构；易于统一存储，便于分类管理；采用 Web 浏览器；通过 XML 在 Web 上实现知识发布与共享；具有基于元数据的快速搜索，检索效率高；能较好地实现异构系统的传递；具有技术上的先进性，代表未来的发展方向。

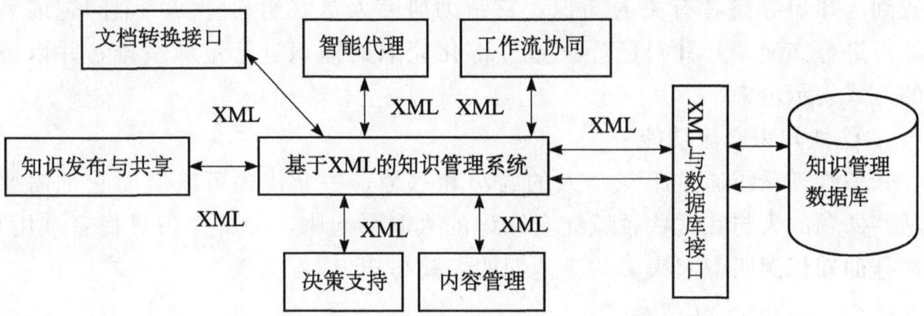

图 7-6　基于 XML 的知识管理系统

（七）基于本体的知识管理系统

本体（ontology）是共享概念模型的明确的形式化规范说明，其目标是捕获相关领域的知识，提供对该领域知识的共同理解，确定该领域内共同认可的词汇，并从不同层次的形式化模式上给出这些词汇之间相互关系的明确定义，它采用框架系统对客观存在的概念和关系进行描述。黄新等提出的基于本体的知识管理系统采用三层体系结构（黄新等，2005），如图 7-7 所示。客户端用户代理通过 SOAP 协议将客户请求发送至中间层，中间层根据用户的请求负责从本体知识库中检索所需知识并返回给用户，同时中间层还能够从外部自动获取所需知识并存储在知识库中，数据库层负责知识的存储与共享。

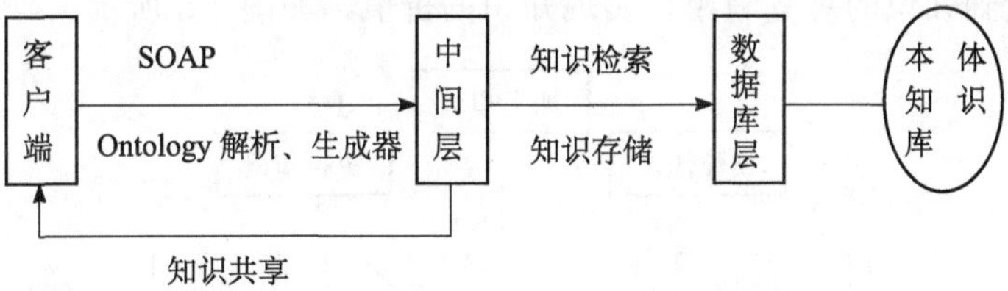

图 7-7　基于本体的知识管理系统

四、知识管理系统的功能

（一）知识发现功能

知识管理系统从各种信息源获取知识，并按照分类的基本框架或分类学将其组织起来，其作用是使知识寻找者可以通过显性知识的交流和隐性知识的交流来获取和使用知识。

（二）知识交流功能

1. 显性知识交流功能

知识管理系统利用显性知识的交流，从外部的信息源中提取知识，经过滤后找到与知识寻找者有关的知识。它帮助研究人员（用户）就一个问题或者感兴趣点进行交流，并针对已经通过外部化获取的知识进行重新编排，并以最合适的方式表示出来。

2. 隐性知识交流功能

知识管理系统通过跟踪个人的经历和兴趣，中介代理可以借助它把需要研究某些课题的人与在这些领域拥有知识的人联系起来，即将知识寻找者（用户）与最佳的知识源匹配起来，共享他们的经验与知识。

（三）知识应用功能

知识应用功能是知识管理的最终目标，即利用具有专家系统或人工智能的技术对经过前三种功能交流过的知识进行具体应用和作出决策。

（四）知识创新功能

知识创新功能是知识管理的最终目的。管理者通过应用知识以及用户在反馈过程中进行的交流、探讨，能够使新的知识和思想与原有知识结构之间发生碰撞并激发产生新的知识，实现知识的创新。

知识管理的基本功能可以通过知识管理工具的有机组合来实现。①数据库和知识库是知识管理系统的存储模块，是知识的载体，用于存储显性知识和隐性知识；②知识管理系统通过发现并创建知识来不断充实数据库和知识库；③系统对创建的知识进行加工以便于系统组织和管理；④系统通过构建的协作共享平台来达到知识的重复利用，实现知识的价值，如图 7-8 所示。

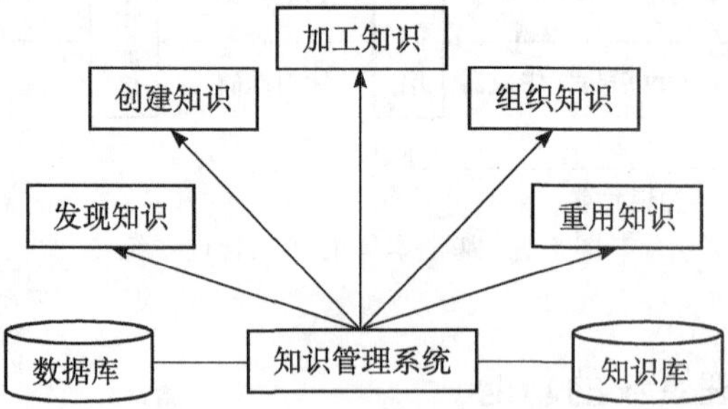

图 7-8　知识管理系统的基本功能

五、知识管理系统的特点

(1) 敏感性。知识管理系统能够根据用户的背景知识和经验对知识进行整理组织，并按照用户的特点提供相应的知识信息以满足其需求。

(2) 灵活性。知识管理系统能够处理任何形式的知识，包括不同主题、结构和载体的知识。

(3) 协作性。知识的创造、共享和使用离不开人与人之间的协作关系。

(4) 开放性。知识管理系统实际上是一个平台，而不只是工具。

(5) 集成性。知识管理系统是多种应用工具的集成。

(6) 先进性。知识管理系统支持先进的元数据格式，将用户与复杂而混乱的数据相隔离，用户可以通过简单熟悉的词汇和规则使用系统。

(7) 分布式。知识管理系统可以在组织内部或外部不同的计算平台上使用同样的规则实现知识的获取、传递和共享。

(8) 实时性。知识管理系统可以为用户在全部应用中提供实时的数据。

(9) 易用性。系统的使用方便易学，知识成为系统的核心。

(10) 建设性。系统能推断出用户的知识需求，并能超出用户所表达的需求主动提供相关联的知识。

(11) 可扩展性。知识管理系统运行在高效能的多处理器系统中，支持群集、负载平衡以及动态连接池，以便处理大数据量、多用户的访问。

(12) 高性能。知识管理系统可以实现高效率的访问。

(13) 安全性。系统在对象的层次之上保证数据和应用的安全。

(14) 可管理性。系统拥有强大的、复杂的可管理界面，维护系统的高效率、保证元数据的重新设计和变化。

第二节　知识管理系统的设计与实施

一、知识管理系统的设计理念

(一) 建立实用的知识管理系统模型

知识管理系统模型体现组织实施知识管理系统时的理论依据、总体思路、实现方法、实施过程和最终目的。

(二) 选择正确的知识管理战略

知识管理战略的选择是确定知识管理系统实施过程中的重点和方式。在实施系统的重点的选择上确定面向的领域范围，明确系统实施的针对性。知识管理战略的选择避免知识管理实施陷入信息技术的误区，提高知识管理系统的效率。

（三）建立先进的现代组织制度

组织制度决定了知识管理系统实施的成败，决定了系统运行的效率。优化组织体制，建立以扁平化、弹性化、虚拟化和网络化为特征的组织结构，为知识管理系统的运行提供良好的组织保障。

（四）建立学习型组织协作环境

知识管理系统的良好运转不仅需要制度内的组织保障，还依赖于组织以外的文化保障，学习型组织文化是知识管理系统运行的文化基础。知识管理战略选择、组织构架以及学习型组织文化的倡导为知识管理系统的实施提供了良好的环境保障。

（五）整理组织已有知识资源

以知识历程图、知识地图为核心，建立组织内部知识市场，完善组织内部的知识构架工作，形成知识管理系统内容管理的基础。

（六）采用适当的信息技术

要明确系统的功能，确定知识发现、组织、共享等功能模块，在保证系统密切整合的基础上，选择先进的信息技术，保证系统功能强大、高效率、低投入、可扩展，方便知识的使用和创新。如建立文档系统，管理显性知识；建立知识门户与知识发现系统；建立组织培训系统，积累传递知识等。

（七）发挥员工最大的潜能

知识管理系统的建立将使组织已有的信息能力提升到一个新的高度，使得静态的数据、信息得到再利用，员工发挥最大的效能，帮助组织改进创新能力，提高工作效率和技能素质。

二、知识管理系统的构建技术

（一）成熟的方法与技术

1. 分布式搜索（distributed searching）

知识管理系统需要一种搜索引擎能跨域对信息进行检索和访问，而不必考虑信息来自何种资源。分布式搜索是近年来被研究得比较多的一种搜索策略。它按区域、主题或其他标准创建分布式索引服务器，索引服务器之间可以交换中间信息，且查询可以被重新定向。如果一个检索服务器没有满足查询请求的信息，它可以将查询请求发送到具有相应信息的检索服务器。分布式搜索引擎将索引数据库划分到几个分布或者异构的数据库中，每个数据库都可以较小，而所有搜索引擎覆盖的范围变大，很少有信息重复，并具有分布式系统的可扩充性。

2. 分类编目（classification）

分类组织法是一种按照事先规定好的体系范畴，依照一定的属性将信息分门别类组织成系统以便检查的方法。按体系范畴组织信息具有很好的层次性与系统性，符合人们认识事物的逻辑思维方式。分类法采用划分范围的树状结构组织与揭示信息，具有很好的稳定性与系统性。它不仅适用于文本信息，而且也适合于非文本信息、超文本信息的组织与揭示，因此更符合知识管理系统对知识的多种方式组织与表现的需要。XML 是取代超文本标记语言（HTML）的另一种 Web 语言，具有扩展性、结构化、可验证性等优点。因此，XML 的应用将是知识管理系统的研究热点。

3. 智能代理（agent）

agent 是人工智能领域发展起来的一个概念，它是指一个具有感知能力、问题求解能力和与外界通信能力的实体。agent 是协作系统中的独立行为实体，它能根据内部知识和外部激励决定和控制自已行为。从外部特征看，agent 具有独立性、自主性、交互性。智能 agent 更具代理性和主动性，引导、代替用户访问资源，是用户获得资源的中介。在知识挖掘系统中，agent 根据外部环境，建立庞大的个性化内部知识库，接收用户请求，返回结果集，同时跟踪用户需求，以适应内部知识库。agent 在个性化、知识挖掘、搜索、知识的维护和更新等方面都有重要的应用。

4. 数据挖掘

数据挖掘作为知识挖掘的关键步骤，也是知识挖掘的难点。数据挖掘技术不仅要面向特定数据库的简单检索查询调用，而且要对这些数据进行微观、中观乃至宏观的统计、分析、综合和推理，以指导实际问题的求解，企图发现事件间的相互关联，甚至利用已有的数据对未来的活动进行预测。根据发现任务和发现目标的不同，数据挖掘器所能发现的典型知识主要包括关联规则（association rule）、分类（classification）、聚类（clustering），此外还有特征规则、趋势、异常等。数据挖掘采用较多的技术有决策树、分类、聚类、粗糙集、关联规则、神经网络、遗传算法等。有代表性的数据挖掘技术有 Quest、KDW、Explora、IMACS、INLEN、DBMiner 等。

（二）前沿的方法和技术

1. 著录标引

著录标引（description indexing）是图书、档案管理学中的术语，是指对图书、档案主题的概念借助索引语言（分类表、主题词表等）转换成规范化的检索标记。在知识管理系统引入著录标引是为了解决知识用语不统一而导致的难以查找、难以理解的弊端。它的实质是在知识进入知识库前先做好标准化处理，在知识库中建立知识名称和知识概念的一一对应关系。可以用一个著标知识库来实现著标工作的自动化。

2. 智能搜索

传统的搜索策略有两种。①目录式搜索。编辑人员通过笔者提供或自己总结的方式先得到摘要，而后把它归入事先建立好的一个知识目录内，用户通过层层的目录来查找。这种方法的优点是搜寻的结果定位较准确，缺点是需要人工介入、维护量大、漏检率较高、信息更新不及时。②机器人式搜索。机器人式搜索利用一个程序（如 spider，crawler 或 web wanderer）无间断地在资源库中寻找信息，然后由索引器为信息建立索引，用户通过输入关键字查找。由于采用了全文检索方法，收集的信息量大、更新及时、无须人工干预，缺点是返回信息过多、误检率高。智能搜索（intelligent search）中由于采用了自然语言理解技术，虽然仍然采用全文搜索，却大大降低了误检率。由于其中加入了知识库和智能分词功能，智能搜索可以进行整句分词、关键字提取，同义词、一词多义和表达差异的处理。此外，智能搜索还有综合性和智能性的特点，只要用户需要，它就可以把与关键字相近的其他信息也一同显示，还能分析用户查询行为，产生相关联想，提供引导用户进行下一步查询的线索，从而一步一步诱导用户表达出他真正想找的东西。

3. 虚拟现实技术

虚拟现实技术（virtual reality）是计算机和用户之间的一种理想化的人-机界面形式，与传统的人操作计算机模式相比，虚拟现实系统让用户置身于一个虚拟的真实环境当中，为用户带来了身临其境的感觉，用户通过传感设备对虚拟环境中的物体进行操作，充分体验到人-机之间的交互性。因此，虚拟现实可以用虚拟讲解员帮助用户更快地领会知识，还可以把技能实践的过程模拟出来，让用户反复进行模拟操作，以缩短掌握技能的周期。

三、知识管理系统的设计实施

（一）知识管理系统的环境和基础建设

（1）建立和完善知识的收集与储备系统，包括连入 Internet 网络、建立关联组织的 Intranet 和组织内部的信息管理系统、建立开放的知识平台等。

（2）知识管理的组织建设，包括合理的激励机制、知识小组、核心队伍的建设等。

（3）知识管理的制度建设，包括建立学习与培训制度、建立交流特别是行业技术的交流制度、建立知识传播制度等。

(4) 知识管理的文化建设，创造一种倡导交流和鼓励创新的文化氛围。

(二) 知识交流与共享的产品选择

1. 用户接口

由于对知识库用户接口的控制十分重要，所以用户在选择时就必须考虑是否有标准接口或者是否可以按照与组织的其他应用一致的方式来定制。

2. 文本检索

所开发或利用的搜索引擎应能够检索到与检索表达式不完全匹配但实际含有相关信息的文档，而且能够按照相关率高低对检索条目排序。

3. 多媒体检索

数量与品种繁多的视频、音频资料经过索引处理并提供搜索引擎的检索机制后，用户可通过知识管理系统来访问这些信息。

4. 知识地图

知识库中的资料与知识目录联结起来，可成为一种补充搜索引擎的可选择的检索方法。在某些情况下，用户在确认关键词时觉得不方便，而愿意通过查看原定义的知识主题来开始检索，这可减少搜索引擎识别的不相关的数据条目。

5. 个性化

知识库的个性化可以由知识库管理员手工创建用户文档，或基于 E-mail 标题与原检索式中检索词的自动生成文档来完成。当用户的工作职责与兴趣发生改变后，用户应能够修改他们的文档。

6. 标准查询

知识库引擎允许知识管理员定义标准查询，这种标准查询涉及所有用户专门配置文档的关键词，也允许用户公布个人查询到的结果。

7. 近似组过滤

近似组过滤是为特殊用户过滤相关信息的一种技术，通过为用户创建表定义主题选择来实施近似组过滤。一旦在整个组织内建立了表定义主题选择，具有相似偏爱的人员就可标志为近似组。如果某个人发现新的有用信息，这种信息文档就可发送给本组的其他成员。

8. 知识目录

当用户检索知识地图时，知识库引擎就可识别相关主题专家和馆藏存储信息。应用这种知识目录可以帮助用户就某个问题直接通过 E-mail 与专家建立联系。

9. 合作与通信

合作与通信应允许被地点和时间分离的团队成员共享那些解决新建议的必要信息，包括方案文件、工作计划、个人计划、讨论组等能提供内部合作机制或集成组织合作应用的知识管理系统可以为用户带来相当多的价值。

四、知识管理系统模型

（一）基于多 Agent 的系统模型

基于多 Agent 的系统模型主要是面向知识共享及分布式协作目标，在分布式人工智能技术、网络技术及多媒体技术的支持下，在协同工程思想的指导下形成的，如图 7-9 所示。

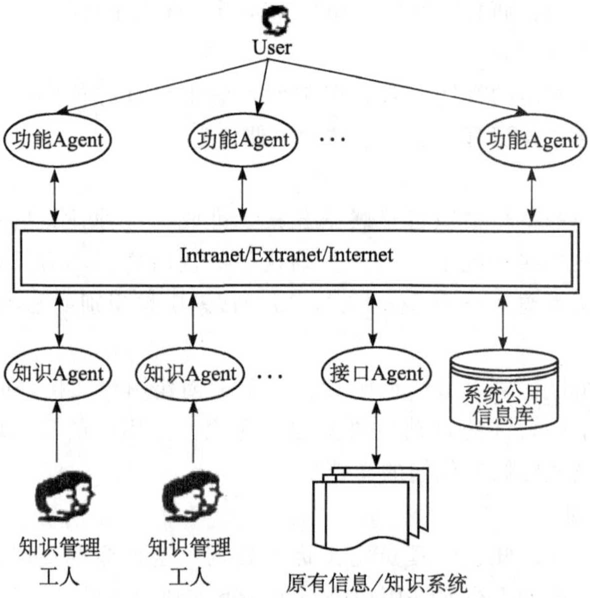

图 7-9　基于多 Agent 的知识管理系统体系结构模型

这种模型面向分布协作环境，强调了知识管理系统所应具有的协同性，在系统的智能化以及与组织原有信息化成果相集成方面给予了重点考虑。但系统的构建仅从信息技术角度出发，忽略了知识管理系统的社会性，即为知识管理的实施营造一种崭新文化，建立知识贡献激励机制，并相应调整组织结构。此外，模型缺乏具体、有效的对知识链各环节以及知识管理所涉及的各要素的整合与集成策略，对隐性知识缺乏认识和有效的管理。

（二）基于 B/S 的系统模型

与基于 B/S 的系统模型类似的有基于 Internet 知识管理系统模型和基于 XML 的知识管理系统模型等，它们的提出主要是针对知识经济的网络化趋势以及由此导致的组织边界的扩大与模糊。由于散布在网络上的用户广泛而又不确定，因此该模型也提出了知识管理协同建模的要求。如图 7-10 所示。

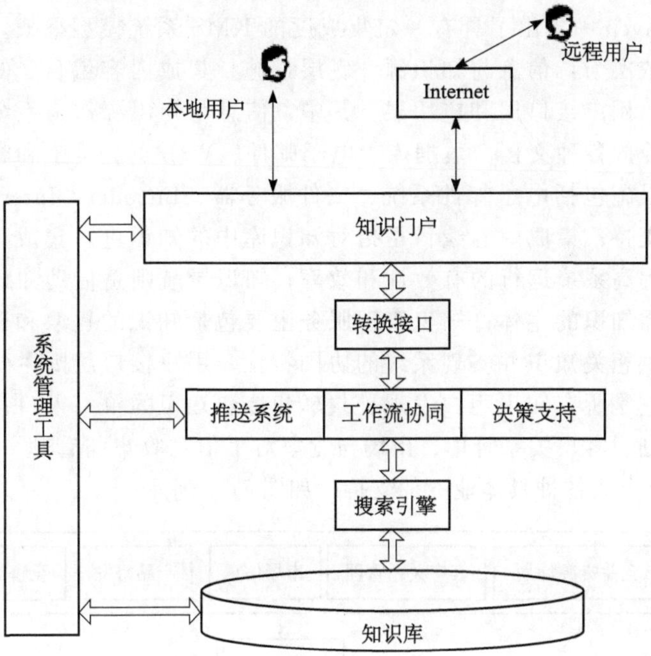

图 7-10　基于 B/S 模式的系统模型

基于 B/S 模式的系统模型结构的优点如下：①良好、统一的文档格式。基于 B/S 模式的系统模型通过 XML 来传递和显示，以数据库来存储，从而解决知识管理中对半结构化和非结构化文档的统一存储、管理和浏览等一系列问题；②Web 上的知识发布与共享是最开放和最充分的方式；③更细化的知识搜索，提供 XML 查询语言（XQL）技术实现对元数据——XML 的节点内容和属性进行搜索；④支持远程异构系统之间的知识传输。但是，该模型在强调知识管理系统网络化建模趋势的基础上，仍过分侧重于技术的解决方案，对于知识管理主体与客体间的集成以及系统与环境的协同等考虑得还不够全面和深入；对隐性知识也缺乏有效的转化和管理策略；缺乏相应的企业文化、组织结构、激励机制等企业内环境的调整策略对知识管理的支持。此外，它强调了对已有知识的利用，但忽视了知识管理对增强知识创新能力和提升核心竞争力的更高要求。

（三）基于 UML 的集成化系统模型

元数据联盟（meta data coalition，MDC）在其开放信息模型（open information model，OIM）中将 KMS 作为其一个子系统。为了利于模型的推广和消除对特定技术的依赖，MDC 采用统一建模语言（unified modeling language，UML）来描述模型。而后，Microsoft 和 Lotus 公司在各自的研究项目 table 和 raven 中提出了具有一定集成度的 KMS 系统模型框架。该模型具有七层结构，依次为：信息与知识源、底层设施、集成内容编目、知识导航、知识管理服务、用户接口层和应用层。其中，信息与知识源作为系统的基础，涵盖了包括企业内各种文档、数据库、电子邮件、Web 页、员工和客户等的广泛内容；底层设施包括电子邮件系统、文件服务器、Intranet、Internet 等，为系统提供平台支持；集成内容编目是指对知识库中的知识进行集成、分类与再组织操作，以提高系统运行的有效性和效率；知识导航则是借助知识地图的帮助定位具有所需知识的主体；知识管理服务主要包括知识的提取和群组协同，为知识门户提供相关知识并实现系统的协同特性；用户接口层则主要通过知识门户来实现，它是所有知识用户发现、共享和传递知识的单一入口；应用层包括企业资源计划、客户关系管理、市场与竞争对手信息收集与管理、产品研发等，实现 KMS 对企业各种具体业务的支持。如图 7-11 所示。

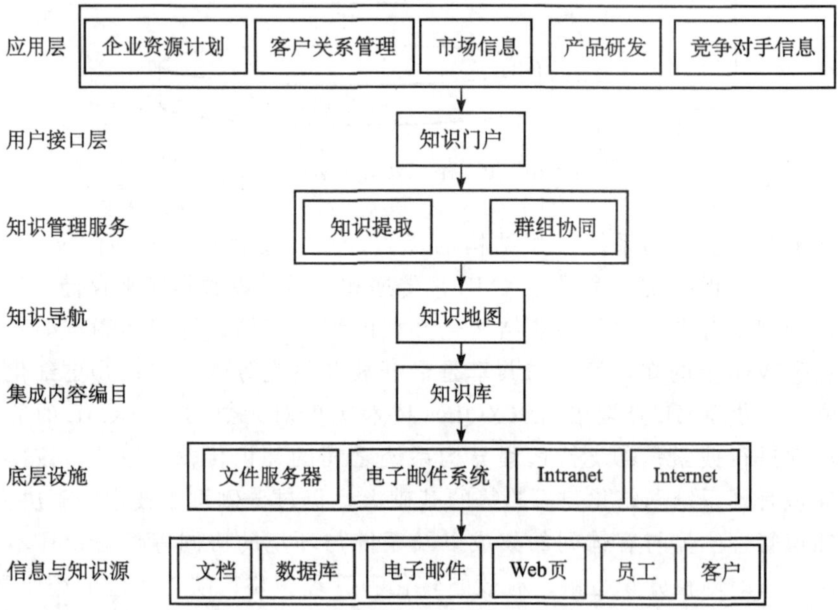

图 7-11 基于 UML 的集成化系统模型

该模型层次划分清晰、合理，对企业的广泛知识源给予了集成考虑，同时也做到了对企业现有信息化成果的集成与支持。将员工纳入知识源范畴是模型的一个亮点，但如何将员工头脑中的隐性知识外化为组织知识以及如何促进员工间知识交流与共享，模型中并没有相应的策略和机制，只是立足于对员工能够提供的有限的明晰知识的管理；模型中忽视了知识管理的高端目标——知识创新环节，缺乏系统自适应、自学习策略，没有明确体现对知识链各环节的具体支持；缺乏相应的企业文化、组织结构、激励机制等对知识管理的支持；同时，在知识管理主体与客体之间的集成方面及系统与环境的集成与协同方面缺乏支持。

(四) 基于“社会-技术”双系统技术模型

基于“社会-技术”双系统技术模型认为知识管理系统应是一个“社会-技术”系统，并聚焦于知识社区、知识集市、知识环境、知识管理关键过程等四个方面，如图 7-12 所示。

(1) 基于“社会-技术”双系统技术模型对组织实施知识管理的“生态环境”给予了重视，认识到了知识管理中主体与环境的重要性，强调知识管理系统绝不是单纯信息技术意义上的系统，而应是一个人-机结合、有机的“社会-技术”系统，成功的知识管理应该是“机械方法”与“生态方法”的有机统一。但模型只关注知识链的关键环节，忽视了一般环节对系统的根基作用。

(2) 基于“社会-技术”双系统技术模型就知识环境而言，强调营造一种知识交流和共享的文化与氛围，但还需要建立起切实有效的知识共享与创新的激励机制，同时也需要对组织结构作相应调整。

(3) 基于“社会-技术”双系统技术模型虽然是从“社会-技术”双视角来思考的，但对技术维度重视不够，作为技术支撑体系的知识集市基本停留在企业现有的信息化成果上，缺乏一个创新的、整体的知识管理技术解决方案。知识管理以人为中心，强调人的作用，但并不是说就可以忽视信息技术的支持。知识管理需要先进的信息技术，特别是人工智能技术与方法的支持。知识管理需要理念创新的环境，也需要技术创新的支持。

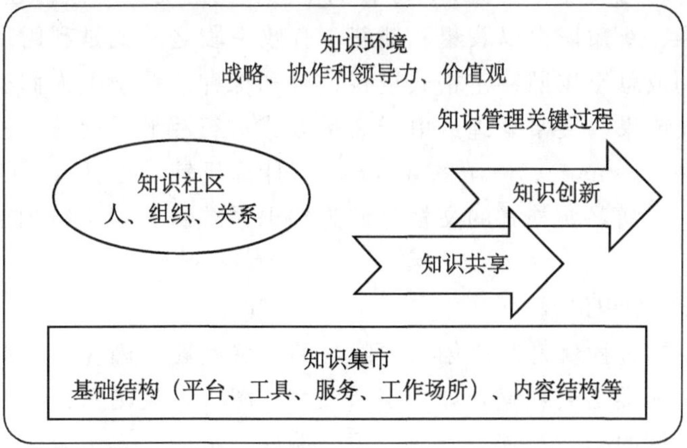

图 7-12　基于“社会-技术”双系统技术模型

（五）基于6C知识系统的模型

按照Greenwood（1998）的观点，一个知识系统的完整过程可以用6C来描述，即create（个人创造）、clarify（知识澄清）、classify（知识归类）、communicate（知识交流）、comprehend（知识认同）、recreate（知识创新）。实现6C系统不仅需要借助相应的技术工具和手段，同时还必须依赖企业的战略、组织和文化。知识管理系统构成模型正是基于6C建立起来的，如图7-13所示。

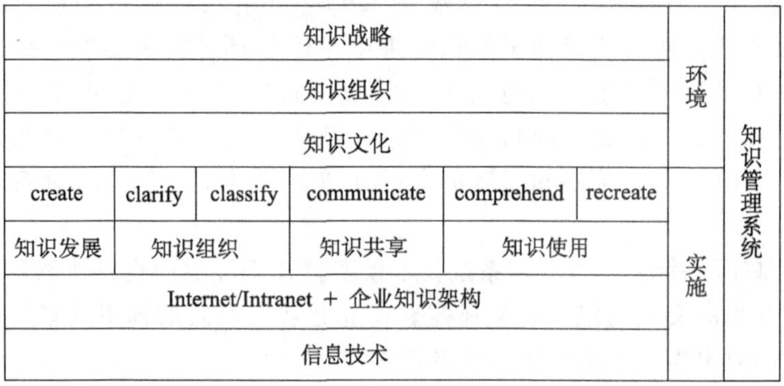

图7-13　基于6C知识系统的构成模型

1. create：个人创造

组织中承担某项任务的个人在工作中运用自己的聪明才智会不断产生一些新思维、新发明或创造出一些新的方法与技能。因此，知识管理系统的构成首先需要激励个人的创造才能得到充分展现，一方面要充分调动员工和知识工作者的创新热情，为其开辟展现个人才智的空间；另一方面，还需建立有效手段，让这些新思维、新知识得以收集和捕获，有效手段之一就是利用现代技术工具对员工的活动或思想按照特定格式进行记录和保存。传统上人们已经习惯于将自己的工作及成果以文字处理或电子表格方式进行存储，而随着网络应用的发展，电子邮件（E-mail）、电子商务（EC）、计算机辅助设计（CAD）及超文本链接（HTML）等特定格式的文档将成为知识系统对知识进行加工、管理和共享的基础。

2. clarify：知识澄清

知识澄清的过程就是使该创新中隐含的主要问题明晰化。组织中的信息一般包括两类：一类是硬数据，如文字、数字、图表、规则等；另一类属于软信息，如由人掌握的操作技能、专业知识、偏好、经验、人为效应，以及有关决策的信息等。知识系统需要在创建硬数据的同时从中抽出内含的软知识。利用先进的元数据抽取程序，如“trapper”技术，对隐含信息进行推理和分析，最大限度地完成对元数据进行抽取的处理，以使那些隐含的知识变得更加清晰、明确。

3. classify：知识归类

为使捕获到的知识易于检索，还需要对知识进行归类处理。知识的归类不仅与知识所涉及的专业领域和用途密切相关，同时分类方法的采用还取决于未来使用的检索工具的类型。目前，有许多能对知识进行归类和整理的工具，如超媒体链接技术在处理大型、复杂和丰富的链接，以及信息交叉引用方面具有强大的功能；知识库、知识映射表和集综合代理程序、导航工具和查询系统等为一体的 XML 系统也为知识的归类整理提供了所需的灵活性。

4. communicate：知识交流

知识交流是进行人与人之间、团队或任务小组之间乃至整个组织内部的交流，是实现知识管理和共享的重要环节。除了信息交换的常用手段（如面对面的会议、电话、传真、信件等）外，还可借助于视频会议、共享型白板、自动文档发布系统和工作流系统等先进的知识交流技术。这些技术能够极好地支持组织内部甚至在异地人员之间实现思想火花的碰撞和知识交流与共享。

5. comprehend：知识认同

构成知识系统的另一个要素就是在知识交流的基础上，对已有知识进一步加深理解，增强对共有知识的认同感，甚至包括对分歧看法的容忍度，这是知识共享的重要基础。超文本链接技术能够很好地支持一个团体以动态方式链接到众多不同的知识源，即使不参与创造性活动的小组成员也能吸收这些知识，对其进行评估，并把个人的观点添加或链接上去。而新出现的 XML 能够支持对存储在文档中的内容进行批注，并总能保持那些链接点最新。这种开放标准增加链接并对这些知识点进行共同批注，正是团队在网络环境下进行知识交流与认同的最重要方式。

6. recreate：知识创新

上述各环节进行的结果将使个人知识得到进一步充实和升华，同时每个人都能从中分享到令人瞩目的大量有价值的知识。如何使这些知识为新的创造性活动服务，使之为团队所共享？这就要求网络和软件——知识共享的技术和方法——必须是可用和易于操作的。从某种意义上说，创新是知识管理系统的最终目标。

在 6C 知识系统中，create 是知识发现的过程，clarify 和 classify 是知识组织的过程，communicate 是知识共享的过程，comprehend 和 recreate 是知识开发利用和创新的过程，知识管理系统正是基于 6C 而建立起来的。但要实现 6C 的系统过程，首先，必须具备一定的支撑环境，包括知识战略、知识组织、知识文化等方面的管理。其次，必须具备一定的网络基础和内容基础，前者包括

Intranet、Extranet 和 Internet，后者指以人员、内容组合和信息技术为要素，以知识历程图、知识地图为核心的企业知识架构。最后，采用适当的信息技术，借助相应的工具和手段，选择优秀的知识管理系统产品，实现企业所需要的知识管理系统，这样就组成了一个完整的知识管理系统模型。

第三节　图书馆知识管理的技术平台

一、图书馆知识管理的信息门户

信息门户是一个应用框架，它将组织的所有应用和数据集成到一个信息管理平台之上，并以统一的用户界面提供给用户，使组织可以快速地建立组织对组织和组织对内部员工的信息通道。信息门户是为各种知识源提供单一入口的基于网络的应用。为服务于具体知识的需要，用户可以定制。当前，在教育科研领域的学科信息门户（subject information gateway，SIG）已达数百个，涉及各个学科领域。在欧洲，始于 1996 年的 DESIRE 一期工程，使一大批面向数学、医学、社会科学、工程科学的信息门户相继诞生，并已发展到大规模普及实施阶段。美国加利福尼亚大学洛杉矶分校的人文学科门户也是一个代表。国内的中国科学院于 2002 年最早启动建设了生命科学、化学、数学物理、资源环境和图书情报五个学科信息门户。学科信息门户是网络指南、资源导航、指示数据库的进一步发展，根据特定用户的需求对网络中的相关信息进行了资源集成和更深入的揭示，并提供信息检索服务。其整合的信息资源是信息工作者根据一定的标准选择过的，有的甚至有资源评价规则和定期测试审核机制，因而具有准确性、可靠性较高的特点，是用户从网上检索相关专业领域信息的一种重要资源。

图书馆信息门户是一种“以内容为中心”的服务方式，它为了满足网络环境下图书馆用户的多重需求，利用现代网络技术和通讯技术，通过统一的 Web 界面，为用户提供图书馆虚拟和实体的信息资源，并提供智能化、个性化服务的一种服务手段和方式；它为用户查找各种异构资源提供了统一的平台；为用户提供学科知识导航，展现信息资源之间的关联；提供多数据库的整合检索，集成智能化、个性化服务，为用户提供获取目标信息的一站式服务。

图书馆信息门户作为有别于普通网络搜索引擎的信息服务平台，通过灵活地整合、可靠地组织、无缝地链接用户所需的信息资源和信息服务，将一个分布式的纷杂的信息空间组织成一个方便的用户信息系统，提供浏览和检索双重功能来满足用户各方面的信息需求。一方面，图书馆信息门户对信息和知识内容具有强大的管理能力，它支持各种结构化和非结构化的信息或知识，并将其以可视化知识地图的组织形式展现于用户眼前，有利于用户的知识查找、搜寻和获取。另一方面，图书馆信息门户设置的自由知识交流社区，该社区支持知识生命周期管理，通过各种交流形式或渠道，灵活地鼓励用户和馆员等获取、存储处理、传播共享和创新应用知识。

图书馆信息门户和知识管理系统可以互为所用，二者融合是一种趋势。学科知识导航、定题服务和参考咨询是图书馆信息门户为用户提供的必不可少的服务项目，这些服务设置都离不开馆员或学科馆员的参与，馆员或学科馆员的素质直接影响着图书馆信息门户的服务质量和效果。馆员或学科馆员素质的提高依赖于一个良好的学习环境和文化氛围，图书馆知识管理系统就是为解决这个问题而出现的。一个图书馆的信息门户对内是一个知识管理系统，为馆员提供及时的业务交流平台以挖掘和共享知识尤其是隐性知识财富，创建和改造图书馆文化，建立虚拟学习型组织；对外则是一个知识集成系统，为用户提供知识型服务，包括知识的导航、传递、获取、交流、共享与创新等。

将图书馆数字知识库管理系统和门户软件以及协作软件以新的方式组织和集成，可以形成一个图书馆知识管理信息门户系统。图书馆知识管理信息门户作为一个统一入口，既是图书馆用户获取图书馆信息服务的入口，也是图书馆管理平台的入口，同时还是图书馆工作人员进行知识分享交流的平台，由此集成知识信息、人员和业务流程，进入图书馆各类信息和知识的管理与服务，从而完成图书馆满足用户信息需求、提供信息服务的根本任务。

图书馆可以运用计算机网络最新技术，根据图书馆业务工作实际，把图书馆信息门户与知识管理概念集成起来；以网络为基础，将图书馆知识管理信息门户系统与协作软件结合在一起，创建出统一的图书馆知识管理平台，从而构建起一个图书馆知识管理系统平台。

二、基于 J2EE 的图书馆管理技术平台

（一）J2EE 集成管理系统的含义

目前图书馆集成管理系统多数基于现有的图书馆集成管理系统 client/server 体系，这种集成管理系统结构存在很多问题，如升级维护麻烦，软件投入和连接费用大，网络易阻塞，需要客户端与服务器的高度耦合，可重用性差、可伸缩性小、安全性差等。

图书馆知识管理的技术实现，最终需要开发实用的图书馆知识管理系统。针对这种结构的集成管理系统存在的问题，人们开发出了 J2EE 集成管理系统，即 Java 2 平台企业版（Java 2 Platform，Enterprise Edition），它是美国太阳（Sun）公司开发制定的基于 Java 技术的分布式组件计算平台规范。

J2EE 平台提供了一个多层次的分布式应用模型和一系列开发技术规范，使

应用逻辑根据功能划分成多层，每层支持相应的服务器和组件，组件在分布式服务器各自的组件容器中运行，并通过相关协议进行通信，实现组件的相互调用。这些层次分别是客户层、Web 层、业务层和企业信息系统层（马仁配，2003）。J2EE 这种基于组件的集成管理系统，具有平台无关性，或称为高度的可移植性和兼容性平台的多层体系结构。

（二）J2EE 集成管理系统平台的构成

1. Java 技术

J2EE 平台的基础是 Java 2 技术，其本质就是一个可移植的面向对象的环境。各个厂商的产品，可以通过使用 Java 的 API 接口实现与 J2EE 平台的兼容。

2. 组件技术

组件技术是一种软件重用技术。J2EE 支持的组件有 Applet、EJB 组件、Web 组件（JSP 和 Servlet）和各种客户应用，这些组件均在各自的容器内运行。

3. 服务形式

在 J2EE 平台规范中，定义了包括数据存取服务接口、事务服务接口、命名与目录服务接口、安全服务接口和消息服务接口等五种服务接口来提供一些基本的服务。

4. 通信要求

J2EE 各系统平台、各层、各组件间的通信与相互操作的兼容，主要通过 Internet 协议、RMI 协议和 CORBA 协议等来实现。

（三）J2EE 平台的层次

J2EE 是基于三层（多层）分布式的体系结构，分为客户层、中间层和信息系统层。中间层由 Web 层和业务层构成，业务层还能够根据实际应用的需要，细分为多层，形成多层体系结构（万助盛和侯文水，2000），如图 7-14 所示。

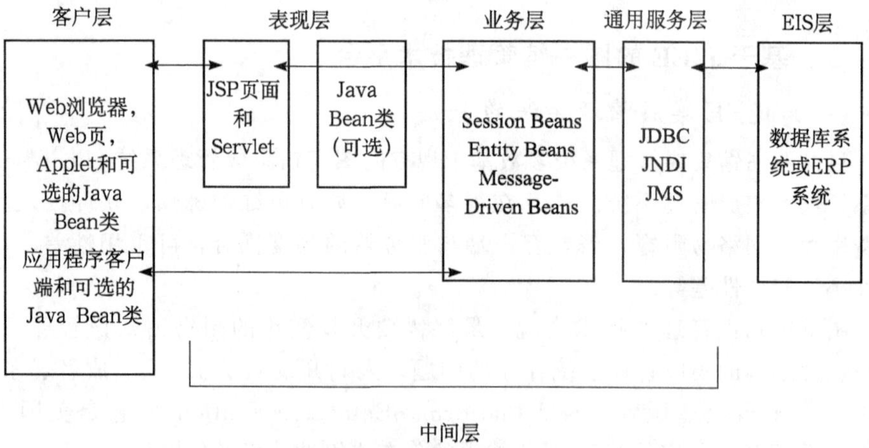

图 7-14　J2EE 层次模型图

1. 客户层

客户端负责用户与系统的交互，可以是基于 Web 的，用户的浏览器在客户层中运行（HTML，Applet），也可以是不基于 Web 的、运行独立的应用程序。

2. Web 层

Web 层由 JSP 页面和显示 HTML 页面的 Servlet 等组成。通过运行此层的 Web 组件来响应客户请求，调用相应的业务逻辑、EJB 查询等。

3. 业务层

业务层是 J2EE 体系结构中的核心层，也称 EJB（enterprise java bean）层。通过运行 EJB 组件来实现信息系统的业务逻辑功能。EJB 从客户端接收数据进行处理，再将数据送到信息系统层存储。EJB 也可以从信息系统层检索获取数据，处理后返回客户端。

4. 企业信息系统层

在企业信息系统层中运行的信息系统软件，包括基础系统、数据库系统、事务处理系统、其他遗留信息系统等。

（四）图书馆应用 J2EE 技术的优势

1. 集成性和可扩展性

J2EE 是由 Sun 引导、众多厂商共同发起、得到广泛认可的一系列工业规范，而非 Sun 产品。国际商业机器公司（IBM）、甲骨文公司（Oracle）、应用基础结构软件公司（BEA）等许多大公司，均已参加开发 J2EE 兼容技术。支持 J2EE 的应用服务器已有 IBM Web Sphere Application Server、Oracle Application Server 等数十个。J2EE 的集成性和可扩展性主要体现在能达到一定程度的互操作性，这不仅表现在支持异构环境，包括各类操作系统、机器平台、各种软件语言或开发工具生成的各种功能，还表现在对遗留系统和应用的集成能力。而且 J2EE 作为互联网的底层基础构架服务于互联网，其设计的首要目的是支持互联网应用，被采用最多的 Web 服务器软件大多基于 J2EE。

图书馆现在一般均已使用图书馆管理系统及其他数据库系统和信息服务系统，因此必须考虑到知识管理信息门户在技术上与现有各类遗留系统的兼容性，以及新系统、新应用、新的 Web 服务等的集成性和可扩展性。这些已经使用的系统均可在 J2EE 开放性的构架平台上兼容，所以构建图书馆知识管理所需的技术平台选择 J2EE 比较理想。

2. 成熟性和重用性

J2EE 早在 1999 年就形成了成熟的架构，目前已有多年应用的经验积累。J2EE 组件的技术特性实现了软件重用技术，可以实现“一次编写，多次运行”，既可将同一个组件提供给不同的应用，也可将一个组件和其他组件集成为复杂组件加以应用。图书馆要面向不同的应用群体，如图书检索功能需要针对用户和工作人员显示不同的检索界面和结果界面。应用 EJB 组件重用技术，就可使用同一个检索组件。

3. 效率性和灵活性

在 J2EE 体系结构中，EJB 组件分离了业务逻辑和表示逻辑代码，也把应用程序逻辑和系统服务分开，使开发人员的工作简化，只专注于实现业务逻辑，由容器自动实现与信息系统层数据的连接，开发效率大大提高了。而作为“瘦客户端”，易于升级维护，几乎没有客户端的维护成本，只需改动业务组件，客户端显示就会自动随之改变。灵活性表现在客户端显示的灵活多样性。图书馆既可使用浏览器为外部用户提供联机公共检索（书目查询）系统（OPAC）的 Web 检索，也可使用客户端应用程序为内部工作人员提供更深层的检索。灵活性也表现在组件的可移植和重新部署上，图书馆的业务流程可以在其他图书馆的系统软件中进行移植和重新组合。

4. 安全性

J2EE 体系结构中，业务逻辑和表示逻辑分离，可在 EJB 组件与 Web 组件间设置防火墙。EJB 技术允许在每个 EJB 组件上实施安全策略。J2EE 的安全服务接口，还可采用身份认证和资源授权访问模式来保证安全。图书馆可以通过设置用户权限，设置组件功能访问权限，增设防火墙等多种方法来提高安全性。

（五）图书馆知识管理系统的技术平台

（1）信息系统层。信息系统层包括数据库和知识库。数据库主要用来保存图书馆所有业务活动需要使用的数据和业务活动的结果，是图书馆正常运行的核心。知识库保存了知识管理系统建模的结果及建模过程中的日志文件信息。数据库和知识库通过中间件关联起来，利用数据仓库技术、数据挖掘技术、专家系统从数据库中抽取、提炼知识。信息系统层接收从应用层来的操作请求，完成相应指令并返回操作结果。

（2）应用层。应用层又称中间核心层，包括业务层和 Web 表示层，它是整个系统的核心。它一方面负责与客户层进行交互通信，另一方面还要进行对信息系统层的操作，并把结果返回给客户层。用户间的协同、多项目组的管理等功能，都由应用层完成。应用层具备区分数据和知识的功能，可以把数据保存到信息系统层的数据库，把知识保存到信息系统层的知识库。

（3）客户层。客户层可以是一个标准的 Web 浏览器，也可以是协同工具。它的需求既可以通过浏览器向应用层发出链接请求，也可以通过协同工具向应用层发出指令或客户层进行内部知识交流。

图书馆知识管理系统的技术平台，如图 7-15 所示。

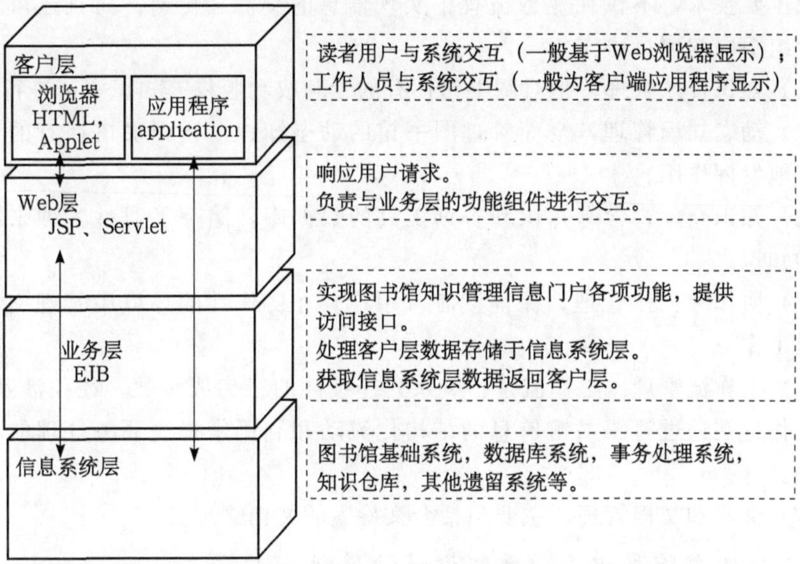

图 7-15　基于 J2EE 图书馆知识管理技术平台体系结构

第四节　图书馆知识管理的系统平台

构建图书馆知识管理系统是图书馆知识管理的前提和基础，它的基本工作内容是建立一种系统架构，提供一种智能交互的环境，供人们有效使用的知识空间和交流平台。正如 Reamy 所说，知识不是我们典型意义上存储来的东西，相反，我们存储信息是让人们将它转化为知识。这意味着知识管理系统构建不仅关注存储系统的结构，还要关注其中嵌入的、让人们在信息系统中相互影响的、将信息转化为知识的知识管理过程（程鹏，2010）。但是，要切实达到良好的效果，就必须根据具体情况，认真研究、设计、建设起从知识源头到知识扩散和知识物化全过程的、完整的、有序的、友好的知识构架体系，否则，知识管理就无从谈起。

一、图书馆知识管理系统的构成

（一）图书馆知识管理系统的构成内容

图书馆知识管理系统是一个整合的、具有多种功能的、根据图书馆的业务性质和知识特点所开发的信息系统，通常是由下面既相互联系又相互影响的七个部分共同组成。

（1）内部网，即建立在因特网技术上的内部网络。通过利用一般的因特网工具或主要技术，不仅在业务流程中实现信息的交流、传递，而且还可大大促进整个组织内的项目协作。

（2）知识资产管理，指对图书馆拥有的专利权和版权等知识资产进行管理。

（3）动态知识管理，全面管理图书馆的动态知识，让图书馆拥有的知识能够更好地发挥作用。

（4）知识仓库，含有知识和查询工具的数据库，储存了通过各种来源积累起来的知识。

（5）协作和工作管理，保证读者（用户）在协作性的环境中管理文档、处理关键工作。

（6）工作流管理。工作流是指一系列连续性的行为或步骤，往往涉及多人。这项工作旨在通过对图书馆信息的结构化流动和利用来提高业务处理的相关性和效率。

（7）文本和文档管理，主要包括全文检索的文档管理。

（二）图书馆知识管理系统设计的原则

图书馆知识管理系统的设计不仅要力求以简单的理念充分体现知识管理思想，支持图书馆各项业务，而且在具体内容上应具有统一的知识分类规则、可定制的个性化界面、方便快捷的工作进入方式和虚拟的协同工作平台等。具体应体现以下三方面知识管理原则（王建雄和毛赣鸣，2007）。

（1）便于知识积累、交流、共享。知识积累是实施知识管理的基础，知识共享才能使知识创造价值，知识交流是使知识体现其价值的关键环节。

（2）便于知识在使用中的管理。知识管理不仅体现在对已形成知识进行管理，更多的是体现在知识产生以及知识创新过程中的管理。

（3）便于全方位的知识管理。知识管理不仅使图书馆内部的信息和知识快速地流动起来，还要使图书馆与外部知识环境互动起来；不仅使图书馆内部员工的知识得到管理，还要使读者（用户）的知识得到管理。

（三）构建图书馆知识管理系统应注意的问题

图书馆知识管理系统不仅是一个复杂的、多元化、多层次、多功能的综合系统，而且随着社会、经济和技术的发展处于不断发展之中。因此，构建图书馆知识管理系统必须做到以下五方面。

1. 知识管理系统建设要注意与现有信息系统的集成

因为知识管理系统与信息系统通常运行在同一网络基础设施上，后者是前者重要的数据来源，前者是后者功能的进一步延伸和拓展。新一代的信息系统正朝着解决半结构化、非结构化问题的方向发展。现有的信息系统支撑着图书馆的业务流程，知识管理系统只有与其紧密结合，在整合图书馆工作流程与知识流程的基础上发展知识管理系统。

2. 知识管理系统应该具有能动性

知识管理是一种以发挥人的创造性为中心的管理，图书馆知识管理不仅仅是对知识信息的收集、存储、整理与传递进行机械性的管理，而是把握知识间的相互联系，逻辑性地创造出新的知识去满足社会发展的需要。因此，知识管理系统要克服共享知识的障碍，促进组织用一种能动的、创新的精神来实施知识管理。

3. 知识管理系统应该具有可扩展性

新的知识在不断产生，新员工的加入也会带来图书馆组织知识地图的变化，因此，知识管理系统在设计阶段就应注意为将来的扩展预留空间。

4. 知识管理系统应该具有易用性

图书馆知识管理既重视对图书馆显性知识的管理，更重视隐性知识的转化与发挥，管理系统的建构应使人们能用熟悉的工具进行各种知识活动，特别是读者知识管理平台，不能让读者花费过多的时间来学习如何使用知识平台，而应当充分体现易用性原则，使读者能很顺利地使用知识管理平台，从而实现真正意义上的知识共享。

5. 促进知识共享的同时也要注意对知识的保护

知识共享不是绝对的，对于某些构成图书馆核心竞争力的知识资产应该严格控制。因此，知识管理系统需要相应的安全机制，如设置专有知识的访问权限。

二、图书馆知识管理的系统架构

图书馆知识管理系统主要由信息（知识）门户、知识管理系统平台、知识库三部分组成，它在图书馆的应用可以通过构建一个实体的图书馆知识管理框架模型来直观显现，这个模型包括知识结构图、知识利用图、知识传递图及知识发布图等。图书馆知识管理模型能促进知识和知识、知识与人、知识与过程的集成，最终达到对知识进行管理的目的。具体有以下四种框架。（石向实和刘晨，2006）

（一）一级架构

图书馆知识管理是图书馆以工作人员和读者为主体，以知识信息为对象，以实现知识的价值和创新知识为目标，以知识增值和读者需要为中心的管理。因此，以图书馆读者用户和图书馆业务流程为基点，从用户和公务两个入口切入构成图书馆知识管理的一级架构。此一级架构对应系统技术平台的客户层，客户层负责用户与系统的交互，既包括读者用户与系统的交互，也包括工作人员与系统的交互。

（二）二级架构

在一级架构之下，用户入口由信息检索和交互式服务两类构成二级架构。

公务入口则由业务流程和管理流程两类构成二级架构。此级架构对应系统技术平台的中间核心层，将Web层与业务逻辑层合并，形成多层体系结构，以实现图书馆知识管理的核心功能。其中Web层响应图书馆用户请求，负责与业务层的功能组件进行交互。而业务逻辑层提供访问接口，处理客户层数据，与信息系统层进行信息交互，实现图书馆知识管理信息门户的各项功能。二级架构的信息检索类下含有信息资源检索和用户信息检索，交互式服务类下含有参考咨询、用户教育、网上出版和论坛。二级架构的业务流程类下含有信息资源管理和用户服务管理，管理流程类下含有人力资源、办公事务和知识交互。这些架构之下又视具体需求分为多层级。

从用户入口和公务入口深入进去，在各层级架构中均包含显性知识和隐性知识，并且相互交互，相互转换。例如，信息资源的管理和检索等，是显性知识的交流。而用户教育、用户服务管理、工作人员项目协作、知识发现、人的交互互动等是隐性知识的交流。

（三）底层架构

底层架构分知识库和源数据库两层。知识库包含信息资源数据库、用户数据库、知识仓库和事务处理数据库。底层架构对应于系统技术平台的信息系统层。在此层中运行图书馆信息系统软件，包括图书馆基础系统、数据库系统、事务处理系统、其他遗留信息系统等，实现各类数据流的接收、存储、处理和发送。

（四）总体架构

客户层由用户（读者）和公务两种层次类型组成。针对用户（读者）的信息检索、交互式服务，分别展开为信息资源检索、用户信息检索、参考咨询、用户教育、网上出版、论坛。层级展开至文献传递、馆际互借、个性化定制、远程学习、信息素养培训、论文提交、网络出版。

针对公务层次的业务流程、管理流程，分别展开为信息资源管理、用户服务管理、人力资源、办公事务、知识交互。层级展开至信息资源采集、信息资源加工、信息资源发布；用户管理、用户培训、咨询服务；人事档案库、业务档案库、技能与业绩评价库、职业生涯开发与管理；文档管理、综合业务、绩效考核管理、公文管理、公用信息；项目协作、知识发现、自我培训、实时交互。再次第展开实体资源、网络资源；传统MARC、元数据标引；分布式检索、异构统一检索、全文传递、内容发布；网络导航、虚拟咨询、个性化服务；馆员间互动、与用户互动。

信息系统层由信息资源数据库、用户数据库、知识仓库、事务处理数据库构成的知识库和各类源数据库组成。客户层、中间核心层和信息系统层集成了图书馆知识管理的整体架构，如图7-16所示。

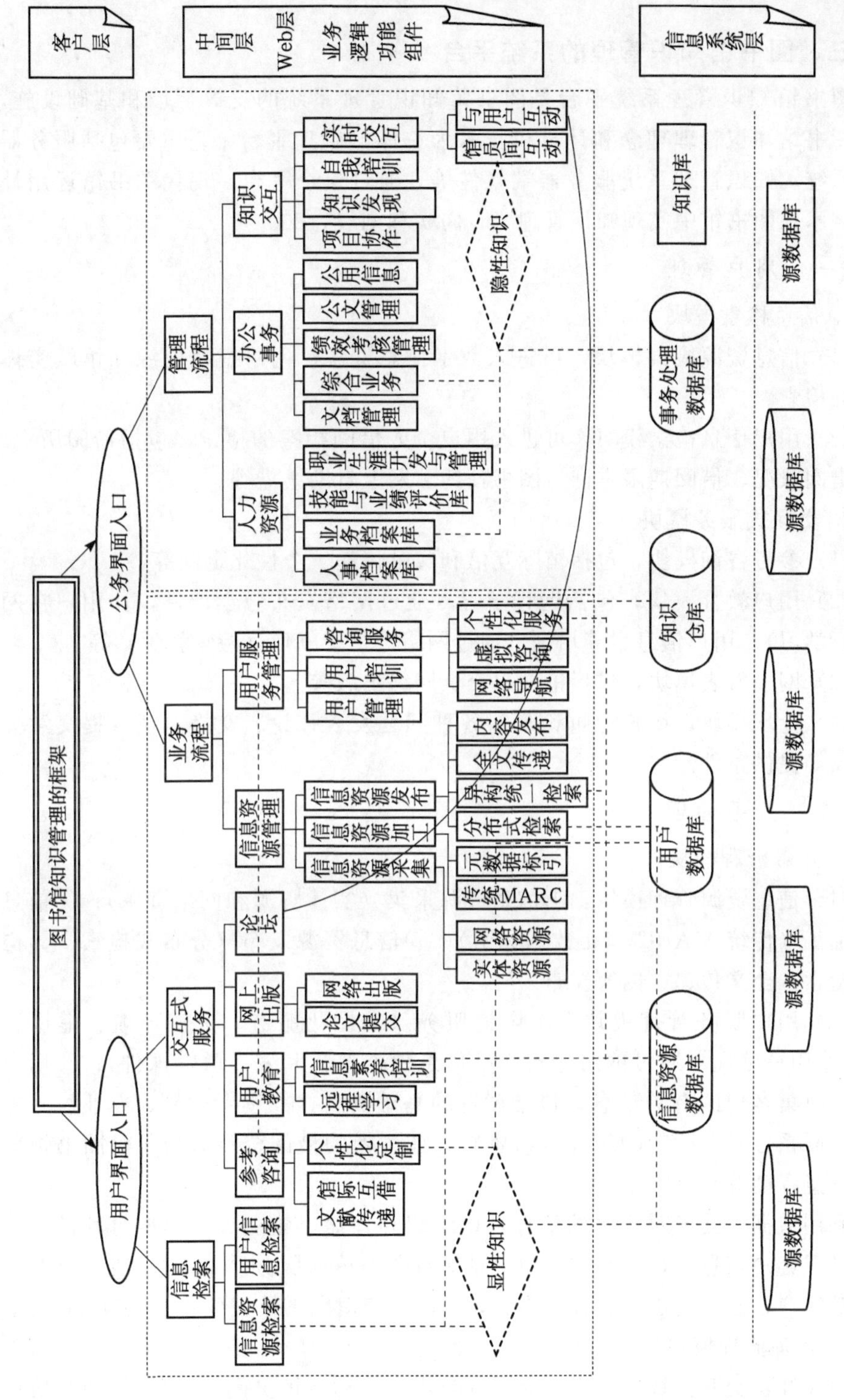

图7-16 图书馆知识管理系统体系框架模型

三、图书馆知识管理的系统平台

图书馆知识管理系统平台是图书馆知识管理系统的支撑环境和基础设施，是融图书馆知识管理理念和计算机技术为一体的管理平台，它主要包括服务器操作系统、知识管理系统服务器端软件等。通过这个平台，现代图书馆运用计算机技术在图书馆中实现知识管理（石向实和刘晨，2006）。

（一）用户管理

1. 信息检索模块

（1）信息资源检索模块，可进入数字信息资源、网络虚拟资源和馆藏实体资源的检索。

（2）用户信息检索模块，可进入用户个人借阅档案的检索，包括借阅历史、当前借阅状况、借阅期限查询、图书预约、网上自助续借等。

2. 交互式服务模块

（1）参考咨询模块，包括馆际互借和文献传递、个性化定制等。

（2）用户教育模块，包括远程学习（通过网络发布教学课件，让用户在网上进行学习）、用户信息素养培训（通过网络进行文献信息检索教学）等。

（3）网上发表模块，包括论文提交、网络出版等。

（4）论坛模块，用户通过论坛对各种问题发表评论、交换看法、提交意见或建议等提供条件。

（二）业务管理

1. 业务流程模块

（1）信息资源管理模块：①信息资源采集（实体资源和网络资源）；②信息资源加工（传统 MARC 和元数据标引）；③信息资源发布（分布式检索、异构统一检索、全文传递、内容发布）等。

（2）用户服务管理模块：①咨询服务（个性化服务、资源导航、虚拟咨询）；②用户培训（通过网络进行文献信息检索教学和发布教学课件）；③用户管理（收集客户的有关信息，包括读者的基础资料，如读者类别、专业、兴趣爱好、联系方式；读者的统计分析资料，如读者的借阅资料分析、对图书馆服务的满意程度等）。

利用数据库技术对收集的信息加以组织和存储，建立数据模型对其进行分析，形成客户信息库，并利用客户信息库对图书馆的服务质量加以控制和监督，如跟踪客户，及时提出服务补救措施，提高用户对图书馆服务质量的满意度等。

2. 管理流程模块

（1）知识交互模块：①实时交互（与用户互动、馆员间互动）；②项目协作

（对与项目有关的人、任务、文档和资源实行集中管理。同时，所有合作者都能及时获得资讯和指导，了解项目进展情况，就项目进行高效协作）；③知识发现（馆员把自己的各种经验、技能、诀窍、秘籍、新知识、新发现提交，与合作伙伴进行交流）；④自我培训（在网上进行学习，获取知识，通过培训和自学将显性化的知识转化为个人的智力资本）等。

（2）人力资源模块：①人事档案库（馆内人力资源的基本信息，人力资源的能力、兴趣、性格及价值观等方面的评价信息，人力资源绩效评价信息，比如采访人员的采访质量、流通阅览人员的工作量及质量、咨询人员的服务质量和技术开发人员的工作业绩统计及分析）；②业务档案库（各业务部门的基本资料，包括各业务部门的人力资源配置、工作目标、工作进展及计划指标完成情况等）；③各岗位及职位所需技能与业绩评价方法库（对各岗位及职位制订相应的业务要求及考核办法）；④各层次员工的职业生涯开发与管理资料库（根据馆员的自身情况和图书馆工作的实际需要，为不同馆员制订不同的职业生涯规划；重新设计各工作岗位职责；为馆员提供各种培训，为馆员提供双重职业发展途径，即优秀馆员可以晋升管理岗位的职务，亦可获得专业领域的职称晋升）等。

（3）办公事务模块：①文档管理（资料文件、法律法规、规章制度）；②综合业务（业务统计、请示报告、会议管理）；③绩效考核管理（实际工作绩效、知识共享）；④公文管理（收文、发文）；⑤公用信息（公告牌、通讯录、日常信息、办事指南）等。

（三）知识的流动和转化

知识的流动和转化是图书馆知识管理的基础和起点。基于J2EE技术架构的图书馆知识管理系统平台，整合了多个协作工具的最佳特性，使同一功能组件能够在不同界面显示为相对应的各个功能模块。从“用户界面”和“公务界面”两个入口分别进入的是一个统一的图书馆知识管理信息平台，通过这个统一的、简洁的、具有创新性的界面入口进入，最终将图书馆的全部显性知识和隐性知识在一个网络的大环境下形成循环转化的知识流，从而有效实现知识的流动和转化。

1. 显性知识的流动和转化

读者用户能够通过用户入口进行信息资源检索后获取显性知识，也可以通过远程学习、信息素养培训等显性知识的学习，经过内化后转化为个人的隐性知识，再经个人过滤提升后，转化为显性知识，可经网上发表、论坛等途径发布，实现与他人共享。馆员用户既能从“用户界面”中获得显性知识，也能从本身的“公务界面”中进入业务流程全面学习图书馆信息资源管理的专业知识，从“用户服务管理”的用户培训学习各项信息素养，同时还能从“管理流程”中的办公事务、人力资源、知识交互、自我培训学习各类显性知识，并通过网络互动完成从显性知识到隐性知识，再从隐性知识到显性知识的不断循环。

2. 隐性知识的流动和转化

隐性知识的流动与转化是图书馆知识管理的关键。这种流动包括隐性知识在图书馆馆员个体之间的单向和相互流动、馆员个体和部门群体之间的单向和相互流动、部门群体和部门群体之间的单向和相互流动、图书馆和其他图书馆之间的单向和相互流动。这几类流动均可通过图书馆知识管理信息门户平台，经过各种知识要素的相互作用和有效整合，实现四种形式的转化。

（1）馆员个体之间隐性知识的流动和转化。图书馆馆员个体之间隐性知识的流动和转化是图书馆知识管理的基础。这种流动一种是从隐性知识到隐性知识，即馆员个体之间通过社会化方式交流难以显性化的经验、技能、诀窍等隐性知识。如某个馆员通过在业务流程中观察、体会、模仿和反复实践，逐渐领悟和掌握了另一馆员的隐性知识，并转化为自己的隐性知识。另一种是从隐性知识到显性知识，即对可以显性化的隐性知识经过挖掘、整理和总结使之成为显性知识，在馆员个体之间进行交流和转化。如某个馆员把自己的知识、经验和诀窍等整理和总结出来，以办公事务中的公用信息，或知识交互中项目协作、知识发现、实时交互等途径传授给另一馆员，并转化为另一馆员的显性知识。

（2）馆员个体和部门群体之间隐性知识的流动和转化。馆员个体与部门群体之间的隐性知识流动和转化是双向的。一种是馆员个体的隐性知识向部门群体知识的流动和转化。它是将馆员个体拥有的难以显性化的隐性知识，通过社会化方式交流，转化为部门群体的隐性知识。例如，图书馆某个部门的业务骨干直接在知识发现中演示、指导，让全部门的馆员领会、感悟自己的工作经验和诀窍，使之成为整个部门群体的隐性知识；也可以是部门的业务骨干将可以显性化的隐性知识经过整理和总结，在业务工作中交流并转化为部门的显性知识。另一种是部门群体的隐性知识向相关的馆员个体知识的流动和转化。对难以显性化的部门群体拥有的隐性知识，如群体所掌握的隐性经验和技能，群体成员的默契和协作能力，可以通过部门群体的影响和馆员个体的领会、感悟，通过馆员间互动转化为个体的隐性知识，而可以显性化的隐性知识可尽量编码化，使之成为部门的工作条例和规范，归入文档管理中，从而转化为馆员个体的显性知识。

（3）部门群体和部门群体之间隐性知识的流动和转化。图书馆相关的部门群体之间的隐性知识也存在着流动和转化。一种是对难以显性化的部门群体拥有的隐性知识，可通过各个部门的合作及协作来影响对方，这能够使一个部门的工作经验和诀窍，以及默契和协作能力被另一个部门领悟和学习，各部门之间通过业务协作相互交流和切磋，可以使对方的隐性知识转化成自己部门的隐性知识。另一种是各个部门群体对自己可以显性化的隐性知识加以整理和总结，形成公用信息在各个部门群体之间进行交流，转化为另一个部门群体的显性知识。

（4）不同图书馆之间隐性知识的流动和转化。各个图书馆拥有各自的隐性知识，它们之间的隐性知识通过参观考察也相互流动和转化。一种是对各个图书馆的难以显性化的隐性知识，可以通过各个图书馆的合作及协作来影响对方，或各图书馆之间以知识门户为平台进行相互交流和切磋，使其工作经验和诀窍以及默契和协作能力被自己馆领悟和学习，从而转化成自己馆的隐性知识。另一种是各个图书馆对自己馆可以显性化的隐性知识经过挖掘、整理和概括总结，形成业务规范、工作规则和管理制度，通过各自的图书馆知识管理信息门户在各个图书馆之间进行交流，而转化为其他馆的显性知识。

图书馆要实现隐性知识的有效管理，必须做到如下四点。①选用愿意贡献自己知识的馆员，并采用一定的激励机制鼓励知识共享。②建立一套对隐性知识进行量化的方法，以便于隐性知识的交流。可以对馆员获得知识的过程，馆员提出的合理化建议，馆员所做的工作过程的改进，技能，提供服务对象的信息反馈和工作成果进行量化。③充分利用图书馆知识管理系统平台的特点，为馆员之间的知识交流提供广泛的选择和组合。④帮助馆员利用系统平台进行交互，实现交流的个性化，使团队成员和各部门能够在虚拟工作环境中合作，并将每一个知识交流的过程记录到技能与业绩评价方法库，使其他馆员能共享该过程。

第八章

数字图书馆知识管理

数字图书馆是伴随着网络的迅速发展而产生的，它体现了数字化社会对信息共享和信息开放的根本要求，是社会信息化发展的必然产物。20世纪末以来，世界各国的数字图书馆建设都有了较大的发展，许多已经投入了实际的应用。图书馆知识管理的基本内容在数字图书馆中均可应用和实现，但作为以数字信息和知识为管理对象的崭新形态的图书馆，它实施知识管理的重点和方法与普通图书馆有较大的不同。

第一节　数字图书馆的产生与发展

一、数字图书馆的产生因素

（一）全球信息化的发展

在现代社会，信息资源已成为重要的战略资源。20世纪90年代，由美国掀起进而波及世界许多国家和地区的国家信息基础设施（national information infrastructure，信息高速公路）建设的热潮，即新一轮的信息化浪潮。这是图书馆所处外部信息环境发生变化的重要原因，也是数字图书馆产生和发展的重要推动因素。因为信息基础设施建设把图书馆文献信息资源放在显著的位置，数字图书馆示范项目已被列入“全球信息基础设施”（GII）建设规划中，各国和各个地区也都相应地重视建设适合本国或本地区的信息高速公路需要的数字图书馆。数字图书馆是评价一个国家信息基础水平的重要标志。

（二）互联网的迅速普及

Internet计算机网络的迅速推广与普及为数字图书馆雏形的出现提供了现实的网络环境和丰富的电子信息资源。Internet以其灵活的入网方式、丰富的信息资源、种类繁多的信息服务方式和广阔的发展前景吸引了众多的用户。数字图书馆实际上就是伴随着网络的迅速发展而产生的，它体现了数字化社会对信息共享和信息开放的根本要求，Internet是一座巨大的信息资源宝库，是“世界最大的数字图书馆”。因特网的推广和普及为数字图书馆提供了现实的网络环境，电子信息资源的激增，像联机数据库、电子图书、电子期刊、电子报纸以及各大门户网站的信息都是构成Internet上信息资源的重要组成部分，是数字图书馆的重要物质基础。

（三）图书馆的自我变革动力

由于图书馆所赖以存在的信息环境的变化，传统图书馆长期“重藏轻用”，提供的信息服务手段落后、形式单一，远远不能满足用户和社会需求。同时，在现代信息环境中，图书馆已不再是最大的、唯一的信息来源，谁最先掌握了技术和资源库，谁就掌握了先机。数字信息资源的网上交流具有先天的优势，它拥有一个非常庞大的潜在受众群体。因此，图书馆只有不断进行自我变革才能适应社会的发展。数字图书馆建设将使人类社会信息资源的共享达到一定的高度，为文化和知识传播打开一扇新的大门。

二、国内外数字图书馆的发展

（一）国外数字图书馆的发展

1. 美国

美国对数字图书馆建设最为重视，起步最早，取得的成果也最多。早在1982年美国国会图书馆就开始了光盘试验项目。1994年9月，美国国家科学基金会（NSF）、航空航天局（NASA）和国防部高级研究署（ARPA）联合公布了《数字图书馆倡议》，领导、组织和资助美国数字图书馆建设，并于1994年9月决定投资2440万美元进行为期4年的“数字图书馆创始计划”，美国数字图书馆创始计划第一期工程（DLI—1），主要研制发展数字图书馆的最新技术，即解决从因特网的信息中有效检索所需信息时遇到的技术难题。研究重点主要集中在三个方面。①发展数字信息收集、存储和组织的技术和手段。②研制通过因特网进行信息检索的技术。③优化数字信息处理过程的用户界面。该项目采用分工合作的研究方式，分别在斯坦福大学（集成数字图书馆系统）、卡内基·梅隆大学（综合信息媒体数字图书馆）、伊利诺伊大学（工程和科学数字图书馆）、密歇根大学（多媒体数字图书馆）、加利福尼亚大学伯克利分校（环境科学数字图书馆）和圣·巴巴拉分校（亚历山大数字图书馆）六所大学进行数字图书馆的分项研究，每一个分项都将作为数字图书馆理论研究和建立模型的基地。美国数字图书馆创始计划第二期工程（DLI—2）的目标是要促进全球分布式网络信息资源的开发和利用，重视研究成果向应用的转化，在美国乃至世界数字图书馆的基础研究中起到主导作用。国家科学基金会还启动了国际项目，在国际范围内支持合作研究。DLI—2的研究项目分为三个方面。①以人为中心的研究。目的是探索新的方法、算法和软件，以拓宽数字化信息资源的应用领域，为人们利用和创造信息提供新的方法。重点是要研究抽象概括技术、智能代理机制、先进的人机界面和便于用户检索、浏览分布式网络信息资源的技术和工具。②以内容和收藏为基础的研究。以数字图书馆收藏并提供利用的各种知识作为研究对象，重点是研究新型的数字化信息资源，格式上包括图像、音频、视频和文本等形式，内容上涉及科学、人文、艺术等广泛领域。重点是研究数字化信息的存储、展示和保护方法；探讨高效的元数据系统；拓宽教学资料和课件的获取渠道；解决与数字图书馆相关的诸如版权、隐私和知识产权等法律和社会方面的问题。③以系统为中心的研究。研究在网络环境下建立大规模分布式数字化收藏时所涉及的工程、软件、分类等方面的问题，重点是开发各种技术和系统，使之能够适应具有动态性、灵活性的信息环境的需要，适应个人、组织和机构各个层次的需要，适应不断发展变化的数据资源的需要。

1994年国会图书馆获1300万美元资助用于将其全部馆藏数字化，目的是使国会图书馆成为信息高速公路上重要的信息源。1995年实施的“美国记忆”项目（American memory project，1989～1995）把反映美国历史、文化和立法方面的照片、文字手稿、音乐、电影、图书、图片、乐谱等资料转成电子格式，供网上检索，至今已有21万件资料实现了数字化转换。该图书馆将建设成为一个国家数字图书馆，把全国所有的公共图书馆、研究图书馆所收藏的各种载体形式的文献资料全部转换成数字信息，通过网络传输，使任何一位读者都能够存取和利用。

美国的一些大公司对数字化图书馆的建设也非常积极，如IBM 1995年发起“IBM digital library”的提议，旨在利用自己先进的计算机技术和网络技术，帮助各种形式的信息拥有者，通过对信息的处理、转换和传递，使这些信息不再孤立在各个图书馆中，而是在全球网络上传播，从而体现出信息的最大价值。美国其他的一些机构也进行了数字图书馆的建设，例如由美国化学会、贝尔通讯研究所和英国伦敦大学学院共同合作建立一个能提供化学文献信息网络检索的数字图书馆。

2. 日本

1985年，日本邮政省首先提出了电子图书馆的构想，计划在东京和大阪之间建立电子图书馆中心。同年11月，日本40家主要新闻机构和出版社发起成立“电子图书馆研究会”。日本通产省信息技术促进会与日本国立国会图书馆合作，计划将日本国会图书馆建设成一个通过网络提供数字化信息的新型图书馆。1990年，日本国会图书馆开始启动“关西图书馆计划”，由国家投资4亿美元，其目标是成为日本最大的数字图书馆和亚洲地区的电子文献信息中心。日本数字图书馆的研究和开发主要集中在三个方面。①馆藏资源的数字化技术。日本学术情报中心、日本国会图书馆和全国科学信息中心联合研究试验性电子图书馆、儿童电子图书馆、亚洲信息供应系统、日本国会图书馆关西新馆工程和日本小规模试验型数字图书馆等项目，并于1996年完成了1000万页文献数字化，含7000多幅超高清晰度的国宝级图片扫描影像。②信息系统技术。信息技术促进局、日本信息技术开发中心和各著名计算机公司联合研究网络环境下信息与文献检索系统、电子图书馆数据库系统，使用宽带综合业务数字网远程传输，提供多种查询技术。③日本空间协作系统计划。该计划由奈良尖端科学技术大学、京都大学、筑波大学、东京技术大学和图书馆情报科学大学研究，实现了日本116所大学的139个站点间的视听资源共享，取得了明显效果。

3. 英国

1993年不列颠图书馆宣布了通过数字和技术使用户最大限度地利用其收藏文献的“2000年政策目标”。同年6月，该馆发出了“信息利用倡议”(initiative for access)，包括了20多个子项目，主要目的在于研究图书资料数字化以及数据存储、标引、检索和传输的标准，从而推进数字图书馆的发展。英国的一些大学与IBM公司合作，通过构建一个电子图书馆的原型，使本校师生能通过校园网利用有关学习参考资料。此外，牛津大学、伦敦大学也推出了类似的项目。英国图书馆资助的数字图书馆研究计划联合了英国最大的三家数字图书馆研究机构或组织—电子图书馆计划组织（ELIB)、图书馆和情报协会(LIC）及联合情报系统协会（JISC)，研究的范围涉及数字图书馆的技术、人文、经济、法律等方面，其目标是为英国教育科研界提供一个经济的、内容全面的、易于获取的、高性能的信息网络系统。

4. 加拿大

1997年秋，加拿大国家图书馆在先期调研基础上，联合50多家图书馆，成立了加拿大数字图书馆联盟，开始实施加拿大数字图书馆预先研究项目。该项目的具体目标如下：进行数字图书馆项目的交流与宣传；评价数字图书馆项目，推荐典型案例；发布有关数字图书馆标准；探索最好的方法进行机构间的协调；避免资源数字化的重复劳动；促进数字图书馆资源内容国际化；在当前版权法的框架内考虑知识产权问题；协调和沟通从信息创造到信息存档整个生命周期中各个环节的参与者之间的联系。

5. 德国

1996年8月，德国联邦内阁会议正式通过了“德国1996～2000年信息技术发展计划”，中心内容是建立全球性电子图书馆和开展电子出版业服务，其目的是应用先进信息技术为全球电子图书馆服务。迄今为止政府已为该计划投资19亿马克。自1995年10月起，欧洲图书馆联盟会员国包括德国、英国、法国、波兰、芬兰等国家图书馆共同合作实验的全球网络数字图书馆信息服务，已在因特网上开通使用，用户可以通过网络检索数据库中所存储的资料。

6. G8全球数字图书馆联盟

1995年美、英、法、日、德、加、意等西方七国国家图书馆在法国成立G7全球数字图书馆联盟，决定建立合作，进行馆际互连，创造信息交换的机会，引导信息社会的进一步发展；同时希望和鼓励世界范围内的公共图书馆参加。后来俄罗斯加入，成员国增至八个。1990年，G8全球数字图书馆联盟开始实施“G8信息社会小型实验计划”（G8 information society pilot project)，该计划参与国的国家图书馆签署了一份长期合作的协议，要求参加本计划的组织共享经验，为创建数字图书馆而在国际层面协调各国的数字化政策，为数字图书馆首期计划组织资源，进行数字化，参与电子图书馆的数字资源和网络化工作，并促进公共组织、私人企业与国际组织之间的合作。该项目基本目标是“建立促进数字图书馆建设的国际合作平台”，并创建一个开放的环境，以便吸引其他国家参加。

（二）国内数字图书馆的发展

1. 中国数字图书馆工程

中国数字图书馆工程是跨地区、跨部门、跨行业的宏大系统工程，该工程的总体目标是在宽带网上形成超大规模的、高质量的中文信息资源库群，支持国家整体创新体系的形成与发展。资源库建设是数字图书馆建设的核心；其出发点是大文化的角度，涵盖整个文化建设。该工程将完成中华文化史资源库、中华人民共和国国史资源库、中国共产党历史资源库、中国发明创造资源库、中国法制资源库、中国国情资源库、中国教育资源库、中国民族文化资源库、中国名人资源库、中国旅游资源库、中国艺术资源库、中国经济信息资源库、中国软件资源库、科技资源库以及面向青少年的一个百科全书式的知识宝库资源库的建设。在技术实现途径上采用与国际同类主流技术有接轨前景的方案，如标准通用置标语言、统一资源名称、公共对象请求代理结构等，严格遵守电子信息处理与电子信息交换的相关国际标准及工业标准，统一的总体框架与灵活的子项目实施相结合，采用适用于网络环境的分布式面向对象的软件技术，立足国内自行开发与引进国外先进成熟技术相结合。同时提供全面、灵活的网络连接方式，为用户提供对各种资源库的快速查询与检索；开发智能化中文用户界面和廉价的用户接入设备，普及网络的使用，用户可以方便地获取网上的资源，使信息资源得以最大限度地利用。

2. 国家科技数字图书馆

2000 年 6 月，依据国务院的批复，经科技部、财政部、经济贸易委员会、农业部、卫生部和中国科学院等有关部委协调，成立了由中国科学院图书馆、工程技术图书馆、中国农业科学院图书馆、中国医学科学院图书馆组成的“国家科技图书文献中心”（NSTL）。其宗旨：根据国家科技发展需要，按照“统一采购、规范加工、联合上网、资源共享”的原则，采集、收藏和开发理、工、农、医各学科领域的科技文献资源，面向全国开展服务；促进科技文献的深度加工、优质服务、快速传播和有效利用，实现科技文献的共建共享；推进我国科技文献的基础建设和数字化图书馆事业的发展，为促进政府科学决策、科学技术研究、技术创新、人才培养，参与国际竞争提供支撑保障。中心建设的“国家科技文献资源网络服务系统”，是一个共建共享的网络化信息服务系统，它按照分布加工数据、集中建库、集中检索、分布服务的原则，通过互联网向广大用户提供信息服务。NSTL 已在网站上开通了外文科技期刊、会议论文、科技图书和中文会议论文、学位论文等数据库，以文摘方式报道近万种外文期刊及其他类型文献。全世界的网络用户可免费检索该网站上的数据库，网站上报道的二次文献条目，中心的成员单位均收藏有全文，注册用户可随时向系统提出索取全文请求。

3. 中国高等教育文献保障体系

中国高等教育文献保障体系（CALIS ）是我国高等教育发展的基础设施，1998 年 11 月正式启动，其建设的总体目标是建成一个具有中国特色的现代化的文献信息服务系统。它以 CERNET 为依托，采取“整体规划、合理布局、相对集中、联合保障”的建设方针，初步建成中国高等教育文献保障体系的基本框架，以此推进我国高等教育资源的合理优化配置，实现信息资源共建、共知、共享，提高高等学校教育和科研的文献保障水平。CALIS 管理中心设在北京大学图书馆，目前已建成全国中心、地区中心和成员馆三级网络结构。参与 CALIS 建设的主体是“九五”期间国家正式立项建设的“211 工程”的高校，其他有条件的高校均可参与子项目的建设和共享 CALIS 的资源。CALIS 在国内首次实现了网络环境下实时的联机合作编目，建成了学科和文献类型最多的联合目录数据库，联合订购的国外数字化信息资源覆盖了所有学科，引进的数据库学术水平较高。另外，自建了高校学位论文库、重点学科专题库、特色数据库和导航库。

4. 中国试验型数字式图书馆计划

中国试验型数字式图书馆计划由文化部倡议，以国家图书馆、上海图书馆、南京图书馆、深圳图书馆、辽宁图书馆等主要公共图书馆为参与主体，模仿美国数字图书馆创始计划，侧重技术方案实现，兼顾资源数字化，建立一个在内容和技术上具有一定典型意义的数字图书馆原型，通过遍布全国的数字通讯网，依托即将建成的“金图工程”，向全国乃至全球提供网络服务，并为我国大规模建设数字图书馆工程提供样板。主要成果是在我国创建了一个分布式、可扩展、可互操作的、具有一定规模资源的试验型数字图书馆，达到国际同类水平，项目成果居于国内领先水平。主要设计开发了通用的套装数字图书馆系统，在国内率先建立了一套通用的数字内容资源加工系统，建立了跨地域、多馆合作的网络资源建设体系，建成了符合数字图书馆资源建设要求的、可互操作的、分布于全国 7 个省市的 30 个以上的数字资源库群，在因特网上实现了良好的运行。

5. 中国知识基础设施工程

中国知识基础设施工程（CNKI），1999 年 6 月正式启动，由清华同方光盘股份有限公司、中国学术期刊（光盘版）电子杂志社、清华大学光盘国家工程研究中心、清华同方光盘电子出版社、清华同方知识网络集团、清华同方教育技术研究院联合承担。CNKI是一项涉及面很广的系统工程，其主要内容包括知识信息资源数字化建设及挖掘、网络数据存储与知识网络传播体系、知识信息组织整合平台、知识仓库建库管理和发布系统、知识信息计量评价系统和数据库生产基地建设等方面。CNKI以中国学术期刊光盘版和中国期刊网最为著名，期刊网入网期刊陆续增至6000多种，已形成世界上最大的期刊文献数据库。CNKI采用在全国设立检索咨询站、网上包库、镜像站点等方式向用户提供服务，形成了完整的经营模式，建立了产业化的知识信息服务体系。

6. 万方数据资源系统

万方数据资源系统1997年8月在因特网上开始对外服务，目前分为科技信息子系统、商务信息子系统、数字化期刊子系统、中国优秀学位论文全文数据库、中国学术会议论文全文数据库、国家标准全文数据库、国外文献全文数据库等几个部分，面向不同用户群提供信息服务。受众广泛，包括广大科技工作者、高校师生、公共图书馆、科研机构、医院、厂矿、企业及政府管理部门。文献资源包括专业文献、会议文献、学位论文等共计98个数据库。其中数字化期刊子系统收集了国内重点核心期刊5200余种全部全文内容，中国优秀学位论文全文数据库收集我国各学位论文授户单位的48万册学位论文全文，中国学术会议论文全文数据库收集国内召开的学术会议近40万篇，并且收集了国外12000种期刊的全文以及400多万篇国外学术会议论文的全文，是中文数据库集大成者。目前在全国各省市建有上千个服务中心，直接用户达数千万人。它以技术平台的开发能力强、自建数据库多和独具特色的网络经营模式在我国信息服务行业中占据了重要地位。

7. 辽宁省图书馆与IBM合作的数字图书馆项目

辽宁省图书馆是全国公共图书馆中首家启动数字图书馆工程的图书馆，它采用IBM数字化图书馆解决方案，成为IBM数字图书馆软件方案在中国的首家商业用户。它把对古籍文献的数字处理、因特网信息发布、多媒体阅览室及VOD点播作为先期实现的重点功能。

三、数字图书馆发展的趋势

（一）数字图书馆信息服务以用户信息活动为基础

第一代数字图书馆是基于数字化资源，主要任务是在特定文献资源数字化的基础上建立数字信息资源系统，并作为独立系统嵌入传统图书馆系统或上层机构信息系统中，进行跨时空检索和传递特定数字化资源。第二代数字图书馆是基于集成信息服务，主要致力于支持分布的数字信息系统间的互操作，支持这些系统间无缝交换和共享信息资源与服务，由此形成信息服务机制。它不再以文献数字化和具体数字资源库建设为核心，而主要是面向分布和多样化数字信息资源，通过服务集成构造统一的信息服务系统，形成与传统图书馆不同的新系统形态和组织形态，这是目前数字图书馆研究、开发和应用试验的主要形态。第三代数字图书馆是以用户信息活动为基础，将围绕用户信息活动和用户信息系统来组织、集成、嵌入数字信息资源和信息服务，以更直接、更深入、更有效地支持用户检索、处理、利用信息来解决问题的全过程。这是数字图书馆今后的发展方向。

（二）数字图书馆数字信息存储实现全息化

数字图书馆涉及的是海量的多媒体信息资源，但随着数字图书馆建设的不断进展，资源数据量越来越大，存储空间将成为影响数字图书馆应用的主要因素。全息数字化技术的广泛应用以及新的压缩技术的出现，使数字化资源的所占空间大大降低，使存储设备的投入也大大减少，全息数据存储同时具有巨大的存储容量、高速的数据传输速率和短暂的访问响应时间等特点，使它能够满足提供网上服务的要求，全息数字化技术将成为21世纪数字图书馆的主流数字化技术。它所生成的数字化资源既保持了文献资源的信息完整，又增加了检索等功能，是未来数字图书馆资源的主要组成部分。

（三）数字图书馆数字资源高度集成和深度融合

目前的数字图书馆资源种类绝大多数仍然以传统的书籍报刊等印刷版资源数字化为主，将来会扩展到声像制品、多媒体等资源。这些资源不只是简单堆积到一起，而是进行了高度的集成和深度的融合。数字图书馆更具人性化，更加易用，读者输入一个检索词，可以将各种各样的资源全部检索出来。信息导航技术、全文检索技术、跨平台技术、智能检索代理技术以及推送技术的广泛应用都促使数字图书馆更加贴近用户，更加方便利用。

（四）数字图书馆技术应用进一步完善

数字图书馆的一个基本特征是传输网络化，这就要求数字图书馆不断完善数字化技术和具有高速信息传输通道，以便用户快速获取所需信息。数字图书馆建设涉及计算机、网络通信等多领域多技术的综合集成，如网络通信、多媒体信息处理、信息的压缩与解压缩、分布式信息处理、信息安全、数据仓库、基于内容的智能检索、超大规模数据计算、用户界面等多种技术。目前亟待解决的关键技术包括软件重用技术、多语言处理技术、自动识别技术、因特网人工智能技术。

（五）数字图书馆建设标准化和规范化

标准化和规范化是实现数字图书馆资源共享的前提和根本保障。数字图书馆建设管理的信息和知识包括文字、表格、图像、音频等多种媒体的数字化表达，组织极其复杂，同时各单位所使用的软硬件规格不一。如何将众多的力量协调组织起来，实现网络的互联互通、资源的共建共享，关键就在于标准化。有了标准化，才能把各单位开发出来的信息资源按统一的格式组织起来，既能和国际网络接轨，又能为各单位所共享，形成整体性信息资源；才能用统一的检索标准建立起分布式的存储和检索系统，使信息资源能为广大用户方便利用。

（六）数字图书馆研究与开发社会化和国际化

美国目前已有众多的科学、技术研究机构和多所著名大学组成合作小组，协同完成了数字化资源及数字图书馆技术的研究与开发，如美国国家图书馆联盟。此外，有些联盟还有著名的大公司加盟。1995年法国、日本、英国、德国、意大利、美国、加拿大七国的国家图书馆在法国成立了G7全球数字图书馆联盟，俄罗斯加入后又扩展为G8联盟，致力于数字图书馆的建设和发展工作。1997年环太平洋数字图书馆联盟成立，由太平洋地区的知名大学图书馆和国家图书馆共同实施（其中包括了我国的北京大学图书馆和中山大学图书馆），开展数字图书馆的合作研究计划，致力于合作开发多语种在线图书存取系统及多语种文档传输系统，形成大型分布式多语种数字图书馆。

四、数字图书馆的概念和特点

（一）数字图书馆的概念

数字图书馆是对有价值的文本、图像、语音、影像、软件和科学数据等多媒体信息进行收集，组织规范性的加工，进行高质量的保存和管理，实施知识增值，并提供在广域网上高速横向跨库连接的电子存取服务。它是一个电子化信息的仓库，能够存储大量各种形式的信息，用户可以通过网络方便地访问它，以获得这些信息，并且其信息存储和用户访问不受地域限制。

数字图书馆是传统图书馆在信息时代的发展，是将包括多媒体在内的各种信息的数字化、存储管理、查询和发布集成在一起，使这些信息得以在网络上传播，从而最大限度地利用这些信息。数字图书馆利用多媒体数据库技术、超媒体技术，针对数字化图书馆中各种媒体的特性，在图像检索、视频点播和文献资料等方面提出了一套有效可行的管理检索方案。它不但包含了传统图书馆的功能，向社会公众提供相应的服务，还融合了其他信息资源（如博物馆、档案馆等）的一些功能，提供综合的公共信息访问服务，成为未来社会的公共信息中心和枢纽，是网络环境下图书馆高级发展阶段的新形态。

数字图书馆是高技术的产物，信息技术的集成在数字图书馆的建设中扮演了非常重要的角色。主要涉及数字化技术、超大规模数据库技术、网络技术、多媒体信息处理技术、信息压缩与传送技术、分布式处理技术、安全保密技术、可靠性技术、数据仓库与联机分析处理技术、信息抽取技术、数据挖掘技术、基于内容的检索技术、自然语言理解技术等。因此，数字图书馆不是简单的互联网上的图书馆主页，而是一整套面向对象的、分布式的、与平台无关的数字化资源的集合。数字图书馆就是利用先进的信息技术，为用户提供集成化的信息服务和知识服务，满足用户信息需求的知识服务机构。

因此，数字图书馆是一种网络环境下的全新的图书馆形态，具有与传统图书馆完全不同的理念追求、运作方式和管理模式。

（二）数字图书馆的特点

（1）获取信息更加方便快捷。数字图书馆通过文献传递、网上咨询、信息导航等服务，使用户可以随时查阅和利用数字图书馆的资源，并且可以按照用户的需求，为用户在图像检索、视频点播和文献资料等方面提出一套可行的方案。数字图书馆还引入了交互功能，通过在线交流、点对点服务等方式，使读者不仅可以从数字图书馆中获得知识，还可以和其他读者交流和分享知识，反过来图书馆也可以充分了解读者的需求，优化数字图书馆的藏书结构，实现资源的优化配置。

（2）储存方式更加丰富。数字图书馆的储存介质不仅仅限于印刷体，还包括了光、声、文本、影视等多种媒体。它存储的载体有录音、光盘及各种数字化的装置，与过去传统的存储方式相比，数字资料更容易保存，保存的时间也更长，而且所占用的空间也更小。数字图书馆可以通过计算机网络把分布在一个地域或国家的众多图书馆或信息资源单位组成联合体，从而使资源共享成为可能。

（3）具有强大的信息发布、传播功能。数字图书馆可以通过网络随时发布和传播各种文献资料信息，对读者进行“引导”和“导航”，向读者提供多种语言兼容的多媒体远程数字信息服务。网络技术的最直接的效应就是资源共享和信息的瞬间发布，而数字图书馆凭借自身传播信息的功能而更加集优化，将资源共享和信息发布带给每一个读者，使读者在数字图书馆中能够享受相当便捷的信息发布和共享服务。

第二节　数字图书馆知识管理

一、数字图书馆知识管理的含义

数字图书馆知识管理是知识管理理论在数字图书馆的运用，是与数字图书馆知识创造、组织、应用与服务有关的包括基础设施、人力资本、知识产权保护等在内的全面的、系统的管理。它是用知识管理思想指导图书馆服务，强化数字图书馆知识服务的功能，这种基于服务的知识管理，是将知识管理视为对知识有效管理的过程，即不仅对数字图书馆内丰富的数字化信息资源进行提炼、组织、开发、服务、传播，以满足用户对知识的需求，而且用知识管理的思想指导数字图书馆的管理工作，通过对图书馆馆员知识能力的培养和提高，来提升工作人员利用知识和服务读者的能力，从而提高数字图书馆的服务能力、竞争能力和创造能力，最大化地实现数字图书馆的功能。

基于服务的数字图书馆知识管理的实现需要一个充分支持虚拟资源体系的服务集成，充分支持知识的析取与表示、知识的挖掘与再生、知识的存储与检索、知识的传播与应用，充分支持以用户为中心的个性化、专业化和智能化的服务。数字图书馆知识管理系统实质上是一种集知识信息资源与先进的信息技术于一体，能够灵活调用各种资源和功能的知识管理层面上的新型的用户服务系统。这一系统是实现数字图书馆基于服务的知识管理的平台，它可完成信息到知识的转化再到知识的组织、开发、服务、传播等一系列任务，如图 8-1 所示。

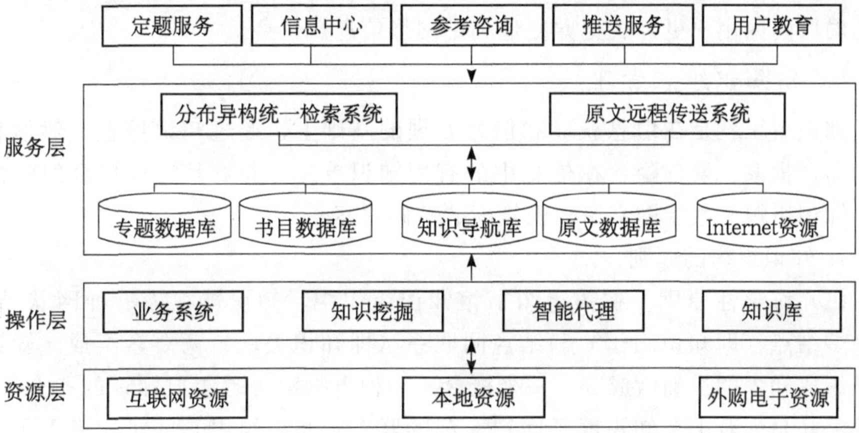

图 8-1　基于服务的数字图书馆知识管理系统

数字图书馆拥有良好的知识资源积累、知识资源应用、知识资源服务、知识资源创新等方面的理论、方法和技术，可以提高数字图书馆文献组织与管理的质量，提高数字图书馆知识资源的利用率，提高数字图书馆服务的质量和效益。因此，要有效地进行数字图书馆知识管理，必须要创新图书馆学知识，关键是要建立适合知识管理的组织管理机制、技术机制以及有利于创新、交流、学习和知识应用的环境和激励机制，提高数字图书馆知识组织和管理的效率。

二、数字图书馆知识管理的主要内容

（一）知识的加工管理

数字图书馆的知识加工管理是对知识的数字化存储、信息化加工、网络化传递过程的管理。这个过程主要包括馆藏文献的数字化和网络信息资源的开发和利用。

1. 馆藏文献的数字化

为了使图书馆馆藏内容更好地为人们所共享，并更快地传递到需要的地方，有必要对馆藏精品内容进行数字化加工，建立具有高价值和本馆特色的数据库系统。

2. 网络信息资源的开发和加工

网络信息资源因其快捷受到信息用户的青睐，但目前网络上中文搜索引擎在功能设计和信息开发方面还存在一些技术上的问题，导致网络信息检索的查准率、查全率不高，易用性和专业性欠佳。因此，图书馆应该运用其传统管理方法和手段对网络信息资源进行再加工，形成网上二次信息和三次信息，以帮助其局域网内用户更好、更方便地利用网络信息。

（二）知识组织管理

知识组织就是在信息获取和信息处理的基础上，通过知识挖掘，对信息进行精简、提取、发现隐含在信息中的有用知识单元，并对其进行集合组织的过程。知识组织是数字图书馆知识管理的基础内容。

1. 知识组织的原则

（1）科学性原则。在数字图书馆知识组织中，知识被视为一种网状结构，由众多结点（即知识因子）和结点间联系（即知识关联）两要素组成。知识因子是组成知识的最细微成分，一个概念、一种事物都可是组成知识的一个因子；知识关联是为若干个知识因子间建立起的联系。知识组织是针对知识因子的有序化和知识关联的网络化按照科学性原则进行的。

（2）系统性原则。数字图书馆的信息资源由现实馆藏和虚拟馆藏两部分组成。现实馆藏是指本馆所建立或购买或拥有的数字化信息资源，如书目数据库、全文数据库等；虚拟馆藏是指本馆读者借助于计算机系统、通信网络等设备可以广泛利用（如检索、传输等）的本馆以外网上的电子信息资源的总和。只有系统地、连续地从馆内与馆外、国内与国外收集和积累各种数字信息资源，才能不断充实和发展数字图书馆的现实馆藏和虚拟馆藏。尤其是本馆特色资源的采集，更应力求保持系统、连贯和完整。

（3）标准化原则。传统图书馆不仅在信息资源建设过程中所采用的软件系统差异很大，而且各馆的数据库建设也各自为政，其标准和格式都不完全一致，导致开发的数据库无法在网上实现共享。因此数字图书馆的知识组织必须按标准化原则进行，解决数据的标准化问题，包括硬件、软件和书目数据的标准化，计算机的通用性、兼容性、可扩展性和联网能力，软件的有效性、可靠性、开发性，著录格式与编目规则的通用性与可转换性，以及通信协议的国际标准、密码与安全保障标准等，其中数据格式的标准化、描述语言的标准化和标引语言的标准化是其中的主要内容。

(4) 共享性原则。由于每个数字图书馆不可能拥有世界上所有的信息资源，共享其他数字图书馆的信息资源就很有必要。只有通过多个图书馆间的协同发展，形成一个互为补充、互为利用、互为推动的文献信息资源保障体系，并且提供网上文献信息服务，文献信息网络才能充分发挥作用。美国所有图书馆的书刊资源已实现了全国的网络共享，这主要是通过 OCLC 和 RLIN 两大联机联合目录系统实现的。

(5) 效益性原则。数字图书馆知识组织的效益性也包括社会效益和经济效益两个主要方面。社会效益是指数字图书馆运行所产生的有益于社会进步的效果，具体表现在数字图书馆信息资源的完整性、及时性，数字图书馆给读者所带来的方便与满意程度，以及对社会发展的促进作用；经济效益主要是指数字图书馆对科技进步所起的作用，对宏观决策所起的作用，以及对相关产业的发展所起的作用。

(6) 特色性原则。数字图书馆知识组织应从网络整体出发进行资源的合理配置，把数字图书馆建设纳入整个地区、国家和全球信息网络中去，加强各馆富有特色的数字化文献信息资源的开发，建立起各具特色的数字图书馆。只有能反映并提供馆藏特色资源的数字图书馆才能拥有众多的用户和求得本身的长远发展。

2. 知识组织的方法

知识组织的方法多种多样，按照内部结构特征，可分为知识因子组织方法和知识关联组织方法；按照组织形态，可分为主观知识组织方法和客观知识组织方法；按照语言学原理，可分为语法组织方法、语义组织方法和语用组织方法，等等。目前，针对知识组织和知识管理的多种智能技术和软件技术，如数据仓库、群件、知识挖掘、知识发现、数据融合、推送技术、智能搜索等已在数字图书馆中得到了广泛应用，极大地提高了数字图书馆知识组织和管理的效率。主要表现方式有以下五种。

(1) 文件方式。文件是一个具有符号名的一组相关的逻辑记录的集合。一个文件可以包括数据、程序或字符，是计算机保存处理结果的基本单位。以文件方式来进行数字图书馆知识组织，具有简单、方便，能存储非结构化信息等优点，但也存在文件大小和数量的冲突、对结构化信息的组织与管理软弱无力等重大缺陷。

(2) 数据库。数据库是计算机存储设备上合理存放的相互关联的数据集合。数据库方式将某一主题的知识资源以固定的记录格式存储，并提供检索入口。它具有高速处理大量结构化和非结构化数据，以信息项作为数据的最小存取单位的优势，并可根据用户需求进行数据查询的优化及改变查询结果集的大小，但目前数据库技术不能提供数据信息之间的知识关联。

(3) 主题树。主题树是一种网络信息资源的组织方式，它实际是提供一种界面机制，用户通过这个界面只与网络信息资源的主题目录进行交流，并通过主题目录间接地联结和使用这个实际的数据资源。利用主题树方式组织知识具有基于树浏览方式的检索界面，能按分类体系逐步查询，具有良好的可扩充性和严密的系统性的特点。但是，利用主题树组织知识必须事先建立一套完整的主题目录分类体系。

(4) 超媒体。超媒体技术是超文本技术与多媒体技术相结合的产物，它将文字、表格、声音、图形、图像、视频等多媒体信息以超文本方式组织起来，使人们可以通过高度链接的网络结构在各种信息库或知识库中自由航行，找到所需的任何媒体的信息或知识。超媒体方式具有联想式的信息组织方式，具有图、文、声并茂的信息服务功能等优点。但是由于采用浏览的方式进行信息搜索，当超媒体网络过于庞大时，用户很难迅速而准确地定位于真正需要的信息节点上。

(5) 知识库。知识库是以一致的形式存储知识的系统，是数字图书馆资源建设的核心内容。它具有比数据库更强的知识组织功能。知识库中的知识是高度结构化的符号数据。

3. 知识组织的主要工具

(1) 分类-主题一体化语言。分类法主要按学科、专业集中文献，并从知识分类角度揭示各类文献在内容上的区别和联系，提供通过知识分类检索文献的途径。它能较全面、客观地反映学科知识全貌及其内在的逻辑联系。其主要优点是知识系统性检索能力及扩检功能强大，能方便用户查找某一学科的专业文献。但由于其编码化的语言不为大多数用户所熟悉，对文献的知识内容标引不直观，特别是对一些新学科和跨学科的文献，在文献组织上难以集中。而主题法着重从文献所论述的事物的角度出发，运用自然语言语词形式标志文献的主题概念，能直接揭示文献的主题内容，但又难以满足用户从学科角度检索文献的要求。因此，为了适应用户信息需求的知识化趋势，图书馆在知识管理的过程中，应由文献组织转移到知识组织上来，加强对文献知识内容的揭示和整序。①在分类法的基础上，加强主题标引或采用分类-主题一体化语言，多角度地系统地揭示文献的主题内容，并建立起科学的、完备的、符合用户检索习惯的检索系统，以方便用户查找文献，获取所需知识；②使用本体（ontology）来进行知识组织，ontology具有良好的概念层次结构和对逻辑推理的支持。目前，基于ontology的知识组织已引起国内外数字图书馆界和计算机界的特别关注，成为数字图书馆知识组织的一个新兴的研究与应用领域。ontology作为一种新的知识组织方式，力图去解决知识的共享和重利用问题。

(2) 自然语言。自然语言是指用文献作者或文摘、提要的作者原来使用的语言，其中包括关键词、自由词，以及出现在文献题名、摘要或正文中的语词。自然语言不同于分类检索语言、主题检索语言和代码检索语言等人工语言，它的检索用词普遍取自文献本身（题名、摘要、全文），个别由标引人员自主赋予(即自由标引)。相对于人工语言来说，使用自然语言的优点是：①输入成本低；②全库内容检索；③不存在人为索引错误；④对新检索词不存在延迟；⑤能够高性能地精确地检索单个词语、人名、组织等；⑥能够彻底地为高级检索提供潜能。但自然语言由于不受规范化的控制，不能反映概念语词之间的一一对应关系，也不能反映概念关系的隐含性，所以无法排除多词一义、一词多义含糊的现象，这往往使得主题内容相同的文献可能因标引人员的不同或同一标引人员标引时间的不同，而造成主题词前后不一致，由此影响标引的一致性。另外，由于一个概念可以用几个不同的词汇来表达，使得相关文献不能相对集中，检索时容易漏检。所以，在实际操作中，通常对自然语言采取一些辅助措施（如使用后控词表)，以弥补其缺陷。

(3) 元数据。元数据是关于数据的数据。一方面，元数据是数据的抽象，是用来描述和规定数据特征、相互关系以及相应操作的数据的集合；另一方面，元数据也是一种比普通数据更高层面的数据。它具有三个基本特征：①元数据是一种编码体系，它能根据某种标准来对文献中的词及其他元素进行编码，从而揭示、描述文献的这些基本元素；②元数据不仅可以描述数字化信息的内容特征，而且可以描述数字化信息的基本属性，使得数字化信息得以被有效传播、交流和利用；③元数据为数字化信息资源建立了一种机器可理解框架。元数据具有五项功能，即数字资源的描述功能（或称发现功能)、整合功能、控制功能、代理功能和保存功能。在网络信息资源组织方面，元数据具有描述、定位、搜寻、评估、选择的作用。

（三）知识开发管理

数字图书馆的知识开发管理是在知识组织管理的基础上，根据用户要求和图书馆发展的特定目标，通过知识重组和知识再造，对有关的知识进行全面的系统化、综合化和适用化的分析、对比、归纳、综合、概括、推论，并融入知识管理人员的智慧，形成用户决策所需要的知识解决方案或适合市场需求的知识产品的过程。知识开发过程中包含了图书馆工作人员创造性的智力劳动，这种智力劳动使知识产品产生增值。数字图书馆知识开发关注和强调的是利用自己独特的知识和能力，通过对知识的深层次加工，形成有独特价值的知识产品，解决用户只凭自己的知识和能力所不能解决的问题，从而实现图书馆在社会知识创新中的独特价值。这与传统图书馆仅仅基于资源占有和劳务服务来体现自己的价值有本质差别。

知识重组和知识再造是知识开发的两个重要环节。知识重组是在特定目标的指引下，寻求知识间的内在联系及未来动向，形成动态知识系统的过程。知识再造是在知识重组的基础上，通过图书馆馆员的智力劳动，在现有知识水平、知识联系及未来水平预测的基础上形成新知识的过程。这种新知识表现在创新或决策所需求的知识方案、设计方案及知识产品中。一些独特的知识产品，如数据库、知识库、智能工具、应用软件或电子出版物等，都得到版权或专利权的保护，使图书馆拥有自主知识产权。在数字图书馆条件下，拥有自主知识产权的多少将成为衡量图书馆知识管理水平的重要指标之一（邱均平，2001）。

（四）知识服务管理

知识服务既是数字图书馆工作的目标，又是数字图书馆联结知识用户的纽带，所以数字图书馆知识服务管理在数字图书馆基于服务的知识管理中位居核心位置。由于网络环境下的数字图书馆知识服务具有面向用户、面向内容、针对性强、专业化程度高、综合集成等特点，所以数字图书馆知识服务管理就是数字图书馆在新的形势下，根据知识服务的特征，采用不同的服务形式。数字图书馆知识服务的形式有知识信息导航、知识信息评价、知识信息咨询和知识营销等。

1. 知识信息导航

在网络环境下，帮助用户在网络海量信息中识别、找到所需要的知识信息是图书馆员的重要职责，也是数字图书馆用户教育的重要内容之一。“已经有越来越多的证据表明，图书馆馆员的职能正从传统的馆藏维护和图书管理转向传递、检索和经营图书馆围墙外的信息。图书馆馆员正由图书保管员转化为网络的导航员。”（Lynn and Drew，1997）多年来，图书馆馆员一直扮演着把人与其所需的信息沟通起来的角色，已成为专业的组织者和导航员。数字图书馆可采用建立专业网站、定期动态报道某一专业信息资源的更新情况及专业领域的学术动态、进行专业化的知识信息评价、为专业用户提供及时的专业知识获取窗口等方式建立专业化的知识信息导航系统。

2. 知识信息评价

网络每时每刻都向我们提供海量的信息，但这些信息庞杂无序、良莠不齐，面对庞大的信息源，人们同样感到信息缺乏，只有对其进行筛选、过滤后才能为人们所用。“图书馆馆员的职责就是帮助人们选择信息、评价信息，并与信息网络取得连接。这样就用不着人人都去搜寻信息。图书馆面临着挖掘新技术、发展新技术的大好机会……”（Gore，1997）如何对网络信息进行价值评定，进行加工、整理，使之有序化，是摆在图书馆馆员面前的一项重要任务，也是图书馆知识管理中知识服务的一个重要内容。一些著名的搜索引擎，如 Altavista、Infoseek、Google、Excite 等都具有信息评价功能。

3. 知识信息咨询

Lancaster 和 Sandone（1997）指出：“图书馆馆员的真正专长在于他们能够担当信息咨询者或信息顾问的角色，对于这种人员的需求将延续很长一段时间。”基于分析和基于内容的参考咨询服务，是数字图书馆知识信息服务的核心内容。这种咨询服务，强调专业化分工和对馆内咨询资源的集成，重视通过咨询课题的类型分工和采用先进的分析技术和工具来提高咨询服务的分析性和智力服务的分析性，解决用户所面临的问题。这种专业化服务是按照专业或课题来组织和实施的。在某些情况下，数字图书馆可利用已经开发出来的专题知识数据库或专业知识仓库提供服务。在另一些情况下，数字图书馆需要具备专业知识的服务人员深入专业领域，以便对专业团体和个人提供更为及时的、可接近的专业咨询。

（五）知识营销管理

（1）知识产品的市场细分。数字图书馆的收藏范围一经确定，其商业服务的市场细分也随之确定，知识用户的不同需求是数字图书馆的目标市场。

（2）知识产品的定价策略。知识营销管理理论将依据知识价值来确定知识商品的价格。

（3）知识产品的销售渠道和促销方式。利用先进的电子商务手段进行知识营销。在促销方式上，除传统企业广泛采用的促销手段外，数字图书馆更需要利用互联网开展广告促销宣传。这是数字图书馆特有的网络公关促销方式。（李冠强，2004）

（六）人力资源管理

数字图书馆的人力资源管理是其管理的核心部分，人力资源管理主要包括学习管理和人力管理。人力资源管理的重点是不断学习，数字图书馆员应该成为终身学习的人，让知识学习和能力培养贯穿整个职业生涯。知识管理是以人为本的管理，通过管理知识使每个部门和员工自主地发挥自身的能动性与创造性。知识经济时代知识的创造者和传递者的数字图书馆，尤其要尊重人的价值，重视人的发展，实现人力资源的人性化管理。

（七）知识创新管理

知识创新管理是指对数字图书馆在知识的生产、组织、服务管理过程中进行创新的管理。在进行知识管理时图书馆必然要面对层出不穷的技术问题。例如，如何改进和发展传统的分类法，使其适用于网络信息组织；全文数据库如何编目；如何发展搜索引擎功能，实现知识的挖掘；如何构造出知识管理层面上的新型用户系统和新管理系统。这些问题虽然部分可以通过技术领域去解决，但也需要数字图书馆通过自身技术的创新得以实现。此外，知识管理的创新，可以推动图书馆追踪国内外图书馆学科的最新发展，了解知识管理问题的最新研究进展，吸收并发展图书馆知识管理理论，以更好地指导数字图书馆知识管理实践。

第三节　数字图书馆知识管理的实现条件

一、组织管理机制

在网络环境下，图书馆的组织结构从以往的等级模式转向扁平化的模式，数字图书馆尤其需要更多地采用临时结构的组织方式，如特别业务小组或工程组等，以加强对快速变化的用户需求及市场的反应。在组织结构中引入知识主管（CKO）制度是一种行之有效的做法。

（一）组织结构再造

组织结构往往体现了对工作内容及其管理方式的认识。传统的图书馆采用的是等级制的直线式组织结构，这符合传统的文献信息服务的需求。数字图书馆知识服务个性化、集成化及动态化的特点，决定了数字图书馆必须变革传统的组织结构，积极引进企业为实施知识管理而进行的“业务流程重组”（BPR）的管理思想，调整图书馆的组织结构和内部关系。数字图书馆组织结构再造，要在“以满足用户需求为导向，以开展知识服务为重点，以提高工作效率为目的”的思想的指导下，把可获取的资源优势、可扩展的人才优势和可继承的技术优势转化为基于服务的知识管理的优势，从而建立起以“知识流”为主线的扁平化业务工作体系和与项目相结合的灵活开放式的组织结构（孟朝荀，2003）。

（二）组织管理创新

数字图书馆采用的是结构化部门和动态知识服务团队共同构成的灵活开放式的组织结构，为了充分发挥这一组织结构的功能，数字图书馆必须实行组织管理的创新，使组织管理中的部门与部门之间、团队与团队之间、成员与成员之间形成相互信任、相互理解、相互支持、相互关心、相互尊重的管理氛围，使居于不同动态团队、负有不同工作任务、实施不同管理对策的成员与成员群体之间形成交流知识和共享知识的联结机制。

二、技术机制

数字图书馆知识管理的实现需要一个新型的技术基础。这个技术基础应充分支持知识的表示与管理、知识的积累与传递、知识挖掘与再生、知识的利用与评价，充分支持基于虚拟资源的服务集成，充分支持以用户为中心的个性化、专题化和智能化服务。这一技术系统实质上是一种集知识信息资源与先进的信息技术于一体，能够灵活调用各种资源和功能的知识管理层面上的新型用户服务系统。这一系统是实现数字图书馆基于知识管理的平台，它可完成信息到知识的转化再到知识的组织、开发、服务、传播等一系列服务。图书馆知识管理模型如图 8-2 所示。

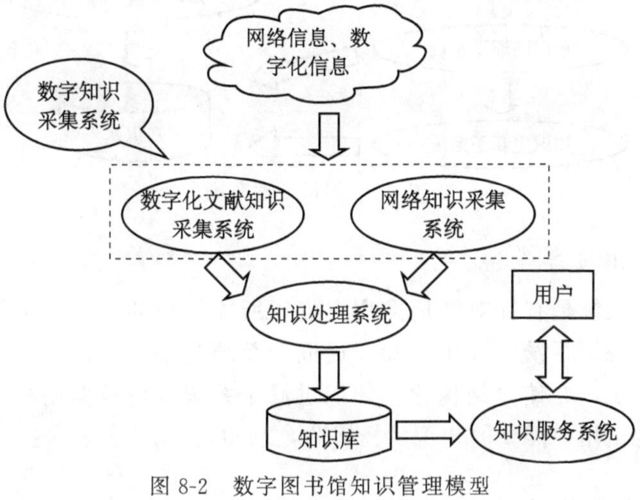

图 8-2　数字图书馆知识管理模型

（一）数字知识采集系统

数字知识采集系统的主要任务是完成数字化信息资源的加工整理，并完成信息向知识的转换（图 8-3）。

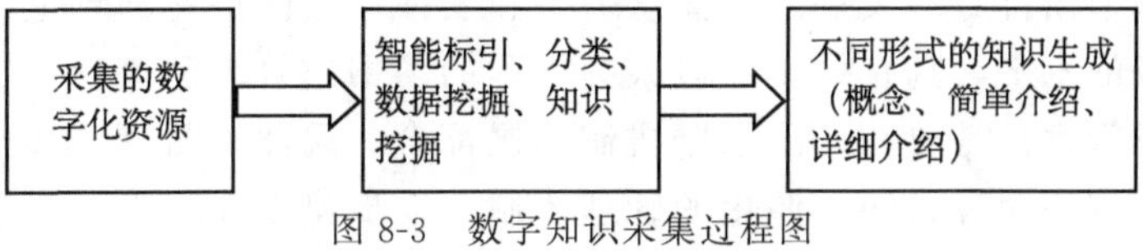

图 8-3　数字知识采集过程图

（二）知识处理系统

知识处理系统的主要任务是将采集来的知识与知识库中已有的知识进行智

能分类和匹配操作，最后将符合入库条件的知识存入知识库。如图 8-4 所示，具体来说，该系统包括知识分类子系统、知识匹配子系统、知识更新子系统和知识清理子系统。前三个子系统均可采用规则驱动的方法进行。通过建立相应智能规则库，便可智能化地实现知识的入库操作。同时采用规则库和规则驱动的方法，系统在运行过程中可以动态修改规则，达到最佳的知识处理结果。知识清理子系统是知识库的重要组成部分，它能智能地修改知识库中已有的知识条目所存在的缺陷，消除知识库中的冗余，保持知识之间的有机联系，维持知识库的一致性和准确性。

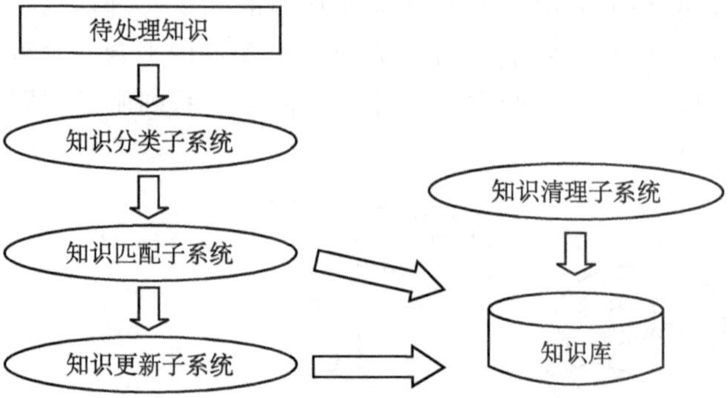

图 8-4 知识处理系统

（三）知识服务系统

知识服务系统是有针对性地向用户提供所需知识的系统，包括知识提取子系统和知识过滤子系统。其中，知识提取子系统是根据知识抽取规则，从知识库中抽取出知识，并使之结构化。知识过滤子系统，是根据用户知识需求，从知识库中过滤出用户需要的知识（杨锦荣，2003）。

三、环境和激励机制

知识管理注重的是对人和加工知识的过程的管理。所以，图书馆应把开发馆员头脑中的知识资源作为提高效率的重要途径。要调动图书馆员的积极性和创造性，促使他们将图书馆拥有的信息转化为知识，满足用户的需要，赢得用户，促进图书馆自身的发展。要注意引导和发挥馆员的潜能和创造力，提高其为用户服务的水平，真正体现“以人为本”的图书馆管理的理念。实现对人力资源的开发管理，需要相应的激励机制与之配合。因此，图书馆必须深化管理体制改革，彻底摆脱封闭、僵化的管理体制，逐步建立起科学、高效的现代化管理体制与运行机制。鼓励创新，保护人才，尊重人才，吸引人才，完善各类人才的选拔使用、考核评价、激励监督的制度，如建立“知识管理目标发布制度”、“知识成果稽核与评价制度”、“知识成果奖励制度”、“职工培训制度”等。

通过一系列工作激励、成果激励、培训教育激励等措施，促进宽松交流、知识共享环境的形成，鼓励馆员的创新精神，促进馆员自我价值的实现。（邓滨，2002）

四、知识产权管理

（一）数字图书馆馆藏资源建设的版权问题

1. 图书馆实体馆藏资源数字化建设的版权问题

所谓数字化，就是把所有信息，包括数字、文字、声音、图形、图像都用一连串的“1”和“0”组成的代码来表示，并用数字电子技术进行加工处理。将图书馆实体馆藏（包括进入公有领域的作品和尚未进入公有领域的作品）进行数字化处理（复制）的过程，其实际上是用计算机进行数据处理的过程，并无创新成分，其版权仍属原创者。进入公有领域的作品包括超过了保护期的作品和法律、法令、文件。对已进入公有领域的作品不再受版权人支配，复制权是使用权的一种，也不再受保护。因此，图书馆对已经进入公有领域的作品，可以归入公共信息资源的范畴，可以不经授权对其自由地进行数字化处理，并提供网上服务，读者也可以免费下载和打印。但在通过数字化转化建立数据库和上网传输时应充分尊重作者的署名权、修改权，保护作品的完整，这几项权利是没有保护期限制的。对于尚未进入公有领域的作品，根据《中华人民共和国著作权法》（2001 年）第 22 条第 6 款、8 款的规定，“为学校课堂教学或者科学研究，翻译或者少量复制已经发表的作品，供教学或者科研人员使用但不得出版发行”；“图书馆、档案馆、纪念馆、博物馆、美术馆为陈列或保存版本的需要，复印本馆收藏的作品”属于合理使用，可以不经版权人的许可。因此，对尚未进入公有领域的作品，如果图书馆是为了保存版本和教学科研的需要，将其进行数字化转化，应视为合理使用。

2. 数字图书馆数据库建设中的版权问题

数据库是指围绕某一特定目的收集起来，按照一定的数据模型在计算机系统中组织、存储和使用的互相联系的一大批信息的集合。数字图书馆主要涉及书目数据库、文摘数据库、全文数据库的开发问题，其中书目数据库的开发不涉及版权问题。对文摘数据库的开发，《中华人民共和国著作权法》（2001 年）第 33 条第 2 款规定：“作品刊登后，除著作权人声明不得转载、摘编外，其他报刊可以转载或者作为文摘、资料刊登，但应按照规定向著作权人支付报酬。”因此，在制作文摘数据库时，可以不必取得著作权人的许可，但要尊重其署名权，同时支付相应的报酬。全文数据库的开发，对进入公有领域的作品可以直接使用，对没有进入公有领域的作品若使用作品原文，必须获得著作权人的许可。数字图书馆制作数据库要遵循原创性原则，一个数据库是否能够获得版权，其评价标准有“辛勤采集原则”和“原创性原则”。辛勤采集原则是指在数据库开发过程中，只要开发者在材料的收集、选择和组织方面付出辛勤的劳动，投入了一定的经费和时间，使用了一定的技术手段，则该作品就可以享受著作权。原创性原则主要强调数据库必须是开发者自己的智力创造物，即要求作品在资料的内容和编排方面体现独创性，这样其才能受著作权法保护。

3. 虚拟“馆藏”建设中的版权问题

数字图书馆的另一重要资源是虚拟“馆藏”。虚拟“馆藏”就是本馆读者借助于计算机系统，通过网络等可以广泛利用的本馆及外网上电子信息资源的总和。虚拟“馆藏”是通过动态链接技术来实现的，这个过程同样涉及版权问题。链接方式有正常链接和埋藏链接两种。1996 年《世界知识产权组织版权条约》，规定了向公众传播的权利：文学和艺术作品的作者享有专有权以授权将其作品以有线或无线方式向公众传播，包括将其作品向公众提供，使公众中的成员能在其选定的地点、时间和并以其选择的方式获得这些作品。对正常的链接，用户在链接的导引下访问被链接对象时，就离开了设链者的网页，用户浏览器会清楚地显示地址的变化，当被链接者改变地址后，链接会因地址的改变失去作用，有些网站还采取限制访问的措施，链接也无济于事。因此，网页内容是否向公众传播一直在被链接者的控制之下，设链者没有侵犯其公开传播权。但采取加框技术和埋藏链接技术时，被链接网页不再以本来的面目出现在用户计算机的屏幕上，使作品的完整权受到侵害。而且使用加框技术后，用户虽然能访问被链接的网页，但是用户的浏览器地址栏提示的仍是设链者的地址，网页的不完全转换使版权人有理由认为被链接对象就是在设链者的网页被播放的，因而侵犯了版权人的公开传播权。

因特网资源是公共资源的重要来源之一，数字图书馆可以对网上提供免费共享的资源进行科学组织、有序利用，如对网址加以分类、标引；对网上享有著作权的作品，可以通过制作目录、索引和链接等间接方式，为读者提供获得原文的线索，这样在拷贝、套录和下载时既能有效避免侵权，又能合理扩大业务。至于利用网络资源开发全文数据库，数字图书馆实际上担当了数据库制作者。因此，凡使用受版权法保护的信息内容，都涉及著作权人的网络传播权，应当按照法律规定取得授权或向著作权人支付费用。

作为一种在网络环境下发展起来的新型学术交流理念和交流机制，开放存取既是一种新的出版模式，也是一种新型的网络信息资源开发、存储、服务方式。所谓开放获取（open access，OA），又称为开放访问、开放阅览等。因此，数字图书馆应注重充分利用开放获取资源以补充数字化馆藏，利用开放存取政策建立机构仓储，关注、收集、整理互联网上的开放存取资源，将其编制在图书馆的期刊目录和相关数据库中，并在图书馆网页中建立链接，使用户在网上访问图书馆资源时即可方便地了解和使用该部分免费资源。同时，将网上的开放存取期刊与图书馆订购的期刊进行整合。

由于开放存取对网络资源的获取是免费的，无法律和技术障碍的特点，任何人出于合法目的可以对获得的资源进行自由地阅读、下载、复制、传播、打印等并且允许作者保留部分版权，保护作者的“信息注明权”与保护作品完整权，所以开放资源既不是无版权的资源，也不是具有完全版权的资源，而是处于“特殊版权状态的资源”，只是所受的版权资源的法律的保护模式与传统著作权有所不同。因此，数字图书馆在向读者提供开放存取服务的过程中，以教学、研究、学习等目的在线、免费、免授权、开放地访问机构仓储的版权作品，这是读者的权利；同时，要求读者尊重和维护开放作品的创作事实为前提，即不得改变作品的署名或者修改、歪曲、篡改作品的内容，损害原作品的创作事实；同时必须出于合法目的而使用，如不得用于商业用途和以营利为目的等（孙青和耿骞，2007）。

（二）数字图书馆网络传播的版权问题

1. 数字化文献上载与使用的版权问题

图书馆将馆藏数字化的最终目的是让读者利用，最方便的方式就是将其上网。将数字化的作品搭载到互联网上向公众传播，是网络环境下使用作品的一种新的方式。对于其性质现在有两种观点。一种观点认为它属于发行行为，其根据是无论联机用户从网上下载一项作品时通过有形载体制作了比较稳定的复制件，还是仅仅进入用户计算机的随机存储器 RAM 里，都构成了对作品的复制行为。另一种观点认为它是类似于广播的公众传播行为，其根据是网络传输同有线电视传输没有本质的区别，把作品搭载到计算机互联网或利用有线电视向公众传播都属于版权所有人的一项专有权利。总之，不管其是公众传播行为还是发行行为，其传播权都应属于版权所有人。版权所有人有权决定其作品是否在网络上进行传播，未经版权人授权，在网络上传播他人作品属于侵权行为。图书馆将馆藏上网，对未进入公有领域的作品需与版权人签订许可协议，确定其使用对象、使用时间、使用地点、使用范围等，否则就是侵犯他人版权的行为。

2. 数字图书馆馆际互借中的版权问题

馆际互借不仅指原件的借还，还包括馆际相互提供复制件。数字技术和网络技术为馆际互借提供了便利条件。数字图书馆馆际互借的主要方式是传真、电子邮件传递、扫描传送（FTP）等。在传统环境下，馆际互借是被认可的，但按出版商的观点，通过馆际互借的某些文献在电子环境中不被认可。他们强调某些收费的文献传递服务不受合理使用原则的保护。关于馆际互借，美国提出了相应的原则，而我国馆际互借及文献传递服务尚不规范，对此缺乏统一、明确的规定，需要加强商讨和进一步改进。

在相应制度健全的情况下，馆际互借与文献传递事实上仍然是在一定限制内进行的。在数字环境中，图书馆针对不同的用户提供不同的服务，对于个人学习目的以及科研需求的用户的馆际互借，应属于合理使用。但对于来自商业界的用户，数字图书馆提供的文献传递服务则应适当收费，支付相应的版税，给予版权所有者相应的补偿。

（三）数字图书馆的著作权保护及管理

1. 数字图书馆著作权保护的内容

(1) 图书馆数据库的保护。要实现图书馆的网络数字化，必须建立各种数据资源库，如指南性数据库（搜索引擎、书目数据库、文摘数据库、专题指南等）、源数据库（各种数值数据库、文本数据库、全文数据库、术语数据库、图像数据库、多媒体数据库等），这些数据库在资料的选择和编排上具有原创性，凝聚了图书馆人大量的知识性、技术性智力劳动，图书馆对其本身所编制的这些作品应拥有完全自主的版权。

(2) 数据库软件程序的保护。图书馆各种数据库的建立、搜索与网络连接以及运行速度都与软件程序密不可分，特别是有些数据库在建立之时，就同时编制好软件程序并且自动执行命令，但大多数软件程序与数据库往往是独立存在的。根据国务院 2001 年 12 月发布的《计算机软件保护条例》，数据库软件程序虽然在版权上分属不同的保护客体，但图书馆自主开发的数据库软件程序受版权保护是毋庸置疑的。

(3) 图书馆网页的保护。网页一般都是由文字、图片、声音、影像等传统作品经过数字化技术、虚拟现实技术等现代科学技术处理而成的。它具备多媒体产品的最基本特征，即两种以上的不同类型信息的集合，并采用数字化处理与转化技术。在网络信息飞速发展的今天，图书馆网页已成为揭示图书馆全貌、馆藏特色和内容的非常重要的电子窗口。它集知识性、艺术性、创造性于一体。网页设计对图书馆在 Internet 上的知名度和访问率高低起着决定性作用。从 1999 年 10 月瑞得公司胜诉宜宾市翠屏区东方信息服务公司网页侵权个案中，我们了解到保护图书馆网页的重要性和法律途径。

(4) 图书馆域名的保护。域名如同知识产权中的版权、专利权、商标权一样，是一种智力劳动成果。域名是因特网与计算机或网络服务器直接连接的英文名称，它也是网络虚拟空间中使用者的唯一位置标志，与网页同样重要。域名具有技术性和标志性两大方面的功能，技术功能是指域名在网络上的位置，标志功能是指域名注册人在因特网上的身份标志。人们只有通过域名才能在因特网上迅速找到机构的主页和网站，所以域名是机构在因特网上重要的唯一识别标志，这个标志通常是机构名称的最显著、最独特、最具识别性的部分。创造性地构思选择域名才能使其独树一帜、起标志性作用。虽然我国知识产权法没有提及“域名”的表述，但根据中华人民共和国信息产业部 2002 年 8 月 1 日颁布的《中国互联网络域名管理办法》，域名无疑是受版权保护的。所以，一个成功的图书馆网页和域名都要注重申请注册，使其置于版权保护之中。

2. 数字图书馆版权的管理方式

（1）TPM 和 CMI。目前国内对数字图书馆版权的管理并无具体规定，而美国的《数字千年版权法》（DMCA）对数字图书馆应享有的权利和应承担的版权责任都作出了明确的规定，值得我们借鉴。DMCA 中有项“标准技术措施”，其定义为：“版权所有权用来表明或保护其版权作品的措施”，即 TPM 和 CMI，要求数字图书馆接纳并不得与其相抵触（曹虹，2003）。

TPM（Technological Protection Measures）即允许非营利性图书馆规避技术保护措施。DMCA 第 1201 条从两个方面对 TPM 加以规定。一是从访问作品的角度来规定，即不得对版权人所设置的有效控制他人访问作品的 TPM 进行破解。所谓“有效控制他人访问作品的 TPM”，DMCA 的定义是指“在其日常操作中，要求使用经版权人授权的信息、程序和方式才能访问作品的措施”。二是从版权人行使自己权利的角度来规定的，即他人不得对版权人所设置的有效保护自己权利的 TPM 进行破解和破坏。所谓的“有效保护版权人权利的 TPM”，DMCA 定义是指“在其日常操作中，防止、限制或限定他人行使版权人权利（如复制、下载、套录等）的技术措施”。其中包括两个方面：“有效控制他人访问作品的 TPM”进行规避的例外免责，对“有效保护版权人权利的 TPM”的规避。

CMI（copyright management information）即不允许图书馆删除、修改版权作品的版权管理信息。根据 WCT 第 12 条和 WPPT 第 19 条的规定，DMCA 第 1202 条针对 CMI 的完整性进行了规范。该条（a）款规定：“禁止未经许可故意删除或更改 CMI，此类行为被视为诱导、授权、帮助或隐秘侵权。”该条（b）款规定：“禁止未经许可故意删除或更改 CMI，禁止在已知 CMI 被删除或更改的情况下，传播 CMI 或作品的复制件。”由于第 1202 条没有对图书馆做出免责规定，图书馆一旦涉嫌违法遭起诉，也可根据第 1203 条和第 1204 条规定，在证明自身非营利性和无知违法的情况下，免于经济赔偿和刑事处罚，但必须改装、销毁用于上述违法行为的任何设备和产品。

（2）数字版权管理（DRM）。数字版权管理技术是指数字化内容在生产、传播、销售、使用过程中知识产权保护与管理的技术工具。DRM 的目标是运用技术手段遏制盗版，保护数字化内容的知识产权，保证数字化产品市场销售渠道的畅通，保障作者、出版商、分销商的利益和用户的合法使用权利，从而求得各方利益的实现与平衡，促进电子出版业的繁荣。第一代 DRM 技术主要致力于对数字化内容的安全性与加密技术的开发，以达到用技术手段解决对数字化内容的未授权复制问题。第二代DRM技术则扩展到对数字版权的描述、认证、交易、保护监控、跟踪以及版权持有者相互关系的管理上。解决数字化产品的版权管理问题不仅需要适用法律，也需要相关的技术手段来保证法律的实施。而数字版权管理技术的提出和不断完善，是在技术上解决数字化产品版权管理问题的有效方法，如数字版权管理系统，通过章程、协议、规范等，使作者、读者、资源供应商、图书馆的利益得到平衡，这既符合著作权法的要求，又方便读者使用，真正体现了图书馆公益性的宗旨。

第九章 图书馆知识管理案例分析

知识管理是一门实践性很强的学科，它的管理思想是做好图书馆知识管理的敲门砖，而图书馆知识管理实践则是检验知识管理理论的试金石。目前，国内外越来越多的一些图书馆已经或正在付诸努力实施知识管理，因此，分析国内外一些图书馆的知识管理案例，有助于我们深入了解图书馆知识管理实践。尤其是国外高校图书馆，在研究和实践知识管理理论与方法比国内图书馆领先，在图书馆实际管理中应用知识管理的做法也很多，很值得我们学习和借鉴。

第一节　国外图书馆知识管理案例分析

一、美国国家医学图书馆知识管理实践①

美国国家医学图书馆（The National Library of Medicine，NLM）是世界上最大的医学图书馆。它的职责在于收集、整理和发布世界范围内的生物医学文献，以促进医学及相关科学的发展，提高公众的健康水平。它主要收集生物医学、卫生健康、生物医学技术、人文科学和社会科学方面的学术和研究资料等，保存有世界上最完整的医学历史文献、早期的医学珍本。在提供馆内阅览和馆际互借的同时，依托因特网和国家医学图书馆网络，向全美及全世界医疗卫生健康科学用户提供医学信息资源服务。

美国国家医学图书馆的知识管理理念是全面实现服务和科研创新，倡导全球范围的医疗卫生领域的合作，建立医疗卫生健康开放信息网；引入“免费使用”概念，使任何连接 NLM 数据库的用户方便利用；构建个性化专项服务，推动生物医学信息为边远地区和少数民族人群服务；强调医学信息领域的创新基础研究，探索信息检索之外的研发潜力。

（一）营造开放的服务环境

（1）构建全国医学领域的信息网。美国国家医学图书馆网络（NN/LM）是由国家医学图书馆协调，通过卫生健康科学图书馆和信息中心实现的全国性信息网络。它拥有 4500 个成员，这些成员通过 8 个地区进行组织，每个地区有一个由国家医学图书馆支持的地区医学图书馆（RML）。这些机构与 140 个大型的学术卫生健康科学图书馆和许多医院及其他网络上的图书馆进行合作，为科学家、卫生健康科学专家和公众提供馆际互借服务和其他至关重要的信息服务。国家医学图书馆网络的成员经常与其他组织进行合作，开展了百余个专项服务

---

① 详细内容参见 http：// www. nlm. nih. gov。

计划，扩大国家医学图书馆服务的宣传力度，提供信息技术和国家医学图书馆服务的使用培训，帮助小型医院图书馆接入 Internet，参与改善信息存取方法的测试和新型国家医学图书馆服务的测试。

（2）合作建立国际文献检索中心和各种专项信息网。为拓展全球医疗卫生信息的开放利用，国际 MEDLARS（Medical Literature Analysis and Retrieval System）中心——国家医学图书馆（NLM）与其他国家和公共组织机构在双边协议上建成的国际医学文献检索服务中心。该服务中心由世界 20 多个国家医学信息服务组织组成，在全世界范围帮助卫生健康专业人员访问 MEDLINE 和其他 NLM 数据库，提供使用 NLM 数据库培训，提供文献传递服务，如为 MIM-Com——非洲疟疾研究网，提供各种疟疾研究的信息网上查询。这是由非洲、美国、英国和欧盟合作的多国项目，建立的世界疟疾研究网络 MIMCom. Net，使用卫星技术访问因特网和 Web 网资源。MIMCom 可以链接 Medline，使用各种免费的在线期刊、数据库与疟疾相关的网站链接和一般医学信息。

（二）提供信息与知识服务

1. 提供免费信息服务

NLM 实行开放获取理念，使全世界医疗卫生健康专业人员、科学家、图书馆员和公众通过网站 http：// www. nlm. nih. gov 可以检索、使用 NLM 的免费数据库。PubMed 拥有超过 1200 万 Medline 期刊论文索引、文摘和其他信息数据库，提供参考文献与全文链接，可免费访问中心的期刊论文全文。Gateway 是为不熟悉如何利用 NLM 的用户设立的生物医学免费数据库检索平台，并侧重于艾滋病、卫生学、毒理学等方面的文献，可同时进行多个数据库的检索。此外，NLM 建立了一个特别的网站 MedlinePlus，为病人、家属和医疗护理人员提供与疾病相关的卫生健康信息。NLM 每年还不断推出新的医学数据库，如毒物学、环境健康和分子生物学等数据库。美国国家医学图书馆还提出为少数民族、经济落后和特殊疾病爆发地区公众医疗卫生健康资源服务的对策（高钧等，2002）。

2. 建立馆际互借与文献传递服务

NLM 在 20 世纪 80 年代中期创立了 Docline（馆际互借系统），它可以根据 NLM 成员馆所拥有的期刊，用电子方式传送馆际互借请求。从 90 年代初期开始，“Loansome Doc” 允许单个的 Medline 用户在他们自己的终端上输入请求的论文，直接介入馆际互借系统。现在总共约 3254 个图书馆使用 Docline，合作进行馆际互借和文献传递。90 年代早期开始，NLM 已提供了对临床实践指南全文的联机存取。PubMed/Medline 与 1100 余种期刊出版商网站之间的链接，允许用户获得数据库中许多引文的电子文本。

3. 采用智能参考咨询服务

美国医学图书馆利用专业人员提供参考和研究，作为协助本地和远程用户参考咨询服务后援，每年处理20万余项咨询问题。为了提高参考咨询效率，该馆从采用Seibel客户服务软件的呼叫系统，升级为Aspect智能服务系统。咨询服务先使用由NCBI开发的信息挖掘工具，分析储存在Seibel数据库中的用户服务咨询的特色，识别或确认需求，提供咨询建议选择，提议咨询方法，提高NLM产品使用和服务效率。在2003年用NativeMinds软件建立了一个虚拟的客户服务代表Cosmo（柯兹莫），回答有关NLM计划、产品和服务的常见问题。Cosmo能适当地应答72%咨询问题，其他问题由参考咨询馆员回答。

4. 提供个性化服务

（1）处方信息服务系统。这是由美国医师学院和NN/ LM成员馆合作研制的处方信息系统，是根据医生诊断病人后，需要开药治疗，同时医生还要直接为病人提供关于疾病最新、可靠、友好的治疗信息需求研制的。现在，美国一些州的医院医生给病人开处方，可以使用NLM的MedlinePlus数据库联机医疗卫生健康信息，定制病人需要的处方和治疗信息。

（2）艾滋病（AIDS）信息服务。为了提高农村小社区组织对HIV/AIDS（艾滋病毒/艾滋病）信息资源的注意，NLM继续与其他组织合作，建立了新的艾滋病毒/艾滋病网页（http：//sis. nlm. nih. gov/HIV/HIVOIderAdults. html），提供艾滋病临床实验信息服务、艾滋病毒/艾滋病治疗信息服务和经核准治疗指导方针服务。

5. 开展多层次用户教育

（1）举办各种宣传健康卫生科学信息的活动。例如，图书馆举办“变更医学的面貌：庆祝美国女医师”纪念展览、“今天在这里，明天在这里”艾滋病生命的展览和“梦剖析”展览等；同时还开展与展览相关的许多辅助活动，如开放节目、电影系列和座谈会等。

（2）帮助老人利用医学信息系统活动。训练计算机理解能力强的青少年，帮助老人学习如何使用因特网获取卫生健康信息。例如，第一年由数十个青少年协助几百个老人接受基本因特网技术训练，第二年强调老人上Cyber Health医疗卫生健康信息网，并对训练结果进行评估。

（3）资助三大灾害地方信息中心（尼加拉瓜、洪都拉斯和萨尔瓦多）进行的灾害相关的信息管理能力建设活动。美国医学图书馆选择了图书馆和信息中心提供知识、培训和技术资源，培养承担他们国家医疗卫生健康相关的灾害信息的可靠信息提供者。重点培训地方灾害信息中心的信息收集、编制索引、信息处理、储存和传播。

另外，为消除卫生健康信息利用的差异，美国医学图书馆培训历史黑人学院（HBCUs）医学和其他卫生健康专家使用美国国家医学图书馆开发的毒物学、环境卫生、职业卫生和危险废弃物等方面的信息资源，同时改善美国印第安人和阿拉斯加本地人社区对卫生健康信息的访问。

（三）开发知识服务的应用系统

1. 研究便于检索的一体化医学语言系统

1986年美国国立医学图书馆（NLM）主持了一体化医学语言系统（Unified Medical Language System，UMLS）的开发和应用。该研究计划是使医疗卫生专业人员和研究工作者能够通过多种交互检索程序，克服不同系统语言差异性和不同数据库相关信息的分散性所造成的诸多情报检索问题，帮助用户从电子病案系统、书目数据库、图像数据库、事实数据库、专家系统等各种联机情报源中检索和获取综合性或特定性的情报信息。UMLS又称电子知识源，由超级叙词表、语义网络、情报源图谱和专家词典4个部分组成，并应用于决策支持系统DX Plain、文献检索系统Web Medline、临床Web搜索系统ClinWeb、医学世界检索Medical World Search以及集成化的Medweaverb等。NLM在Internet上建立了UMLS知识源服务器，通过Internet发行，加强了国际的交流与合作、维护和应用（邱均平等，2006）。

2. 建立各种知识库

美国国家医学图书馆提供各种各样的与生物医学和健康科学有关的数据库，如书目型数据库、全文型数据库、档案数据库、数值型数据库和影像数据库等30多个。Haz-Map数据库是一个设计职业毒物学数据库，把一般工作、危险工作任务与相关的疾病和疾病的症状相连。ChemIDplus是NLM收集的包含在线化学字典在内近370 000条记录，主要描述生物医学的化学药品。危险的物质数据库（The Hazardous Substances Data Bank，HSDB）记录了4757个化学药品，包括新的杀虫剂和环境的污染物质，这是使用频率高的资源。AIDSLINE汇集了艾滋病的文献资料、临床资料和药物资料。CCRIS数据库收集致癌化合物的有关资料。OMIM数据库收集人类基因及基因疾病的资料。GENE TOX数据库收集文献中报道的3000多种化合物的致畸毒性试验的数据。IRIS数据库收集了用来评估人类健康风险的500多条有关数据（何跃忠，1998）。

（四）创建学习型组织

1. 开展合作培训

美国国家医学图书馆通过与NIH共同努力，扩大NLM资助的医学信息学培训项目，增加能从事计算生物学研究的人员数量。为了加强合作培训工作，NLM资助的信息学研究培训活动与保健研究和质量管理局（AHRQ）资助的医疗服务研究培训活动相结合，让更多的医疗人员（如护士、牙科医生、医院行政管理人员、公共医疗机构的人员等）来接受医学信息学培训，支持和鼓励少数民族的机构也来参与医学信息学培训，鼓励建立高级管理人员信息学硕士学位。

2. 加强继续教育

美国国家医学图书馆广泛运用远程教学机制持续地进行成人继续教育，建立美国医学会（AMA）的继续医学教育网（CME），丰富医疗信息学方面的资源，通过远程教学设备来提供在 Woods Hole 的课程教学，为医学图书馆员设计一种新的置身于职业当中的训练项目。

该馆针对用户的需求，开发了一套机制来增强专业图书馆员的服务能力：①临床信息学——直接工作在重病特别护理的环境中，能及时提供详细病情；②医疗政策——为医疗政策的制定者以及专业的医疗人员提供跨学科的信息，从而有利于其工作的顺利开展；③生物信息学——帮助研究人员熟练地利用分子生物学和基因领域内的数据库。

3. 培养少数民族人员

该馆与医学图书馆学会（MLA）、美国医学信息学会（AMIA）、公共学校及其他的相关组织合作，从少数民族中招收更多的人员来从事医学图书馆员和信息学方面的工作，为那些在图书馆学院获得奖学金的少数民族学生提供在 NLM 实习的机会，少数民族学生提供资助奖学金或增加薪水。

4. 疏通就业渠道

公共卫生健康劳动就业信息服务平台是美国政府机构、公共卫生健康组织和卫生健康科学图书馆的合作项目，提供公共卫生健康教育发展、相关文献资源、使用专业工具和统计、教育与培训、会议通告、发现人才、提供资助、讨论公告板和电子邮件交流名录、工作职位等信息。

5. 进行效益评估

美国国家医学图书馆对各种资助和合作计划与项目都要进行效益评估，评估 NLM 联合基金项目，分析在信息学方面为图书馆员设立项目基金的数目，以及在 Woods Hole 开设医学信息学课程对医学图书馆事业的影响。

（五）建设开放的研究和人才培养基地

为发挥组织智力资本，建设开放研究基地和专业高级人才培养基地。如 Lister Hill 国家生物医学通信中心（LHNCBC）和国家生物技术信息中心（NCBI）是 NLM 最主要的研究开发部门。研究途径包括在美国国家医学图书馆内部研究以及资助学院、研究实验室，以及其他机构的外部研究，已资助了超过数十个研究项目和合作项目，举办各种应用研究专题研讨会，邀请科学家和信息专家共同研讨。NLDE 的 Lister Hill 中心负责指导医学学生的临床医学信息学课程，并对个别学者提供专门的培训。NLM 的国家生物技术信息中心招收博士后和培训访问学者。

二、美国俄亥俄大学图书馆中心知识管理实践①

俄亥俄大学图书馆中心（OCLC）成立于1967年7月1日，最初命名为俄亥俄大学图书馆中心（Ohio College Library Center），由美国俄亥俄州的54所大学图书馆在相互合作与资源共享的基础上组建而成。它是美国图书馆界首次建立的计算机联机图书馆合作网络。1977年，OCLC扩大了其成员，允许俄亥俄州以外的图书馆成为资源共享会员。从此，它由一个地区性计算机网络系统发展成为国际联机网络系统。1981年，OCLC正式更名为联机计算机图书馆中心（Online Computer Library Center）。OCLC汇集全世界人类文献记录，包括传统的图书、期刊、视听资料、乐谱、地图、混合资料（档案手稿等）以及各种数字资源，包括互联网上的资源。

（一）构建虚拟社区

OCLC为世界各国的图书馆员与信息专业人员建立了一个虚拟社区。它包括三个主要部分：主题与趋势（它是一个面向问题的社论部分，拥有专家发表的评论与见解，以及时常更新的相关印刷与Web资源。它鼓励每个人向社区管理者推荐链接与自己的观点）、论坛（它是反映上述主题与趋势的留言板）、链接（它是一个了解OCLC成员理事会和加入某个工作与用户组的中心点）。虚拟社区有三种形式：一是研究主题与趋势（对流行的主题提供一些专家观点与大量的在线与离线资源，如虚拟咨询、数字化、数字版权管理、人员配备）；二是参加讨论；三是加入某个讨论组或会议。

（二）提供知识产品与知识服务

OCLC能够提供六个方面的知识产品与服务：①编目与元数据，主要是通过提供Worldcat全球联机联合书目数据库和快速编目（PromptCat），供员工进行编目工作；②馆藏管理，如提供授权控制、中日韩文软件；③数字馆藏与保存；④电子内容；⑤参考咨询，如提供“第一检索”（First Search）与联机参考咨询服务（EPIC）、在线电子期刊、在线电子馆藏；⑥资源共享，如提供馆际互借、期刊联合目录、在线名录服务等。

（三）促进专业发展

OCLC主要采取三项措施来促进专业发展，达到知识管理的目的：①在线学习；② OCLC服务培训，具体是指OCLC产品指南与课程，包括编目速递指南、Windows编目提高者（CatME）课程、MARC标记导论——OCLC指南、OCLC汉语、日语与朝鲜语软件（CJK）使用学习、OCLC馆际互借Web指南、

① 详细内容参见 http：//www.oclc.org。

OCLC 联机目录（WorldCat ）检索指南、链接培训、馆际互借利用指南、导航器利用——OCLC 指南、OCLC 数字档案利用——OCLC 指南、Web 杜威指南等；③专题讨论会（研讨会）。

（四）进行技术研究

OCLC 的研究领域主要涉及五个方面：①元数据管理与知识组织，主要包括自动分类研究（Automatic Classification Research）、主题术语的小面应用（Faceted Application of Subject Terminology，FAST）、用于自动分类的知识库 FAST、书目记录功能需求（FRBR）的工作设置算法、元数据转换（如重组的编目元数据、模式转换服务、经 Web 获得元数据、术语服务、合作在线学习与信息服务支持）、虚拟国际授权文档（The Virtual International Authority File，VIAF）等；②内容管理，主要包括求知者、数据挖掘、数字空间获取、数字保存的经济问题、电子学位论文、教育管理系统支持、保存元数据实施策略等；③馆藏与用户分析，主要包括比较馆藏评价、数据挖掘、出版者名录服务、信息影响评价等；④互操作研究，主要包括数字空间获取、都柏林核心元数据初始计划、都柏林核心元数据首创计划注册、教育管理系统支撑、开放存取计划、资源描述框架互操作、资源描述框架主题图、Web 检索、Z39.50 等；⑤系统与交互设计，主要包括求知者、电子学位论文、电子出版、元数据转换、开放存取计划、开放资源软件、开放 URL 注册、永久统一资源定位器等。

三、美国俄亥俄州立大学图书馆的知识管理实践①

俄亥俄州立大学图书馆的知识管理是通过参与该大学的知识库计划（Knowledge Bank Project）建设而进行的（Brainin，2003）。该计划即建立数字化机构库，为学术信息开放存取背景下的机构知识管理提供更好的运作平台，以保证图书馆内部学术信息的自由创造、组织、存储与利用，促进校内外知识资源开放自由存取。2001 年，该计划由俄亥俄州立大学统一牵头，由本校信息执行官办公室、图书馆、俄亥俄州图书馆联盟（Ohio LINK）、OCLC 等多个成员团体共同实施，利用 D-Space 软件进行知识机构库建设。至 2002 年夏，整个计划实施完毕，知识库在俄亥俄州立大学里实现共享。

俄亥俄州立大学的知识库置于图书馆之中，与图书馆的各级信息服务内容并行排列，建有自己的网页。进一步点击网页可进入知识库的检索界面，该界面清晰直观，左上角提供了单式及复式检索入口，并设有知识库情况介绍，具体包括常见问题解答、政策（包括知识库职责、权限等）、视频提交程序（视频

---

① 详细内容参见 http：//kb. osu. edu/dspace/index. jsp。

格式要求等）、社区建设形式（个人知识库的社区标志、介绍等）、个别资源描述。此外，网页上还提供了知识库的组织成员、运行软件链接，列有知识库内容分类组。

该知识库功能强大，是一个较为完整的机构知识存储库（repository）及校外参考库（referatory），包含各种数据、信息加识，有形及无形的知识，动态与静态的知识。如在线公开出版物、在线参考工具（目录、索引等）、在线信息服务（电子存储、在线培训、技术指导中心等）、电子文献管理、行政数据仓库、电子出版物辅助（预印本服务、电子书刊支持、网站开发与维护等）、成员研究目录、数字化机构存储库、数字化信息服务研究与发展等。

通过建立知识库，知识库界面范围内的成员通过提供简单的申请与个人资料，就可以自由地提交个人所有愿意提供的成果，共享知识库里的所有资源，有力地促进了知识的广泛交流与传播，促进了个体知识与组织知识的互动融合，这是知识管理实践方面较为成功的尝试。

四、美国约翰霍普金斯大学图书馆的知识管理实践①

为了有效实施知识管理，约翰霍普金斯大学开发了图书馆信息入口（library information portal，LIP），以解决本校九个图书馆分馆的资源集中检索问题，为师生提供本馆、他馆网上的所有相关资源。

（一）规划建设

图书馆研究组（Association of Research Library）调研了美国大量研究性图书馆的检索入口，找到了一些共同的特征，如集成式的一站式检索界面，统一的多系统跨库检索，统一的多媒介（文本、目录、图像、音频等）检索，提供个性化界面、网络导航等。接着由约翰霍普金斯大学信息技术部及其 Sheridan 图书馆进行 LIP 的具体规划与建设。具体操作包括：成立入口技术组和入口运行功能组技术组负责检索入口系统相关技术的调研、开发，要求可扩展性、集成性、开放性。功能组负责界定适合师生共用的、以用户为中心的入口系统，考虑检索效率、集成性、无缝性、超时空性等综合因素。目前，这个理念已得到了初步的实现，建成了“My Welch”图书馆检索入口，并已投入使用。

（二）运行模式

（1）用户便利服务。

具体包括六个方面。①一次登录（One Stop Login）。只要登录一次，就可以跨库跨区域地进行全站式检索，而且还备份有 COOKIE。②建有用户为中心

① 详细内容参见 http：//www.library.jhu.edu。

的书签。利用书签工具，用户可以对搜集来的资料作标志记录，方便下次再查看。③有用服务。比如天气预报、学校日历、馆藏文献传递系统、页面文件服务器等。④我的记录本。⑤页面文件系统应用该系统用户可上传、下载或存储文件。⑥我的 Welch 检索。

(2) 信息增值服务。具体包括六个方面。①新闻推荐服务。②电子期刊更新表。③提供最新文章推荐。④馆员咨询。⑤用户信息区，主要是让用户提出自己的需求。⑥个性选择区。例如，用户根据自己喜好选择页面、字号、颜色等。

(三) 个性化服务

图书馆还利用网络计量法、邮件、问卷调查等收集用户回馈信息，针对用户满意度情况与建议，作出了进一步的知识服务调整。①增加 cookie 登录服务。利用用户原有的检索浏览记录就可直接登录，省去了多次重复登录的麻烦。②功能或内容选择表。通过选择自己喜欢的功能或内容，在下次再登录时就可以直接显示上次所选择的结果，极大地满足了用户的个性化要求。③常用资源链接。提供用户最常使用的资源浏览排序，以便用户迅速地再次选用。④开办网上信息栏，促进校内学术交流。将来，还将开办专题讨论栏，活跃学术氛围，加强知识共享。⑤加强电子资源的选择力度。根据用户使用情况，对电子资源进行排序，在最短的时间里以最方便的形式为用户提供最常使用、最重要的资源。

除此之外，该图书馆还设定了未来的发展目标：以知识管理与知识共享为目标开发基于图像的检索工具；提供更多的更相关的网上资源检索。

五、美国亚利桑那大学图书馆的知识管理实践①

美国亚利桑那大学图书馆的知识管理是一种学习型组织建设战略，其知识管理实践主要通过以下几个方面。

(一) 重组组织结构

为便于实施全面质量控制管理，把原有的不适应当前需要的垂直型机构设置，建立成动态的、以用户为中心的扁平化组织结构。1993 年，该馆成立了一个政策指导委员会，主要负责宏观的组织设计，并成立了 10 个不同功能的小组，负责各项工作的细节规划与执行，员工被鼓励依据自己的背景与专长参加不同的组，每隔 6 个星期轮流向全馆馆员做业务报告。

---

① 详细内容参见 http：//www. library. arizona. edu/about/organization/principles. html。

（二）建立学习型组织

为了让图书馆所有成员了解到他们对自己所属的小组及组织负有一定的责任，该馆为所有员工提供学习型组织基本概念的培训课程。通过加强培训及以用户为中心的目标愿景的引导，逐渐实现图书馆向学习型组织过渡。同时，图书馆调研了用户的信息需求、信息倾向等，在与用户的互动交流中提高了决策效率；建立了内部服务的评估机制，依据前期规划按步骤进行评估：在图书馆页面上设立用户满意度调查表，由用户自行填写评定。

（三）实行共同愿景建设

在该项目的第二阶段（1997～1998 年），实行团队共同愿景建设，评估团队工作需求与执行标准，制定团队员工能力要求，创建个人学习职务等。在实施过程中，该图书馆始终保持这样的中心理念：以用户为中心，持续用户评估，用户自我满足，对工作人员授权，以数据为依据进行决策，员工培训与发展，持续改善提高。通过设立共同愿景，该图书馆不仅培养了员工的许多新技能，还加强了与师生的合作交流，降低了成本，提高了服务质量。

六、美国马里兰大学图书馆的知识管理实践[①]

马里兰大学图书馆建立了基于团队（team-based）的学习型组织，并在网站上建立了学习型组织（learning organization）空间，该馆建立学习型组织的目的是让图书馆员工们不断学习、共享知识，提供服务指导，进而改进服务质量以提高组织效率。

（1）主要措施：①重视用户的学习与教育，改善服务质量；②进行流程再造，评估并改进工作流程；③培养图书馆员的决策共享意识及责任共担意识；④组织自我管理团队；⑤培养共享式的领导决策，提高领导的整体水平；⑥设定共同愿景，重建组织文化。

（2）实施方法：该图书馆还为学习型组织的管理及深化提供学习指导、培训，设立了 3 个部门（组织发展部、成员学习与发展部、个人规划部）以保证学习型组织的持续发展。其中，组织发展部的主要职能是：帮助学习型组织进行系统规划、设计，具体实施，提供培训，为学习型组织各级团队、单位、工作组提供支持。成员学习与发展部的职责是：借助学习课程，为图书馆里的 300

---

① 详细内容参见 http：//www.library.umd.edu/groups/learning/orgdev.html。

多名员工提供教育和资源。这些课程包括日常办公软件（Excel、PowerPoint、Word 等）的使用、网络基础知识、计算机应用培训等。该部还为员工推荐或提供学习课程用的纸本书籍。个人规划部主要负责馆内人力资源管理及服务，培养精通业务、积极活跃的员工。具体职能如下：负责人员招聘、定岗、定薪，业绩评估，协调工作，监督进程等。

（3）学习内容：该馆为学习型组织提供的学习课程内容包括十个方面。①组织发展介绍，如学习型组织的原理与实践，变化环境中的组织成长学习，各种分歧的处理。②客户服务定义，如马里兰图书馆客户服务哲学，内部客户关系，善待外部客户。③对计划与决策的衡量、评估、长期改进，如建立评估文化，评估的相关工具、技巧等，评估流程，如何撰写建议，评估个人表现。④个人、团队、工作组的发展，包括如何成为自我管理组、回馈信息的收发、冲突管理、困境激励等。⑤什么是领导。⑥个人完善。⑦计算机技能。⑧图书馆技能。⑨领导发展。⑩培训者再培训（Train-The-Trainer）[①]。

第二节　国内图书馆知识管理案例分析

一、中国科学院文献情报中心的知识管理实践[②]

中国科学院文献情报中心是集文献信息服务、情报研究服务、科学文化传播服务和图书馆学、情报学高级人才培养功能于一体的研究型国家科学图书馆。其服务理念是“传播知识，服务科研”，针对知识时代的特点，面向国家战略需求和知识创新工程的需求，紧跟文献情报工作发展前沿，适应科研人员的需求变化，建立以共建共享和联合服务为主、印本资源与数字化资源相结合的“资源到所，服务到人”学科化、个性化的服务模式。全面实现服务创新，加速文献情报工作从以图书馆管理中心向以用户为中心的根本性转变，从被动服务走向主动服务，从传统文献情报工作走向数字化、网络化和知识服务，具体包括：

（一）构建一体化的开放服务环境

中国科学院文献情报中心按照新的业务流程，以开放的理念，精心营造“查、阅、藏、借一体化”的服务布局。每一层服务区设立咨询台，加强了为读者提供参考咨询和查询辅导等服务。在阅览区配备了书目检索终端、自

① 详细内容参见 http：//www.library.tku.edu.tw/esource/scholar/projeck/DSpace_nf.html。

② 详细内容参见 http：//www.las.ac.cn。

助复印机，尽可能地为读者提供“一站式”的服务；同时使用“一卡通”系统，简化了服务手续。举办各种“走进科图”免费系列读者培训，内容涉及新馆资源、服务、信息利用方法等多方面内容；另外还配备了车辆，开展上门培训和服务。建设了数字化国家科学图书馆，构筑支撑中国科学院科学研究和国家创新体系建设的开放的、联合的信息服务体系，并与国内外主要大型图书馆和信息机构互联，提供了一个分布式全球存取的信息环境。

(二) 提供多层次的知识服务

1. 加强馆际合作与联合服务

为提高文献保障率，中国科学院文献情报中心建立了完善的、覆盖全院的馆际互借与原文传递服务，建立CSDL与NSTL、国家图书馆、CALIS/CASHL和若干国外文献传递服务机构之间的稳定、流畅的传递服务流程，为全国科研工作人员服务的文献传递系统。中心还与英国大英博物馆图书馆、美国OCLC的成员馆建立了国际互借关系；与北京范围内的国家图书馆、清华大学图书馆等多家单位建立了馆际互借和原文传递协议；还与日本、澳大利亚等国家文献信息机构建立联系，扩大国际代查的范围。在原文代查的同时，也开展专题文献检索服务。

2. 增加服务的知识含量

2003年，中国科学院文献情报中心在国内率先开通了在线参考咨询和知识导航服务，建立全院联合的网络参考咨询服务体系，建立以院中心、地区中心、部分重点研究所联合的数字参考咨询馆员队伍，建立可靠的管理和评价机制，运作了网络参考咨询服务机制，形成了分布式参考咨询服务系统①。中心还利用学科门户网站，为读者提供数理科学、化学、资源环境、生命科学等特色学科信息导航服务。

3. 提供公共信息服务②

Sciencechina是由中国科学院文献情报中心联合包括中国科学院在内的多家单位在中国科学引文数据库和中国学科文献数据库的基础上，建成并为广大科研用户提供的公共信息服务。作为公共信息服务平台，Sciencechina以具有完全版权资源的现期目次数据库、中国科学引文数据库、中国学科文献数据库为核心资源，提供了1985年以来国内优秀科技期刊论文目次、文摘、引文及全文链接服务。Sciencechina集科技文献快速报道、引证关系揭示、学科深度加工、外部资源开放链接于一体，建立了基于互联网的以中国核心科技期刊论文为基础的整合数字化学术研究环境。

---

① 详细内容参见http：//dref.csdl.ac.cn/digiref/index.jsp。

② 详细内容参见http：//www.sciencechina.cn。

Sciencechina的数据既可以独立使用，又有灵活的内链接，通过一篇论文提供的信息可以灵活地链接到同一作者、关键词、主题词、资助基金、学科分类的其他论文，并实现内部的跨库检索。Sciencechina在保证内部数据库灵活、充分链接的同时，采用开放机制与外部资源的链接，提供延伸服务，可以获取电子版全文、其他文摘数据库的链接、原文传递服务，获取Web资源和馆藏信息，与参考咨询服务系统相链接，随时咨询图书馆员。其为用户构造了以文献查询起点，以引文为基础，了解论文之间的内在联系，以知识为核心，建立学科信息的聚类与整合为过程筛选文献，以开放链接指向原始文献获取为最终目的的“一站式”服务。

4. 推行定制服务

中科院文献情报中心配合NSTL推出了新的服务——SDI定题推送服务，为各学科领域的研究提供相应的多种文献类型的文摘信息的推送服务。在中科院全院（京区）范围内选择了10位重量级的专家作为特殊用户，如袁亚湘、李静海、谭铁牛、阎保平、张道中、李芳华等，帮助用户注册和制定检索策略以及辅导使用SDI服务系统。

5. 加强信息素质教育

利用图书馆科技教育活动场所，积极组织中外科技工作者，尤其是著名科学家和院士参与到科学文化传播的行动中来。先后组织了科学报告会、论坛、科普展览、科技作品制作、多媒体和网络体验、培训、参观等多种活动。

加强培训课件、培训教程和网络培训教室的建设和管理，提供比较完善的网络培训服务，开通了网上读者培训专栏，提供新生入馆指南、读者培训计划、网上教室等。

开展了院所相结合，培训和服务相结合，现场活动和可持续服务相结合的“服务百所行”工作，推动研究所的读者培训和服务工作，推动所级文献情报队伍的建设。策划和组织地区文献情报中心、若干研究所图书情报单位面向全院各研究所科研人员的服务推广活动，统一编写培训课件，相继对北京、东北、华北、合肥等地研究所的用户进行了培训。

6. 建立学科馆员制度

2006年，中科院文献情报中心与分馆全面设置学科馆员岗位，建立了专门的学科馆员队伍，开展“融入一线，嵌入过程”的学科化服务，以提升科研一线信息服务能力、支撑科技自主创新为根本目标，采取学科馆员深入研究所科研一线并公开挂牌服务，与研究所图书情报室密切配合，共同为一线科研人员提供专业的、深层次的文献信息服务的主动服务方式，为中国科学院的知识创新工程提供坚实的文献服务和信息支撑。

学科馆员的人选，采用在院内外公开招聘，竞争上岗的方式进行。中科院文献情报中心对学科馆员的服务对象进行了划片和分工，务求目标明确、服务到位，并要求学科馆员深入研究所和课题组开展学科服务，跟踪课题组、融入知识创新的全过程，同时指导各分馆或研究所图书情报室开展资源建设和信息服务。学科馆员的主要职责如下：①负责对口研究所咨询服务的需求分析、服务设计，负责完成相关服务的年度需求分析和发展规划；②负责对各研究所学科咨询服务的组织和管理；③建立与对口研究所科技处、信息部门和主要科研人员的畅通联系渠道；④负责相应业务的调查分析评价机制、日常管理机制和支撑条件建设；⑤承担对口研究所的学科咨询服务工作，提供优质高效的学科咨询、用户培训、研究生信息素质教育等。

在学科馆员及其服务对象遍布全国的情况下，为了使学科馆员服务达到预期目标，中国科学院文献情报中心建立了一个功能全面、技术先进的学科馆员交流服务支撑平台。平台包括学科馆员交流平台、专业学科信息平台、用户信息服务信息管理系统和参考咨询系统。同时还应聘请学科专家，建立学科服务后台专家库，对一些专业性很强的问题，可联合相关的学科馆员和后台专家来共同服务。

中国科学院文献情报中心建立这一服务模式，通过学科馆员的努力，实现了图书馆、研究所和用户之间的无缝连接，并形成良好的互动，把信息服务融入科研创新活动中，为科研工作提供全面、准确、及时、便捷、高效的信息保障和个性化、知识化和专业化服务，有效支撑了中国科学院知识创新工程。

（三）创新管理文化

中国科学院文献情报中心成立了创新文化建设领导小组和创新文化建设办公室，建立了有效推进创新文化建设的组织体系，制订了创新文化建设方案，把建设科学文化和建设图书馆组织文化作为中心创新文化建设的两大目标，并使之相互结合，互为动力。在科学文化建设方面，主要是传播科学知识，弘扬科学精神及展示科学文明，提高科技工作者和社会公众的科学文化素质，发挥图书馆在科学文化建设中的作用。在科图文化建设上，以实现科学图书馆“新理念、新服务、新管理、新形象”为导向，着重加强科图创新文化“精神层、制度层、物化层”三个方面的建设。

（四）打造学习型组织

中国科学院文献情报中心建立了“图书馆发展战略论坛”，定期邀请有关方面的专家和领导为广大员工宣讲重大发展趋势，探讨重大理论和业务问题；经常组织大型学术研讨会的学术交流活动；组织部分骨干到其他图书馆进行学习考察、组织中层干部到香港地区、澳门地区图书馆进行学习考察，并实行考察和学习进修的公开报告制度，考察报告在电子馆务平台上发布。

中国科学院文献情报中心还建立“中层干部学习交流会”制度，领导班子成员和中层干部一起，就各自业务工作和部门的改革、创新和发展进行交流和主题发言；建立全员继续教育计划，要求员工每年完成规定学时的继续教育活动；为保障继续教育的规范和有序，修改了“中心继续教育暂行办法”，调整了继续教育经费使用办法，将全部经费的约50%用于部门的岗位培训；举办了多种与信息技术相关的理论学习和技能培训班，以及“英语听说能力”培训和图书馆学专业研究生课程进修班，提供系统的专业理论和继续教育的机会。

（五）重视专业研究与人才培养

中国科学院文献情报中心发挥组织智力资本，建设开放研究基地和专业高级人才培养基地。目前已基本建成四个中心：①不受时空限制的查询、检索和获取文献信息的信息资源服务中心；②开展科技情报研究、高技术情报研究的科技情报研究服务中心；③图书馆学情报学专业人才培养教育中心；④全院文献情报系统的业务指导、协调中心。

加强情报研究分析与共享平台建设，提高文献情报系统情报研究能力。①优先组织力量开展数理基础学科、战略性高技术领域、科技政策与发展战略等方面的情报研究，形成系列化、品牌化的有高影响力和显示度的拳头产品。②进行情报研究协同工作平台建设，组织文献情报系统的力量，吸收地方及社会力量开展相关领域的情报研究。③深入开展情报研究方法与技术体系的研究，引进数据挖掘、知识发现、科学计量学等方法，建立情报研究分析平台。④研究分析协同情报研究的工作模式，建立情报研究共享与协同平台以及相应的工作机制。⑤建立完善的情报研究管理制度，并围绕重点品牌建设的需要开展相应研究团队建设。

（六）构筑知识共享平台

中国科学院文献情报中心建设了电子馆务平台，实行馆务公开。电子馆务平台可以将馆务公开的内容快速传达给广大职工，使职工的知情权得到切实的保证。充分发挥自由论坛“双向互动”的特点，使广大职工群众能够畅所欲言，及时对中心的服务、科研、管理等发表自己的看法，能够为领导与员工的沟通开启一个“绿色通道”。电子馆务平台是包括馆务信息发布、馆内公文交换、员工信息交流、信息浏览查询、馆务文件存储等在内的统一平台系统。通过电子馆务平台，建立业界动态、学术交流、部门风采、研究资源、职工教育等栏目，鼓励员工发布学习体会、进行学术和经验交流（张智雄等，2003）。

二、上海图书馆的知识管理实践①

1995年10月，上海图书馆与上海科学技术情报研究所合并，成为国内第一个省（市）级图书情报联合体。上海图书馆馆藏丰富，门类齐全，拥有图书、报刊和科技资料近5200万册（件）。上海图书馆以“积淀文化、致力于卓越的知识服务”作为组织使命，以“精致服务、至诚合作、引领学习、激扬智慧”作为核心价值观，不断探索现代图书馆的多元化服务形式，向着“世界级城市图书馆”的目标迈进。

随着信息技术的发展，上海图书馆近年来主动适应用户需求，不断推出网络服务的新内容与新方法，大力推进以知识服务与知识导航为特色的知识管理。

（一）拓展网络服务

(1) 创建网上联合知识导航站。以资深专家挂牌，对读者提问进行解答，服务方式以电子邮件为主，附以网上原文传递、传真、邮件快递、网上实时问答等。设立网上联合知识导航站管理中心进行各类数据的即时统计和定期交流，并建立了一个问答知识库分类体系，方便读者按类检索获取所需的知识。

(2) 创建人大数字图书馆。从2003年11月至2004年1月，上海图书馆成功建立了人大数字图书馆，具体包括人大专题资料辑录、报纸导航、人大信息、新书推荐、网络文献资源维护、网上参考咨询、书目查询、讲座资源、专题调研、上图专递等10项服务内容。

(3) 创建文献提供中心。2003年，上海图书馆正式创建了新的业务部门——文献提供中心，该中心积极学习国外大学图书馆的相关经验，服务质量不断提高。

(4) 创建网上支付平台。网上支付平台顺应了网络环境下文献提供服务的发展趋势，为图书馆服务提供了一个新的突破口。

(5) 创建网上讲座与展览。为强化文化战略，增强辐射力度，努力构建上海精神文明建设基地，上海图书馆创办网上讲座与展览，通过自身的不断努力和与各界的广泛合作，努力而不断地为广大市民和求知者提供获取知识与信息的渠道，搭建领导、专家、学者与普通大众广泛交流的平台，形成人人共享的“城市教室”和“市民课堂”，以知识增强人们的力量，以智慧展现城市的魅力。

(6) 创建情报服务平台。发掘图情合一优势，依托上海图书馆和互联网海量资源，积极运用现代化的信息管理方法，立足科技信息，主动服务全国，为广大用户提供多样化、个性化的服务，并努力打造上海信息港的枢纽地位。

---

① 详细内容参见 http：//www.library.sh.cn。

（二）创新管理

实施形象识别系统，创建有利于知识管理的图书馆组织文化，包括理念识别系统、行为识别系统、视觉识别系统。为了增强员工的学习能力和创新能力，实行员工培训学分制，每位员工在一年中必须学完一定的学分才能考核合格。各部门必须制订培训计划并有规定比例的培训经费的保证，在部门中的成员修满学分后，该部门才能参评文明部门。为了激励员工知识生产与知识创新，从2001年开始，先后施行了评选优秀成果奖、优秀服务奖和金点子奖，不断提高馆员的工作积极性、创造性和自主性。

（三）创新服务

（1）大力推进以知识服务和知识导航为特色的知识管理，组建国内首家集资源和专家优势于一体的虚拟参考咨询服务形式的“网上联合知识导航站”。

（2）重视知识联盟建设，实现国际国内知识共享。与国际国内著名图书馆、一流大学和科研机构之间进行高层次、全方位的合作，充分发挥文献资源优势与教育科技优势，为图书馆界的资源共享创造了一种全新的形式，起到了示范的作用。

（3）让信息与读者互动，提供个性化知识服务。开辟“读者园地”、“网友互动”、“会员专区”和开展各种专题活动，并重视用户教育，开发隐性知识资源，为读者提供个性化知识与信息服务。

三、深圳南山图书馆的知识管理实践①

深圳南山图书馆坚持追求以能为本、服务于人的理念，引入企业文化机制，力图通过文化和精神动因实施能本管理，使发挥自身才能成为员工自发的追求。充分利用现代信息技术搜集、整理、储存、传播文献信息资源，为经济建设和科学研究服务，为提高大众文化素质服务。深圳南山图书馆在知识管理方面的主要实践表现在三个方面。

（1）完善职业培训体系，建立有效激励机制。①岗位轮换。鼓励员工轮岗，实行轮岗交流，能带动知识在馆内流动，增强对图书馆的全局了解，增加与他人工作的协作性；增强员工对自身知识的再认识，促进馆员在工作中学习、成长。②在职培训。每年拟定培训计划，由馆内相关专业人员交叉主讲图书馆专业知识、电脑基础知识、网络技能、基础专业英语等课程，员工可选学；将服务规范、馆训、读者服务中的常见问题编印成册发给每个员工，务求理解并改正；聘请知名企业家来馆进行企业文化专题讲座；拨出专用培训经费，用于员

① 详细内容参见 http：//www. nslib. cn。

工参加社会开办的各种相关岗位技能培训；鼓励员工利用业余时间参加各种继续教育课程的学习，取得成绩者核报部分学费；与武汉大学大众传播与知识信息管理学院合办图书情报研究生班，馆内员工符合条件者可全免学费报读。③激励机制。通过设立各种综合和专门奖项，分别对取得较好工作业绩、有良好工作态度、勇于创新、获得学术研究成果、确有成效地学习、有奉献精神的员工，给予荣誉或经济上的奖励。

(2) 促进馆内信息与知识共享。利用图书馆局域网，使各项规章制度、决定等均通过网上电子公告对全员发布，馆长、部门设公共文件夹，员工可查阅或上传文件。全馆人员外出参观学习后，都必须在全馆大会上讲述所见所得，使一人经历和体验带动全馆的思考；每季度出版馆刊《南图时空》，内容除近期事件报道外，多为馆内员工的个人心得或成果。为使不同的思想火花定期碰撞，使馆内学术气氛活跃，激发出更多、更好的创新思维，自1999年以来，中级以上员工定期举办学术沙龙，轮流主持，主题自定。为促进知识交流，集思广益，馆长发现有价值的信息，会与员工分享；员工有某种创新，也可直呈馆长。自2000年起，馆内特别设立了“建议奖”，鼓励个人在工作中多思考，并把自己的想法表达出来，使之成为集体智慧。

(3) 加强外部知识交流。与国内专家学者及本地各界知名人士等建立了长期的合作关系，聘请他们担任本馆课题项目的指导人，不定期邀请他们来馆举办讲座，听取他们对办馆的看法和建议等。与政府机构、多家图书馆和企业建立各种合作关系，取长补短。定期召开读者座谈会，让读者为图书馆管理与服务献计献策。听取读者意见，常年设立读者意见箱和投诉热线，明确处理程序，做到事事有结论（柯平，2006）。

有效的管理机制、良好的文化环境使得南山区图书馆的馆内知识、馆外知识互动流动，隐性知识与显性知识相互转化共享，从而有效地实现了知识管理。

四、广东东莞图书馆的知识管理实践①

广东省东莞市图书馆的知识管理实践主要体现在“构建终身教育体系，建设学习型城市上”，该馆开发了一个面向全体市民的开放式网上学习平台——东莞市民学习网。该网以数字图书馆为基础、以传统图书馆为依托，采用现代化的网络服务手段，利用现代远程教育技术，向全体市民提供基本免费的多媒体远程网络教学服务。

(1) 创建终身教育模式。市民学习网的宗旨即创建终身教育新模式，推动学习型城市的创建工作。通过建设开放的网上学习场所，倡导终身教育和终身

---

① 详细内容参见 http：//www.dglib.cn。

学习的理念，培育学习科学文化知识的良好社会风尚，使整个社会的每个组织都成为学习型组织；通过提供更为便利的学习条件，与学校、社区、家庭相结合，完善市民终身教育网络，创建一种新型的学习环境，营造更好的学习氛围，有效地推进学习型城市和学习型社区的建设，提高市民整体素质及整个城市的文化品位。

(2) 建立开放式学习平台。通过建立学习网新型开放式教学平台，积极有效地配合市政府实施的农民市民化塑造工程、再就业工程等工作，用现代化教育手段向全社会、各行业专业、各层次的社会成员提供全方位、高品位、多形式的教育培训服务，使图书馆、家庭、社区、单位每个地方都成为学习场所，让每个人的一生都处于一种学习状态之中，从而不断提高人的综合素质，促进人的全面发展。自 2005 年 5 月 29 日试开通以来，共有 600 多名市民正式注册，试用了大部分课程并提出了许多宝贵的反馈意见。

第十章 图书馆知识管理服务

图书馆实施知识管理的根本目的是更好地满足读者在知识经济时代和网络信息环境下对信息知识的各种需求。图书馆分别从技术、人力资源、组织结构、文化等方面建立知识管理系统、培育高素质馆员、构建知识型团队组织、建立学习型图书馆，是为图书馆拓展知识服务提供支撑与保障的重要手段，而图书馆知识管理服务就是运用知识管理的理论与方法指导和开展图书馆的各项服务工作，以充分发挥图书馆信息资源和人力资源的双重价值，帮助读者获取所需要的各种知识，有效支持他们的知识应用和知识创新。

第一节　图书馆知识管理服务方式

一、读者服务知识化

读者服务是图书馆运用其资源满足读者对信息资源需求的行为和过程，如文献的外借、阅览、文献宣传、阅读辅导、参考咨询、文献检索、网络信息导航、科技查新、定题信息服务等。无论图书馆工作发展到什么时候，读者服务都是必不可少的，无论科技如何发达，图书馆始终是一个提供服务的场所。服务性是图书馆工作的根本属性，为读者服务是图书馆工作的出发点和归宿。读者服务的水平和质量是衡量一个图书馆办馆水平的重要指标。

读者服务知识化是通过组织与管理文献资料中的知识，在传统读者服务工作中增加知识的含量，变被动服务为主动服务，提高服务的针对性和有效性。它要求读者服务由体力型服务向知识型服务转变：馆员的服务方式由体力劳动为主向以脑力劳动为主转化。读者服务知识化的重点不再是图书期刊，而是图书期刊中的知识与信息，即在单纯地提供文献借阅服务的基础上，结合读者需求的新动向，组建知识仓库，开展知识导航、直接提供知识单元、定题服务等服务形式，使得读者只有依赖图书馆员的图书情报知识、技能与其他学科专业知识才能满足个人需求。

要实现读者服务知识化，首先，图书馆员要全面了解他们的读者，根据读者的知识结构、信息需求、行为方式和心理倾向等提供个性化的服务。图书馆员可以从读者办证数据库、流通和馆际互借记录、经常咨询的问题、电话和电子邮件服务、电子资源利用等多方面收集大量的读者信息和统计数据，并经过汇总、分析之后运用于改进读者的服务工作；同时，也可以通过定期的用户调查来收集用户的满意程度和个性化要求。其次，依靠计算机和网络技术提供各种“特制”的服务来满足读者的需求，如我的图书馆、新书刊自动通告、续借和预约、报刊热点追踪、好书推荐、定题信息推送等，这些服务不仅在主动性和针对性方面大有提高，而且融入了图书馆员的智慧，体现出更多的知识性特征。最后，改善和提高自身的知识结构。图书馆员要做好信息的综合分析和研究工作，开展高层次的参考咨询服务，提供深加工的知识信息服务等，这些都要求图书馆员必须是集图书情报、学科专业知识、外语、计算机技术和网络通信技术于一身的复合型人才。图书馆员只有不断学习，提高综合素质，跟上时代的发展，才能更好地为读者服务。

二、知识型信息服务

信息服务有狭义和广义之分：狭义的信息服务指信息提供服务，它是信息提供者根据用户的需要，运用科学的方法，采用先进的技术手段向用户提供特定信息产品的活动，广义的信息服务泛指以产品或劳务形式向用户提供传播信息的各种信息劳动，包括信息的传播报道、信息咨询，以及信息技术培训和信息提供等多项劳动。

知识型信息服务是指从各种显性和隐性信息资源中，针对人们的需要将知识提炼出来的过程，它是以资源建设为基础和满足用户特定需求为目的的信息服务。图书馆所开展的知识型信息服务融入了馆员自身的知识及智慧，而且服务中的知识含量比较高。图书馆只有在知识型信息服务高度发达的基础上，才能大力开展知识服务。

知识型信息服务是为了满足用户的特定需求，使个人、组织乃至社会得以更好地生存和发展，它关注的焦点和最后的评价不仅是向用户提供所需的信息，而是通过服务，能否解决用户所面临的问题；与此对应的传统信息服务，只满足于具体信息、数据或文献的提供。知识型信息服务是基于专业化和个性化的服务，而不是大众化的服务；是基于分布式、多样化、动态资源或系统的服务，而不是基于固有资源或系统的服务；是基于集成的服务，而不是依靠大而全的系统或服务（刘佳，2003）。具体地说，主要区别如表 10-1 所示。

表 10-1　知识型信息服务与传统信息服务的主要区别

传统信息服务	知识型信息服务
基于数据或文献	基于用户决策目标
基于物理获取	基于信息内容利用和知识创造
基于馆藏固有资源	基于分布式多样化动态资源
按信息服务机构流程组织	按用户行为过程组织
标准化服务	个性化服务
涉及单一信息活动	涉及多种用户信息活动及其交互作用
基于标准和单一知识	基于复杂和变化知识
基于简单个别行为	基于团队努力
固定内容服务	动态连续服务
动态连续服务	强烈的学科专业化要求

三、知识服务

知识服务是为适应知识经济发展和知识创新的需要，根据用户问题解决方案的目标，通过用户知识信息需求和问题环境分析，对用户整个解决问题过程提供的经过知识信息的析取、重组、创新、集成而形成的恰好符合用户需要的知识产品的服务，是面向增值服务的服务。它是以用户为中心，利用知识管理的理论与方法，将用户需求同信息资源和信息技术相结合，以信息知识的搜寻、组织、分析、重组为基础，根据用户的需求，提供解决问题的方案。信息服务以“我是否提供了您需要的信息”为目的，知识服务则以用户的满意为目标，强调“是否通过我的服务解决了您的问题”。因此知识服务将贯穿于用户解决问题的始终，根据用户的需求，动态、连续地提供服务，而不是传统的提供用户所需文献资料服务的宣告结束的服务方式。知识服务更强调利用图书馆员自己的知识和能力，借助馆藏，对馆藏信息进行加工，形成新的具有独特价值的知识产品，来解决用户的问题。

如果说现有的流通阅览服务正在向知识化、个性化方向发展，那么知识型信息服务则更多地体现为知识服务，它们既具备了部分知识服务的特点（如文献传递、信息检索、网络咨询服务），又是知识服务的一种（如科技查新、定题服务、学科专业服务）。图书馆要从整体上实现知识服务，则应该将知识组织、知识导航和知识评价作为图书馆工作的重点。只有实现了从文献采访到知识采访、从文献组织到知识组织，从文献资源导航到知识导航，从文献评价到知识评价，才可能真正实现知识的有效组织、加工、增值和价值转移，从而实现更高层次的知识服务。

知识服务是一种人性化的服务，它不仅适应了用户对知识信息的需要，而且还适应了用户在知识创新过程中的心理需求。知识服务是在知识、信息共享与交流基础上提供的知识增值服务。它通过提炼和集成，并按某一知识概念和学科门类建立起某种关联，形成“知识的网络”，从而在更具专业化和个性化的水准上满足用户的知识需求。

第二节　图书馆知识服务

一、图书馆知识服务的概念

图书馆知识服务是指图书馆利用自己生产的知识信息、拥有的知识资源和知识设备，在适当的时间内满足广大用户的知识需求的服务活动。这种活动能够贯穿于用户解决问题的始终，它强调利用图书馆员自身的知识和能力，借助于图书馆的各种资源，对其知识信息进行加工，形成新的具有特定价值的知识产品，来解决用户所需要解决的问题。因此，图书馆知识服务是一种动态的服务，是一种将知识信息析取、重组、创新和集成的知识提炼过程，其产品是经过价值增值的、能恰当地满足用户需求的知识。

图书馆知识服务与传统的信息服务相比具有明显的不同，主要表现在五个方面。①服务定位不同。知识服务定位于最终用户问题的解决，而传统信息服务则定位于对用户需求的解决，只满足于文献资源的检索与传递。②服务的层次不同。知识服务不仅包括对已有的知识的获取、整理、传递，还包括服务人员综合运用隐形知识对已获取的有形文献信息进行深加工形成有价值的知识产品。而传统信息服务主要为用户提供原始文献资料。③服务方式不同。知识服务使一种综合集成性服务，而传统信息服务主要是一次性提供服务。④服务条件不同。知识服务对馆员素质、知识资源、专家系统以及设备设施等都有很高的要求，而传统信息服务只要在馆员掌握检索方法的基础上，依靠馆藏资源或网络信息资源就可开展工作。⑤服务价值不同。知识服务注重知识价值的挖掘和利用，对知识的创新、发展将起到积极的推动作用。而传统信息服务则主要满足人们学习、工作、生活的需要。

图书馆的知识服务以提供知识作为其存在的核心目的，但其必须通过服务系统与服务作业，即以服务为载体，将知识提供给用户。而图书馆的知识服务系统是以知识管理系统作为后台基础的，只有建立起知识服务系统，才能提供完善的知识服务作业流程，加快知识获取过程。知识服务系统由操作层、知识库、服务层组成（邢军和王华，2007），总体结构如图 10-1 所示。

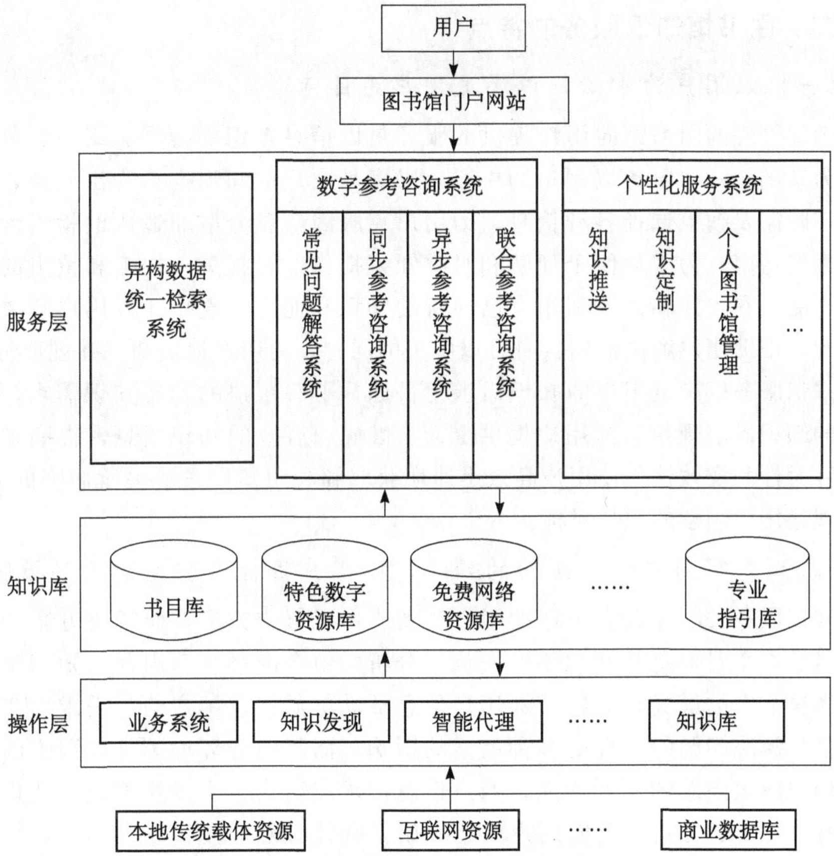

图 10-1　图书馆知识服务系统结构模型

在这个知识服务系统的三层结构中，知识库是系统的基础，操作层的功能是对资源进行处理及为用户的各种服务提供技术支持，服务层通过用户自主服务、专业化服务和个性化服务等三种方式为用户提供服务。

操作层主要是对图书馆收藏的各种载体的文献资源、互联网资源和引进的商业数据库资源等通过业务自动化系统和知识发现、智能代理、知识库及知识推送等技术进行搜集、组织、综合、开发的过程。其通过这些系统和技术的运用，将分散的、无序的各种资源加工成有序的可检索和传递使用的数字资源库，为图书馆的知识服务提供保证。

知识库由书目数据库、自建数字资源库、免费网络资源库、专业导航库等构成，是对用户开展服务的基础。

服务层是知识服务平台的核心，包括异构数据统一检索系统、数字参考咨询系统、个性化服务系统。其通过这些功能模块，以资源层数据库为依托，为用户提供各种个性化、专业化的服务。

二、图书馆知识服务的特点

（一）以用户为中心，以满足用户为目标

知识管理的图书馆向用户提供的服务是以信息知识的搜寻、组织、分析和重组为基础，一切服务以用户为中心，以满足用户的知识需求为出发点，根据用户实际需要搜集选择各种信息，为用户克服因信息分散而造成的检索困难并提供索引指南，为用户便于理解和吸收知识提供经过提炼、加工和重组的新的知识产品。它关注和强调利用自己独特的知识和能力，直接介入用户解决问题的过程，帮助用户解决他们自身难以解决的问题，为用户提供知识并创造价值。

知识服务以满足用户的知识需求为目标，了解用户的动态知识需求，研究用户的知识需求规律，为用户提供全面、准确、有效的知识信息，提高知识服务的针对性和实效性，使用户高效迅速地获取和利用知识去解决所面临的问题，以实现让用户满意的服务目标。

（二）贯穿用户信息活动的始终，以用户目标为驱动的互动性服务

知识服务关心并致力于帮助用户找到或形成解决方案，而解决方案的形成过程又是一个对信息和知识不断查询、分析、组合的过程。因此，知识服务将围绕解决方案的形成和完善贯穿用户信息活动的始终。用户信息需求的产生和利用信息解决问题的过程受多种因素的影响，而且随着环境等外部因素的变化以及用户解决问题的不断深入，用户信息需求或行为也会发生变化。所以，知识服务从了解、分析、研究用户问题开始，有针对性地搜集相关信息，帮助用户确定和调整信息活动的目标，并随时根据用户信息活动的变化重新筛选和组

织信息，自始至终不断提供支持用户解决问题所需要的知识。

知识服务要求在对用户信息活动全过程的参与、了解、分析的基础上，主动提供与他们不断变化的需求相匹配的知识内容，帮助他们形成解决问题的方案，而不仅仅是满足于按用户的要求提供原始的数据、文献或某些可供选择的信息范围。它使知识的价值得以实现，使服务成为有价值的服务。

（三）面向知识内容、实现知识价值的服务

知识服务根据用户提出的问题和问题环境进行用户需求分析，从大量现有或历史数据集合中发现并找出有用的信息，通过对信息的分类、组织和描述，识别并揭示信息内容，分析各种信息内容结构之间隐含的知识关联，从中找出与用户需求相匹配的知识，并用简明、科学的方法将知识内容显示出来，形成适合用户解决问题的方案，即将最恰当的知识在最恰当的时间传递给最需要的人。

知识服务不仅要提供符合用户检索需求的信息，更要确保所提供的信息能解决实际问题，只有被更多的用户用以解决实际问题，知识才能充分实现其价值。知识服务正是通过服务人员的知识和专业能力为原有的知识增添新的价值，通过提高用户知识应用和知识创新效率来实现知识和服务的价值。

（四）面向创新的知识化服务

知识服务关注和强调利用自己独特的知识和能力，根据用户的需求，帮助用户检索所需信息，并对大量信息进行分析、过滤、加工、重组，直至获得能解决用户实际问题的知识，形成能解决用户问题的新的具有独特价值的知识产品，这个过程就是新知识的创造过程。在知识经济时代，只有不断创造或融入新的知识，才能满足用户不断变化的知识需求。

由于知识服务中知识的价值体现在能解决用户的实际问题，其服务的价值在于满足用户的信息需要，并帮助用户实现知识的利用和创新，所以在知识服务中，用户正是利用经过组织、加工、整合形成的新知识，在解决问题的过程中不断启发新思维，促进了知识的不断创造和更新。

（五）注重文献深层次的开发及服务内容的个性化、专业化服务

知识服务是站在用户的角度，为用户量身定做满足需求的知识信息，帮助用户解决实际问题。不同用户需要解决的问题各不相同，同一类问题的用户因自身的特点而需要有适应不同个体的不同的解决方案，即使同一问题的用户也会因解决过程中的不同特点和外在因素的变化有不同的方案。因此，每个用户的方案是唯一的、特定的。

知识服务正是根据用户的信息行为习惯和需求特点，通过采用适合用户个体的多样化服务过程和个性化服务行为来实现的。而拘泥于固定模式的传统信

息服务方式，提供的服务结果都大同小异，难以满足用户个性化需求和解决用户的实际问题，不利于知识的应用、创新，同时也限制了信息服务人员主观能动性和创造性的发挥。

（六）服务手段多元化、自动化、网络化的综合集成服务

知识服务是要将各种资源（包括人力资源、信息资源和技术资源）有机地整合起来，发挥服务机构在人力和智力、信息与技术等资源方面的整体优势。它将通过开放式服务模式、系统集成、服务集成、团队工作等多种方式联合、协调，利用多种知识资源来提供知识服务。综合集成与一般集成的最大差别在于，人作为综合集成的组成部分在系统中发挥主要作用，可以由专家介入，利用现代信息技术、多媒体技术、人工智能技术、虚拟现实技术等解决用户的复杂化问题。

综合集成的服务模式已不是传统的线性的纵向的关系，而是形成了复杂的、纵横交错的但又条理清晰的关系的“蛛网”。这是一种柔性的开放式动态结构，可以形成虚拟化的组织运作方式，可以扩展并形成新的服务联盟，从而极大地提高知识服务的灵活性和智能性，增强知识服务的力度和功能。

三、图书馆知识服务的方法

（一）用户需求调查

知识服务是以解决用户问题为直接目标，通过对用户知识需求和问题环境的分析，向用户提供经过筛选加工处理的符合用户需求的知识产品。这种服务需要贯穿于用户解决问题的全过程，要根据用户的具体需要对有关的知识内容进行筛选、重组，提出解决问题的方案，同时还要根据用户工作的进展连续不断提供有关知识的服务。加强对用户知识需求的调查，可使服务者针对不同的用户提供相应的知识信息，以取得最佳服务效果。从用户类型、群体特征、年龄、职业等各方面对用户的需求状态、特点、信息心理、行为及信息利用过程和效果等展开研究，是图书馆为用户提供知识服务的依据。因此，在知识服务系统中，知识服务用户不仅仅是知识的接受者和知识产品的消费者，他们还是知识服务及知识服务市场的促进者，并可能成为未来知识的创造者、知识产品的提供者，他们的知识需求状况、利用水平、满意程度，乃至各种反馈意见、评价等对知识服务系统的建立和持续发展起着重要作用。

1. 用户需求调查的内容

（1）了解提取用户的需求信息。这是实施知识服务的前提，只有根据用户提出的要求，以此明确服务的目标，才能有针对性地为用户提供服务。

（2）对所获得的用户需求信息进行分析、研究和管理，使之成为指导服务

的知识。这是知识服务实施的基础和提高服务质量的关键，只有在充分掌握用户需求信息的基础上，针对性地搜集知识、组织知识、开发知识、推送知识给用户，才能最终解决用户的问题。

2. 用户需求调查的方法

在传统的图书馆用户需求调查工作中，主要通过座谈会、发放调查表、设立留言簿或者是与读者面对面的交流等形式来收集和获取用户的需求信息。这些方法在长期以来的读者需求调查工作中发挥了重要作用，而且在以后若干年内还将继续适用。但是随着现代信息技术和通信技术的发展，现代网络环境为图书馆开展用户调查和实施知识服务提供了更加便捷的条件。

（1）问卷调查法。它是利用用户常用的检索界面设置一份含有若干问题的问卷让用户填写来确定用户需求的方法。为方便用户填表及简化处理，大部分问题都以提供若干选项让用户进行选择的形式出现，少数确实无法做成“选择题”的问题则让用户用文字等方式表述。这是一种简单实用的方法，但它增加了用户的负担，容易让用户产生抵触情绪。尽管如此，问卷调查法仍然是一种很有效的方法。

（2）利用智能 Agent 获取。这是通过监视用户的信息查询过程来自动获得用户信息需求的方法。它是在用户的终端上运行一个监视的信息代理。信息代理将用户在浏览 Web 页面时的相关信息不断传送给远端的服务器，服务器对信息进行整理组织，从中分析出用户的信息偏好和需求趋势。

（3）浏览历史记录与书签。在常用的浏览器中，当用户在地址栏中输入一个网址进行浏览时，系统会自动将这个网址记录下来，这些浏览历史反映了一定时期内用户对网络信息利用情况，是用于分析用户信息选择取向，确定用户信息需求的一个很好的依据。浏览器中还有一个浏览书签（Bookmark）功能，当用户在网上浏览时，如果遇到自己喜欢的站点和主页，只要点浏览器中的 Bookmark 菜单，就能将当前的站点存入 Bookmark 中，想再次访问时直接从 Bookmark 中取出即可。用户还可以对 Bookmark 进行多级目录管理，不同的目录反映其不同的兴趣。相对于浏览历史记录而言，Bookmark 的组织性要比浏览历史记录好得多，更便于进行有效的分析。通过这种网上服务，分析系统可以获取用户上网情况的完整、准确的资料，从而更有效地发掘用户的知识需求。

（二）知识组织

知识组织是指为促进或实现主观知识客观化和客观知识主观化而对知识客体所进行的整理、加工、引导、揭示、控制等一系列组织化过程及其方法（蒋永福，2000）。它是在信息获取和信息预处理的基础上，通过智能检索、数据挖掘、数据仓库等技术，对信息进行精简、提取，发现隐含在信息中的有用知识单元并对其进行集合组织的过程。进行知识组织是为了解决知识存储的分散化和无序化的问题，从而优化知识获取环境，尤其是对海量的、零散的、无序的网络信息资源经过筛选、分析，将一些相互关联的知识单元按照一定的结构组织起来，形成一个个有序的知识集合体，提供给广大用户使用。

目前，图书馆进行知识组织的目标已不再单纯地停留在简单地以文献为单元的知识存储程序和提供知识，而是通过对知识内容的融合分析、归纳、推理等方法来挖掘、表述、重组和编辑新的知识产品，通过对用户知识库的分析，获得用户的需求爱好、使用习惯等非常细节化、具体化的用户信息，准确把握用户需求，及时调整服务的角度和内容，最大限度地满足用户的知识需求。它是有效控制、传递知识，提高知识利用率的重要手段。

知识组织的方法从传统角度有以学科聚类为基础的分类法和以知识主题概念的语义网络为基础的主题法，这是两种最基础的知识组织方法。从知识组织活动对知识本身所起的作用角度来看知识组织方法可归纳为七个方面。

1. 知识重组

知识重组是知识组织的一种重要方式，其原理是对原有知识的知识因子或知识关联进行语法结构上的重新组合，形成另一种形式的知识产品。知识重组的目的是通过对知识客体结构的重新组合，为用户克服因知识分散而造成的检索困难提供索引指南；为人们提供经过加工整序后的精练性知识情报；为用户便于理解和吸收知识，提供评价性或解释性知识。知识重组包括知识因子的重组和知识关联的重组：

（1）知识因子的重组。知识因子的重组是将各知识单元或知识单元集合中的知识因子抽出，对知识单元进行形式上的归纳、选择、整理和罗列。由于只是对知识因子进行组织，而并未改变因子间的联系，所以在重组过程中没有产生新知识，只是单纯对知识进行形式上的整序。在文献情报工作中，往往利用知识因子的重组，形成文献知识的索引系统，如主题索引系统和分类索引系统。它们的产品形式就是各种类型的二次文献，包括目录、索引、文摘、题录、书目之书目、文献指南等。

（2）知识关联的重组。从相关知识领域中提取大量知识因子，改变原有各因子间的关系，对记录有相关知识因子的大量公共知识的内容进行去粗取精、去伪存真、由表及里、由此及彼的分析与加工，删除不必要的关联，改变不恰当的关联，并将知识内容按因子进行有序排列，形成更加系统、知识含量更高的文献——三次文献。这种重组不只是知识单元量的增加，更为明显的是知识在更高层次上的网络化、综合化，是内容的提纯和浓缩。它在众多公共知识中提取大量的结点，并赋予各结点相应的联系，故对知识的组织更加全面、概括，形成了某一领域规模较大的知识多维网状结构，如综述、述评、专著、教科书、词典、手册、年鉴、名录、百科全书等。

2. 知识表示

知识表示是指把知识客体中的知识因子和知识关联表示出来，以便人们识别和理解。知识表示是知识组织的基础与前提，因为任何知识组织方法都要建立在知识表示的基础上。知识表示又分为主观知识表示和客观知识表示两种：

（1）主观知识表示。主观知识存贮于人脑中，对它的表示表现为复杂的人脑神经生理与心理过程。目前的科学发展虽未完全探明人脑主观知识表示的内在机制，但在人工智能专家系统研究领域，对人脑的知识表示机制进行模拟研究已取得了可喜成果。专家系统对专家知识的表示主要采取以下四种方式：逻辑表示法、产生式规则表示法、语义网络表示法和框架表示法。

（2）客观知识表示。客观知识存在于各种类型的文献中，具有确定的知识因子和知识关联结构。对客观知识的表示就是把文献中的知识因子和知识关联用一定方式表示出来。对文献知识的表示，目前普遍采用分类标引法和主题标引法。

3. 知识聚类

知识聚类组织法是指将知识按一定的聚类标准分门别类地加以类集和序化的过程。它的基本原理是“物以类聚”，即根据事物的不同属性，将属性相同或相近的事物集中在一起，将属性不同的事物区别开来。按所采用的聚类标准的不同，它可分为不同类型，如按学科聚类、按主题概念聚类、按人聚类、按用途聚类、按时空聚类等。知识的聚类可以揭示出众多知识的相互关联，便于用户综合利用。

4. 知识存检

知识存检是由“存储”和“检索”两方面构成的系统或过程。知识因能存贮而得以积累和延传，因能检索而得以吸收利用。建立科学有序的知识存检系统，是知识组织活动的重要任务。知识存检可分为脑内存检和脑外存检。知识的脑内存检（记忆）过程，实际上就是主观知识的形成过程，它是一切脑外知识存检方法均应遵循的基本依据，因为一切脑外知识存检方法的根本目的就是为个体的知识记忆服务。知识的脑外存检又分个体的脑外存检和公共的脑外存检。前者表现为个体的随机行为过程，难以把握和描述其普遍规律。知识的脑外公共存检属于客观知识的存检范畴，也属于文献存检范畴。社会上的文献部门就是从事文献公共存检工作的专门机构。

5. 知识编辑

知识编辑是指对知识客体进行的搜集、整理、加工制作等编辑活动。知识编辑的过程一般表现为先“辑”后“编”，即先搜集相关资料，然后加工制作成特定形式的知识产品。根据编辑体例和编辑产品的不同，知识编辑可分为七种类型：辑录性编辑，如类书的编辑；撰写性编辑，如辞书、百科全书的编辑；

汇集性编辑，如丛书、文集的编辑；审读性编辑，如专著、论文的编辑；译介性编辑，如翻译作品的编辑；评介性编辑，如综述、书评的编辑；专辑性编辑，如专题知识讲座的编辑。

6. 知识布局

知识布局是一种宏观的知识组织方式，其对社会上的知识资源进行调配和布局，以实现知识资源的合理配置，满足社会、经济、文化发展的需要。根据知识载体的不同，知识布局可分为主观知识布局和客观知识布局。主观知识布局主要是通过对主观知识的拥有者——人的配置活动来实现，主要有自然性布局和政策性布局两种形式。客观知识布局基本上属于文献资源布局的范畴。所谓文献资源布局，就是从宏观上制定目标和规划，进行协调和分工，以指导文献情报部门的文献收集工作，突出各自优势，形成比较完备的收藏，并将其作为社会的知识资源，共享共用，从而建立文献资源保障体系的布局方式。

7. 知识监控

知识监控是一种知识的外在组织方法，指政策主体按照自己的意愿和利益，制定相关的政策法规，对知识主体（包括生产主体、管理主体和利用主体）的行为活动加以限定和监督。知识监控，其目的是完善知识系统的内在秩序。它可以分为思想监控、法律监控、标准监控三种类型。

（三）知识开发

知识开发建立在知识组织的基础之上，根据用户要求，针对具体用途和目标，对系统采集的各种层次和范围的知识信息进行深层次加工，通过智力劳动、知识重组和知识再造，寻求知识间的内在联系，形成具有独特价值的、适合用户需要的知识解决方案和知识产品的过程，如建立数据库、知识库，开发智能工具、应用软件等。它是一种导向型的研究活动，需要深入了解用户的信息需求及其变化规律，制定相应的研究措施，然后通过对相关知识信息的收集、提炼、归纳、比较、分析、综合、演绎、推理来完成，这其中包括对文献信息资源、网络知识资源、显性知识、隐性知识等的开发，特别是在知识开发过程中包含了图书馆员创造性的智力劳动，这种智力劳动使知识产品产生了增值。图书馆知识开发关注和强调的是利用自己独特的知识和能力，通过对信息和知识的深层次加工，形成有独特价值的知识解决方案和知识产品，解决用户凭自己的知识和能力所不能解决的问题，从而实现自身在社会创新、知识扩散和知识应用链条上的独特价值。知识开发的步骤如下。

（1）明确用户需求。根据用户提出的要求，有针对性地为用户提供服务。对所搜集的文献知识资源信息进行筛选，然后按专题内容进行类聚使之有序化，并编制专题目录，使静态的零散的专题文献信息转换成集中的动态知识资源。对网络知识资源要借助搜索引擎，确定信息源，找出所需信息。

（2）进行知识重组和再造。知识重组和再造是知识开发的两个重要环节。知识重组是在占有大量信息资源的条件下，根据用户的需要，寻求知识的内在联系及未来动向，形成动态知识系统的过程。知识再造是在知识重组的基础上，通过图书馆员的智力劳动，在现有知识水平、知识联系及知识未来水平预测的基础上形成新知识的过程。

（3）形成知识产品。知识产品是知识重组和再造的结果。对于文献知识资源来说就是对整序后的专题知识，作深入的研究、提炼、综合，通过再创造，撰写成综述、述评或调查报告这样的三次文献，为用户提供一种新知识、新资源。网络知识资源是对获取的信息，按照一定的主题进行过滤、分解、梳理及综合归集各类专题目录，并通过信息单体进行综合加工，生成的用户需要的序列化网上专题知识产品。

（四）知识集成

知识集成是在知识开发的基础之上，根据每一项服务的具体情况，运用科学的方法对不同来源、不同层次、不同结构、不同内容的在开发阶段形成的知识仓库和网上所有开放的虚拟信息资源进行综合、实施再建构，使单一知识、零散知识、新旧知识、显性知识和隐性知识经过集成形成新的知识体系，实现知识服务之目标的服务方法。知识集成过程输入的是分散的知识，输出的是具体的、系统性的知识，通过集成把分散的知识整合成统一的、连贯形式的知识体系。知识集成主要包括两个方面：一是对存在于员工头脑中的隐性知识进行集成，包括知识的共享和隐性知识的外化等内容；二是对分散在不同协作单位间的知识的集成，包括组织内的不同部门之间和不同组织之间的知识集成。因此，知识集成具有创新性、协同整合性、非结构化和非确定性及泛边界性等特征。

（五）知识导航

知识导航是指引用户到特定的地址获取所需要的知识信息。对于图书馆来说，目前提供的服务仅满足了人们一种简单的需要——寻找文献，而非“寻求知识”的需要。要满足人们“寻求知识”需要的目标，只有在图书馆能够深入揭示文献的内容，即知识的时候才能实现。这种揭示依靠现有的书目数据库还无法完成，只有具备了基于内容的数据结构和检索算法的大型知识库以及大量强大功能的导航工具，才可能去揭示各种知识。

1. 知识导航在图书馆的应用

21世纪的图书馆将充分利用现代化信息技术，有效发挥知识导航的功能，成为馆内服务与网上服务相结合的高度现代化的知识网络。在数字化领域，图书馆将更加重视知识导航在资源配置中的应用，进一步展示其知识导航的功能。

利用现代网络技术将更多的特色资源和常用资源数字化，通过元数据的应用和普及，对网络信息资源进行组织研究，使之更加有序化，最终形成知识库供用户使用。

（1）知识内容的采集与分析。数字化内容的采集面临着质量和成本两方面的挑战。第一，采集前需要考虑质量问题。现在网上发布了不少畅销书排行目录，以及根据访问者评价的统计向用户提供信息资源的合作评定服务，虽然这些可能会使用户对所采集的内容质量做更好的判断，但同时也增加了复杂性。第二，需要考虑知识产权、知识内容的数字化和维护所需要的费用。对采集已数字化的内容，只要格式规定好，传输十分方便。如果采集的是有形文献，则必须先进行数字化。在数字化过程中还必须考虑采用什么分辨率、什么格式，以及在 OCR 及其后的校对中采用什么文本、如何链接同一馆藏的多媒体的不同表达方式（声、光、文字）等。

（2）知识内容的确定和处理。在进行知识内容的采集和分析时，要对知识导航的内容进行确定，并以“查准”为最终目的。同时要强调时效性，知识导航者要有超前意识，及时关注业内动态信息及知识导航内容的确定，要做到准确性和时效性的统一，要与数字图书馆的服务特色和服务宗旨相结合，而不能被传统图书馆的馆藏和读者群所限制，要树立为全球读者服务的大知识导航观。知识内容的处理，就是对确定的知识内容予以理解、比较、筛选、排序、评比、合成。已实现知识内容的成果，可实现智能化处理的内容由智能转换完成，以实现知识内容的理解和合成，如多媒体知识内容的处理，要做到人-机交互更自然、更方便，势必要对多媒体表达的内容理解、推理、合成。多媒体内容理解涉及对其目的、意图的解释，是多模态信息空间的压缩映射，或者是一种抽象表达，为更高一级的处理提供知识。合成包含着对信息的推理，利用信息空间的自由度，从低维表达映射到高维表达，扩大信息空间容量等。

（3）维护知识内容的储存和数字化馆藏的储存。首先，在物理系统中，每一馆藏只有几个目录卡，而在数字化系统中它可以有多达数十甚至数百个索引条目或许多不同层次的表达，多重和不同的索引对构建新颖灵活的存取知识内容界面是最重要的。其次，与必须单独存放在某特定空间的有形馆藏不同，同一数字化信息可以存放在许多不同地点，从而使概念和馆藏之间的多重逻辑关系可以在数字化环境的检索和浏览中得到充分利用。最后，数字馆藏会变化，一篇数字化文献由于容易改变，可能有很多版本，这就要求对文献版本进行维护管理，如包括更新和抹掉这些版本的链接。除了控制版本，还必须处理索引和文件格式的多重性。当在性质截然不同的文献之间建立超文本链接时，链接管理往往是问题最多的。例如，要求所有链接指向网址的主页时数据库的链接管理是有益的，但对希望直接找到有关信息的用户却是无助的。

2. 知识导航的功能

（1）知识的链接。图书馆是知识网络系统中一个重要的链接点，可以通过图书馆主页这个窗口充分利用本馆资源，再加上对国内外相关资源的组织和索引，延伸服务范围，开展各种服务，如数据库检索，尤其是全文数据库检索、全文传递；常用数据库检索 URK 提供；本馆自建特色数据库提供（学科文献数据库、学位论文数据库、科研成果数据库、专家学者数据库等）；专业期刊目次通报；建立 Internet 阅览室，传播网络应用技术，开展 Internet 导航等。

（2）知识的组织。知识组织在前文已详细论述，在知识导航服务中，要充分考虑用户的需求，以及用户吸收利用信息的模式和规律性。通过对知识单元的重新组合，为用户提供有效的索引途径，根据用户的需要快速有效地组织信息，将信息源中大量无用信息删掉，科学地组织对用户有益的信息，为用户提供系统化的知识服务。

（3）知识的导引。知识导引包括传统的知识导航和网络资源的知识导航。传统的知识导航包括分类导引、主题导引和知识浓缩导引；网络资源导航包括网络资源信息导引和个性化信息导引。分类导引，即图书经过分类按学科形成知识体系，并用符号将其固定下来，再按照一定的科学系统进行传递和导航；主题导引，即用主题词、关键词等来标引知识、信息的方法，特别是现今网上信息资源多而杂，用主题途径进行知识导航是有效的方法；知识浓缩导引，即对文献信息中的知识单元、知识内容进行引导，如对文献中的知识内容进行浓缩、提炼，编成文摘、提要等，使用户用较少的时间和精力，获得较多的信息。网络信息资源引导，是指读者可以通过 Internet 进行公共书目查询（OPAC）、文摘索引光盘检索，可以利用全文数据库及电子期刊等轻而易举地获得大量的知识和信息，而且可以跨地区获得远程知识信息。文献数字化的发展、网上信息资源的大量增加，促使各种搜索引擎产生，知识导航进入多元化、多重化方向，知识服务要发挥知识信息筛选、整合、重组、传播的作用和知识信息侦察员的作用。个性化信息引导是指随着网络在全世界范围的迅速发展，传统图书馆的大众式服务受到了冲击，个性化服务将成为 21 世纪图书馆读者的基本需求。

因此，网上知识信息的大量增长及其无序化的现状，要求知识信息服务工作必须根据用户的特殊需要，提供专业的、特色化的知识信息，并定期向用户进行个性化、专业化的知识导航。但是，在为用户提供知识导航的同时，还应该对导航库的各个网站或者是某个信息进行正确的评价，以使读者能做出正确的选择。所谓评价包括对相关网站及其资源和服务情况的介绍，也包括对知识信息的来源及可信度利用率评价，还包括对某一具体文献、信息内容的介绍、评价等，目的是使用户更加清楚地了解所要访问的网站或所要找的文献等的真实具体情况，有利于用户更方便利用知识信息。

（六）知识评价

知识评价就是判断、评估知识的价值，将无价值的知识剔除出知识库。它包括对知识开发过程和对知识应用效果的测评，具体包括知识获取、整理、更新的速度、知识的条理性和系统性、检索的方便性、知识仓库的规模、库内知识与服务对象的相关程度等。在知识评价过程中，应该从知识的有效性、新颖性以及潜在的有用性上对它们进行综合的度量，不仅在将知识存入知识库之时，评价知识的价值，决定是否存入知识库及其在知识库中的“有效期”，而且还要定期评价知识库中知识的价值，将过时的、失去价值或价值较小的知识予以剔除。这样既根据前端控制原则，从源头保证了知识库的质量，又遵循了知识老化的规律，持续地保证了知识库的质量。

四、图书馆知识服务的技术

（一）数据库技术

数据库是为满足多用户的多种需要，按一定的数据模型在计算机系统中组织、存储和使用的相互联系的数据集合。它由相关数据集合以及对其进行统一控制和管理的数据库管理系统构成。数据集合中的数据是结构化的，它们由数据库管理系统软件集中统一控制和管理，以便于及时、准确、有效地操作。在人们追求知识服务和知识利用的形势下，数据库技术也不断发展，它从简单的数据检索操作发展为数据分析推理，逐渐形成了数据仓库、数据挖掘等技术。数据仓库是面向主题的、集成的、稳定的、不同时间的数据集合，用于支持管理决策制定过程。在知识服务中，它可以根据用户需要对大量数据进行清理、抽取和转换，并按需求主题重新组织，形成一个综合的面向分析的用户需求支持环境。数据挖掘是指从大量数据中采掘出隐含的、先前未知的、对决策有潜在价值的知识和规则，从而可以从数据仓库大量数据中发现新的适合用户需求的知识。无论是数据仓库还是数据挖掘，它们都是知识服务过程中进行知识组织必不可少的技术。

（二）超链接技术

所谓超链接（Hyperlink）是建立在超文本技术基础上的，在网络页面上实现内容相关的文本或图形之间的联系，用户只要用鼠标点击这些文本、图形或主题就可以得到它们所链接的内容、网页、网站，由此方便用户对网络信息的快捷访问。Web是以超文本和多媒体形式存在的网络信息空间。超文本是一种含有指向其他文本指针（链接）的文本。超文本链接使得Web文档不再像书本那样是固定的、线性的，而是可以从一个位置跳转到另一个位置，从一个主题迅速跳转到另一个相关主题。而超媒体链接可使存放在不同物理位置上的信息在逻辑上一体化，实现了分布于全球范围的网页定位与网页间（通过超链接技术实现）相互链接。超链接是互联网上普遍存在的现象，因为它是实现网络信息快速传递、方便用户操作和获取信息的技术手段，所以任何一个站点一般都要使用到超链接技术。

链接包含页内链接和系统内链接两种方式。前者可使同一文件在该文件的不同部分之间“闪回”，其主体是同一服务器。后者主要是属于不同主体服务器之间的系统间的链接。目前，系统间的链接方式分为三种类型。①链出（Linking out），即从自己的网站链接到别人的网站，将访问自己网站的人彻底带到别人的网站，或将访问门户网站的用户带到自己的网站。②链入（Linking in），是指用户在设链者的网站中阅读使用被链者网站信息的行为，即访问者打开设链者的“链接”时，访问者浏览器地址栏仍然是设链者的域名，而访问者网页上出现的却是被链者网页的内容。③镶边（Framing）。镶边技术又称加框技术，是指设链者将自己的网页做成一个框架，将别人网页变成自己网页框架内的一个窗口。超链接技术把以传输信息为主要功能的因特网变成到处可实现计算资源、存储资源、信息资源、知识资源等全面共享的网络，为用户提供所需要的信息和服务。

（三）信息推送技术

信息推送技术是指通过一定的技术标准或协议，通过固定的频道向用户发送有关知识和信息的新型传播系统。推送技术是多点播送和多址发送内容传递的结合，是基于网上主动信息服务系统的主动信息服务技术。互联网的信息推送技术主要有频道式推送、邮件式推送、网页式推送。频道式推送是将某些页面定义为浏览器中的频道，用户可像选择电视频道一样接受有兴趣的内容。邮件式推送是用电子邮件方式主动将信息发布给用户。网页式推送是在一个特定网页中将所要推送的信息提供给用户。此外还有专门式推送，它是采用专门的信息发送和接收软件，将有关知识信息推送给专门用户。采用知识推送技术及时地向用户推送不断更新的动态知识信息，不要求用户有专门的技术。

图书馆采用知识推送技术不是盲目的推送，而是根据用户的需要，通过系统对网络信息资源的定期搜索，选择与用户需求有关的知识，在指定的时间内把用户所需的知识和相关信息主动推送给专门的用户。它所提供的是一种经过加工整理的、带有目标的、高速流动的，可以控制的知识，能够主动寻找合适的知识用户，因而大大提高了知识的有效传递率和利用率，保证了知识服务的质量。图书馆一般采用邮件式推送，因为这样更符合个性化需求。

（四）智能代理技术

智能代理是一种软件程序，它使用代理通信协议进行信息交换，以实现用户问题的自动解决。它在用户没有明确具体要求的情况下，能根据用户的需要，代替用户进行各种复杂的工作，如信息查询、筛选、管理等，并能推测用户的意图，自主制订、调整和执行工作计划。智能代理技术是网络技术、数据库技术与其他决策支持技术的集成，涉及数据仓库、数据挖掘、人工智能等多方面知识。用于网络的智能体是一个能模拟人类行为和关系、具有一定智能并能够自主允许和提供相应的服务。在不需要用户监督的情况下可以昼夜不停地运行，搜索有关信息，在网上给用户提供一个服务清单，在其神经网络技术导引下，用户可以迅速进入那些需要长时间交互才能达到的页面。

智能代理技术在图书馆的应用主要体现在四个方面。一是资源导航。根据用户的需求或意图，代替用户寻找网上的知识，或告诉用户所需的知识在网络的何处。二是用户问题解惑。根据网上的知识资源，解答用户提出的某方面问题。三是信息过滤和筛选。根据用户指定的条件，从大量流向用户的网上信息中筛选出符合用户条件的知识，并以不同的形式（如全文、摘要、标题）呈现给用户。四是知识发现。从网上大量的原始数据中，整理出能反映其中规律的知识呈现给用户。图书馆运用智能代理技术不仅增强网上服务能力，而且大大改善服务的质量和水平。

（五）并行网络搜索引擎技术

目前，网络信息检索技术最主要的是搜索引擎技术，搜索引擎实际上是一个专用的服务器，也可以说是因特网上的一类网站，这类网站与一般的网站不同，其主要工作是收集网络上成千上万的网站和网页信息，组成庞大的索引数据库，供上网者浏览查询。一般来说，搜索引擎主要采取两种方式实现对网络信息资源的检索，一是采用分类主题目录形式，将网站进行树状的分类，所链接的网站必须至少归属于其中一个类别，形成类似图书馆目录一样的分类主题目录，用户通过逐级浏览这些目录来找寻自己需要的内容，但这种方式在分类和目录整理中需要大量的人力。二是使用关键词匹配方式，其处理对象主要是文本，它能够对大量文档建立由字（词）到文档的索引库，在此基础上，用户在使用关键词对网页进行搜索时，系统将会显示含有该检索用词的所有网站、网页和新闻等匹配信息。关键词检索能解决对网页细节的检索问题，只要用户输入关键词，系统将通过蜘蛛机器人自动在选定的范围内进行检索，并将所检索到的信息自动标引导入索引数据库中，匹配所检范围中的网页，就能得到检索结果。但通过这种方式在许多情况下，用户很难简单地用关键词或关键词之间的组配来准确地表达真正需要的信息内容，表达困难导致检索困难。

虽然每个搜索引擎的覆盖面都相当有限，而且不同搜索引擎中的内容会相互重复，但每个搜索引擎中还是存在自己独有的信息，尤其是那些专门化的搜索引擎。因此，我们要全面搜集和组织某方面的知识信息，往往需要使用多个搜索引擎。然而每个搜索引擎的交互式界面和搜索规则都各不相同，若到每个搜索引擎上逐个搜索信息，不仅要求熟悉每个搜索引擎的界面和搜索规则，还得耗费大量时间和精力。如果采用并行搜索引擎技术，在一个界面输入查询条件后，搜索命令会同时被发送到不同的搜索引擎或索引上，最后以一致的格式返回搜索结果。并行搜索引擎，也称作大容量搜索引擎或元搜索引擎，它最适宜于简单的单个短语或单词搜索，或者是需要某个主题的概况，它可以快速地、全面地提供查询结果。若要进行更深入的搜索，还可以通过并行搜索引擎的入口进入独立搜索引擎上。并行搜索引擎技术为知识服务所需的知识资源的集成提供了技术支持，但现有的并行搜索引擎技术还存在一些不足，它虽然有较高的查全率，但搜索结果不够准确和清晰。

（六）网格技术

网格是构筑在互联网上的一组新兴技术，它将高速互联网、高性能计算机、大型数据库、传感器、远程设备等融为一体，为科技人员和普通百姓提供更多资源、功能和交互性。互联网主要为人们提供电子邮件、网页浏览等通信功能，而网格的功能则更多更强，它除了能让人们透明地使用计算、存储等其他资源外，还包括通信、软件、信息硬件及知识等资源（Fostet and Kesselmen，1999）。网格可以利用现有的网络基础设施、协议规范、Web和数据库技术，为用户提供一体化的智能信息平台，信息服务一旦在网格上部署、注册、创建、调用后，就成为网格上的点。在这个平台上，信息的处理是分布式、协作和智能化的，用户可以通过单一入口访问所有信息。

网格由六个部分组成，即网格结点、数据库、贵重仪器和设备、可视化设备、宽带网和网格软件。其中计算与信息处理的源是网格结点上的数据。网格结点是地理上独立的计算和信息中心，根据其功能可分为两类结点：计算结点和信息处理结点。网格将分布在不同地理位置的资源通过高速的因特网进行资源集成，从而提供一种高性能计算、管理及服务的资源能力，能够很好地解决海量数据的计算处理和分析。在Internet和Web上，信息资源零散地分布在各个网络站点，信息网格采用接口连接这些信息资源，网格软件通过各种协议将同质的和非同质的信息进行连接，并通过高级分析减少由各种形式的信息所带来的技术的复杂性。网格操作系统还可以提供自动生成目录和缓存等技术，大大提高网格信息查询和浏览速度，减少网络流量。因此，在用户提出请求或查询时，网格将会自动处理、分析，并把有关的结果传送到用户登录的节点上，这样网络用户可以通过网格门户技术透明地使用整个网络上的资源，减少盲目浏览查询的时间。

由此可见，传统的因特网实现了计算机硬件的连通，万维网实现了网页的连通，而网格则实现互联网上所有资源的全面连通和共享，包括计算资源、存储资源、通信资源、软件资源、信息资源、知识资源和专家资源等。它的目标就是将所有的计算机连接成一个整体，使整个网格如同一个硕大无比的计算机——高度的资源共享，高速的信息存取，并向每个用户提供一体化的信息服务。图书馆应用网格技术，将无序的网络信息有序化，并有目的地揭示知识，以提供利用，提高知识的利用效率，为知识服务的知识组织提供了更为先进的技术。同时，也为知识服务的重要技术——知识挖掘提供更加成熟的开发工具和软件。

五、图书馆知识服务的模式

（一）传统的知识服务模式

1. 文献传递服务（馆际互借）

文献是知识的载体，文献传递实质上就是知识传递。文献传递服务是指图书馆通过一定的方式把读者所需的文献从文献源提供给读者的一种信息服务。具体来说，是读者对特定的已确知的文献需求，由图书馆通过一定的方式在适当的时间内将需要的文献或替代品以有效的方式与合理的费用直接或间接传递给读者的一种服务，即根据读者的要求采取文献复印、传真、邮寄、电子邮件传递、扫描传递等方式为读者服务。提供的文献类型包括期刊论文、会议论文、学位论文、技术报告、专利、标准等文献资料。目前，随着数字化和网络化的发展，图书馆文献传递服务已从早期单一的馆际互借方式，发展到复合型的文献传递，即提供新发表的文献目录与向用户快速传递所需文献内容相结合。文献传递服务不仅拓展了资源共享的范围，提高了文献保障能力，而且增加了用户获取文献的数量，满足了他们对特定知识的需求。随着以数字图书馆馆藏资源为基础、以合理利用的方式提供文献远程传递服务的广泛深入开展，读者获取所需知识将更为方便快捷。

目前国内图书馆的三大文献传递与馆际互借系统，包括国家科技图书文献中心（NSTL）的文献传递系统、中国科学院国家科学数字图书馆（CSDL）文献传递与馆际互借系统、中国高等教育文献保障系统（CALIS）馆际互借系统。它们是由不同的机构、在不同的范围内、为不同的用户群建立的文献服务系统，虽然它们有着不同的建设背景，但是它们的目的是相同的：在网络环境下最大限度地实现文献资源的共建、共享，利用网络平台为用户提供文献服务，实现文献申请和提供网上交互。

2. 文献组织服务

在传统的信息服务中，图书馆所做的图书和期刊的整理与管理工作，大都通过分类和标引方法来揭示书刊的内容，并按学科或某种知识关联将大量文献分门别类提供给读者，为读者提供知识聚类服务。

图书分类主要依据一定的标准将书刊分门别类地组织起来。传统图书馆主要采用的是中图法、人大法、科图法等分类方法，也有的按书名音序、著者名称等方法编制书刊索引。而为绝大多数图书馆普遍采用的中图法，即按图书内容的学科属性将它们组织在一起的方法。对于每一册书刊来说，书名或刊名都只是该书刊的一条信息，人们仅从书刊名称信息是难以了解和获得其知识内容的，图书馆分编人员利用他们所掌握的分类编目的知识将大量书刊按不同学科归类，并进行标引，从图书所属学科类别的层次上揭示了馆藏每一册图书的知识内容，并把相同学科的图书又按相互之间知识关联程度聚集在一起，形成一个分类体系。这种知识聚类为读者利用书刊提供明确学科类别，便于读者按类索书的服务，实际上就是一种知识服务。

为了弥补分类法标引符号的专业化不为广大读者所熟知的缺点，图书馆分编人员采用主题标引的方法，直接用主题词作为标志并按字序排列组织文献，形成主题索引。这种主题标引方法能够把整个藏书中关于某一特定主题的，分散在各种不同类型文献当中的知识单元集中在一起。相对于分类法来说，这是更明确地揭示文献知识内容的方法，它为读者提供的也是知识聚类的服务。

3. 知识重组服务

图书馆传统服务模式中的二次文献和三次文献服务，即知识重组服务，其主要形式是书目、索引、文摘和文献综述，是一种最典型的知识服务模式。

书目是一批相关文献的揭示与记录。它的功用是简介文献内容、提供查找文献的线索、考察书籍流传存佚、指明阅读范围等。索引则是将书中内容或文集篇目或报刊资料按一定方法排列，以供检索文献的工具书。索引与书目的区别在于它能进一步细致地揭示书刊内容，便于检索到散见于书刊中的资料。而索引和书目的联系都是在一次文献的基础上，通过分类和标引，对分散、无序的一次文献进行收集、整理、加工，把文献的内外特征著录下来，形成有组织、有序化的文献，它们是用来查找一次文献的“检索型文献”，是重要的指示性情报源。文摘以一次文献为基础浓缩而成，主要揭示文献的主要内容和基本观点。它不仅是传递检索信息的工具，而且有科研成果评价的作用。索引和文摘的核心是对一次文献进行揭示和报道，而揭示、报道的基本形式是著录和描述，不仅描述原始文献的内容，而且描述其形式特征。虽然它们描述文献的最终目的也是为检索文献提供方便，但实际上需要比书目更深入地分析、揭示文献，含有更大的信息量。虽然索引、文摘本身不能构成“知识体系”，但是依据它们可以把分散在各种不同类型文献中的知识单元组成一个知识体系。这实际上也是一种知识组织的方法。从知识服务的角度来看，文摘与索引为人们在文献数量激增、学科交叉繁多、文献发表分散的情况下查找所需知识解决了诸多困难，是传统服务中的知识服务。

从文献的加工深度来看，文献综述属于三次文献。它是在一次文献、二次文献的基础上，对若干文献中涉及某一专题的相关知识单元进行重新组织而形成的再生文献。它是通过对分散于各种文献中某一专题内容的搜集、分析、综合、提炼，并按照一定主题的新框架进行的重新组合。它为读者掌握专题情报源和获取专题知识提供了重要资料，也直接回答和解决了读者研究中的问题，融入了图书情报工作者大量的劳动和分析问题、解决问题的知识能力和智慧。文献综述属于三次文献，它是知识服务中“知识重组”的一种最高服务形式和服务成果。

4. 参考咨询服务

传统参考咨询服务是随着近代图书馆的发展而建立起来的，它是以馆藏纸质文献为依据，基于本机构馆藏目录和各种检索工具（如文摘索引等），通过解答问题的方式，有针对性地向读者提供具体文献、文献知识、文献检索途径的服务。传统的参考咨询是一种参考馆员与读者面对面直接交流的服务方式，通常是在图书馆大厅或各楼层设置参考咨询台，读者到咨询台提出问题，参考馆员即时回答或留档定期答复，整个过程在图书情报机构内完成，服务方式是一对一的，主要目的是做好馆藏资源的宣传、解答读者的咨询问题、引导读者正确利用图书资源。传统常规的咨询服务，除解答读者提出的事实性问题，还开展书目咨询服务、专题咨询服务。开展咨询服务的方法除建立咨询服务台，还可以建立跟踪服务卡、协作咨询、编印信息快报等。从范围上说，参考咨询服务包括参考和咨询两个部分。参考服务主要根据科研课题，收集、编制专题性的书目、索引、文摘等检索工具，供读者参考。咨询服务是以口头或书面形式，解答读者提出的问题。咨询服务中需要利用书目、索引、文摘等参考资料；参考服务要依据并适应咨询服务的内容。所以，参考咨询服务是参考和咨询不可分离地为读者提供知识，解决读者问题的知识服务模式。

5. 定题跟踪服务

定题跟踪服务是图书馆传统服务中的一种知识服务形式。它是根据用户实际需要，选定有关课题或亟待解决的问题，在一定时期内有针对性地、及时地、连续地为科研人员提供课题研究所需的全面而准确的知识信息，直到课题完成及问题得以解决。这种服务方式是图书情报部门为用户提供高层次服务的最主要方式。定题跟踪服务的特点主要包括四点。

（1）主动性。图书情报工作者要根据读者的课题，主动与读者联系，搜集与课题有关的文献信息，编制专题文摘、索引以及专题综述，主动定期向读者提供。

（2）针对性。从文献提供服务到编制文摘索引以及撰写综述等所有服务都围绕选题有目的地开展，都直接依据选题内容提供服务。整个服务过程要跟踪课题的进展，了解课题动向，围绕课题搜集、查找、编制资料，针对课题需求，提供相应的知识信息服务。

(3) 连续性。定题服务是一项连续性服务，它要求为课题提供的知识信息要不断更新、补充，动态跟踪服务对象科研活动直至课题完成。只有保证自始至终、及时地、连续不断地提供文献资料服务，才能满足课题研究不断深化的知识需求，才能保证课题研究持续有效地进行，避免信息输送的间断而影响课题研究的正常进行。

(4) 专深性。定题服务是一项专业性很强的服务，一般限定于用户的研究课题。这些课题往往都是某一学术或科学技术领域中最具新颖性且有一定难度需要深入研究的问题，通过课题研究由已知探索未知，从现在探索未来，所需专业知识较为精深。这就决定了为其提供的文献及知识内容，除了要具有很强的专业性，还要具有一定的新颖性和深度。这也是定题跟踪服务区别于其他常规性服务的显著特点。

图书馆员在调查研究的基础上，根据课题需求制定服务方案，并按照教研人员的要求，收集、筛选、整理与课题内容相符合的，并有助于课题研究的文献信息和某些知识，及时传递给教研人员，为教学研究和创造新知识提供知识服务。定题跟踪服务贯穿于知识生产、传播和应用的全过程，它提供的是个性化的知识服务。

（二）现代的知识服务模式

1. 数字化参考咨询服务

数字化参考咨询是一项基于互联网，不受系统、资源和地域等条件限制，能利用相关资源通过专家为用户提供 24 小时不间断服务，并能使用户在限定的时间内获得可靠答案的新型虚拟咨询服务。其核心是一种分布式信息网络中心，由具有特定知识和技能的“咨询专家”为用户提供的个性化服务。它突破了传统参考咨询服务的时间和空间的限制，人们可以在任意时刻获取或提供信息，因而是一种更为灵活的、个性化的信息服务和信息获取方式。

(1) 交互式参考咨询服务（实时参考咨询服务）。这是一种在网络虚拟环境中参考服务人员直接面对用户，即时回答用户提出问题的参考咨询方式。它保持了传统咨询服务中实时互动的特点，而又突破了时间地点以及用户心理的局限，如 QQ、网络会议、电子公告牌、网络呼叫中心等都是实时交互参考咨询的可利用形式，但由于用户提问和参考人员的解答实时互动，这对参考服务人员的综合素质要求很高，而在提供该服务时，服务人员经常遇到一些专业性较强的问题，不得不通过其他方式来解决。

(2) 异步式参考咨询服务。这主要是基于电子邮件、电子表单、BBS 系统或 Group 讨论组等数字参考咨询服务形式。它由图书情报机构在其网页上设立一个专门“信箱”，用户以发送邮件的形式咨询问题，参考服务人员再将答案以邮件形式传给用户；或通过参考服务人员定期或不定期浏览用户发布在电子表单、BBS的咨询问题并解答，如不能解答，将此问题发往讨论组中，寻求问题的解答。这是目前一般图书情报机构常用的参考咨询方式。它虽然在时间和互动性上不如实时在线答复好，但它能让参考人员充分利用自身和其他可获取资源做出更完善更有深度的答复，而且它还可以根据不同类型不同专业的问题进行分工，充分调动一切可利用资源，以加强回复答案的针对性和专业性。

(3) 集成式多语种检索服务。集成式检索系统的界面能够自动实现集成式检索语言向独立的检索系统的转换，用同一检索指令检索不同的数据库，实现统一的检索结果显示，包括剔除重复的结果，对不同的独立检索系统的检索结果重新进行相关性排序等。如由美国科罗拉多州大学开发研制的Savvy Search，将19种独立的检索系统的检索汇集在一个界面内，使用户在一个网页内可以同时检索不同的系统。利用该系统除了可以检索万维网网页外，还可以查询Usenet新闻、软件、参考工具书、技术报告等各种类型的信息，它同时还是一个多语种的检索系统，可以检索多个语种的版本。

2. 专业化用户信息系统服务

(1) 个性化信息导引服务。这种模式在全面客观地分析用户的信息需求后，通过信息挖掘、知识发现、智能代理等技术，对各种信息资源进行过滤，筛选出用户所需要的、专指性强的信息，然后利用电子邮件、频道推送或建立用户个人网页等方式传送给用户。这种服务要不断跟踪用户对信息的使用情况，分析其检索要求，优化检索过程，选择检索结果，逐渐形成用户个人的信息资源系统，使服务贯穿于用户信息搜集、分析和应用直到问题解决的全过程。

(2) 个性化定制服务。这是指按照用户个人的需求、爱好和知识体系而定制一个聚合了分布式多元化信息资源、工具和服务的数字信息体系，并以此为用户提供连续性、系列化的专业信息服务。这就要求服务人员加强与用户的相互交流，建立系统的服务记录和针对具体用户及其信息活动全过程，经常对用户的信息活动进行分析，不断随用户需求而变化服务内容，而且这种服务不仅提供给用户所需的信息，还提供用户利用、组织知识的技术和工具的知识。它是根据用户的信息需求特性，有针对性地设计服务环境、服务产品、服务方式和服务机制。

(3) 专业化项目服务。这是指根据用户群组及其研究项目的需求、知识体系、组织方式、活动形式等定制集成了分布式多元化信息资源、工具和服务的数字信息系统，并以此为该项目组提供连续的贯穿项目始终的服务。这种服务专业性、系统性强，它主要是通过建立与项目相应的专业网站或网页，在广泛搜集网络信息资源的基础上，定期报道专业信息资源的更新情况、专业领域的学术动态，并集成大量专业或相关专业网址，开辟专业信息资源导航，提供相应的专业化网络检索工具，开辟专业搜索渠道，为项目用户提供及时的新的专业信息获取窗口。同时，还可以在网站开辟专业学术论坛、专业咨询、专业文献评论等栏目，以获取大量动态的最新的知识。这种服务要求服务人员既有一定专业知识又有较高信息处理能力，并与用户密切配合，甚至直接参与到项目组，融入项目用户决策过程中，贯穿于项目分析研究和解决问题的始终，提供从相关知识的捕获、析取、重组、创新、集成到应用的全程一体化服务。它更强调更依赖现代信息环境和技术，其技术性、知识性更强。

(4) 智能化学习服务。这是指按照团队或组织整体学习的需要和整体知识结构，建立集成分布式多元化信息资源和集成信息服务手段的用户信息交流和网络学习系统。它主要利用基于智能和基于信息内容的主动匹配和推送技术，从用户学习活动中利用信息的动态，解析信息集合和学习的热点难点，并根据用户的需要自动、动态地汇集和嵌入相关信息资源、辅助工具和各种服务，支持用户对所需的信息内容搜集、链接、析取、注解、补遗、再集成、传递、讨论、协作处理和写作等活动，帮助用户形成基于网络资源和信息技术的群体学习空间。这种服务模式对现代信息技术依赖性强，但它确实更多地贯穿用户对信息感知、捕获、分析、重组、传递和应用的全过程并适应其多样化要求，嵌入到用户利用信息的过程，通过资源和工具的链接、集成和嵌入来动态设计、组织和构建符合用户学习需求的服务机制。这种机制也可以用于其他研究协作系统和决策支持系统。

3. 协作式参考咨询服务

(1) 学科馆员服务（制度）。在知识服务的过程中，图书馆的核心能力不是其所拥有的文献资源，而是提供知识服务的能力与作用。知识服务的能力是图书等各种要素的综合体，它以信息资源等为基础，以现代信息处理技术为依托，以知识服务人员的智力资源为核心和灵魂。所以，建设一支相对稳定的既能掌握和利用现代信息技术，又善于跟踪世界知识创新与知识服务的动向和发展水平，能够积极引导用户认识、熟悉、掌握和使用各种技术手段的人才队伍，即学科馆员队伍，为特定学科领域内的教学和科研用户进行知识创新提供切实有效的服务保障。学科馆员通过与对口用户（图情教授）建立较为密切的联系，在学科专业与图书馆之间架起一座相互沟通的桥梁，为用户主动地、有针对性地收集和提供信息和知识服务。如清华大学的“学科馆员——图情教授”制度，充分利用各自的信息资源和人才优势，大大延伸了图书馆的情报服务职能和提高了服务效率，取得了良好的社会效益。

学科知识服务平台是联系用户和学科馆员的媒介，用户通过知识服务平台享受服务，学科馆员通过这个平台向知识服务用户提供服务。学科知识服务平台包括学科知识门户、学科导航、学科知识库、信息资源库、RSS 定制与推送、网络资源揭示、知识挖掘、定题知识服务等资源和工具。它是一个需求驱动的学科化、智能化服务平台，支持学科馆员的学科需求分析、学科化知识化信息选择与集成、个性化服务设计与管理等工作。该平台建立在学科知识库、特色资源数据、虚拟学科分馆平台之上，与个人数字图书馆、个性化信息环境相连接，帮助学科馆员顺利深入到教学、科研第一线，及时跟踪用户需求，并将与需求对应的个性化服务嵌入到用户信息环境中，为用户提供学科化、知识化、个性化、智能化的服务。

学科馆员服务（学科馆员制度的建立）充分发挥了图书馆在把握用户需求、筛选信息、挖掘知识内容、提供参考咨询和决策支持等方面的优势，成为具有广阔发展前景的知识服务模式。

（2）专家联合参考咨询服务。这是一种图书馆根据主要服务对象聘请相应学科专家组成专家咨询组担任兼职的参考咨询工作、得到各学科专家支持的参考咨询服务方式，它突破了图书馆人力资源短缺的局限。首先通过各种方式接受用户的提问，然后对提问分门别类，将一些专业性强的问题进行初步整理归类后送相应的学科专家，专家根据自己的知识背景和可获取资源，按一定要求回答问题，并将答案传回图书馆，然后再由参考服务人员将答案粘贴发布或直接传送给用户。为了减少专家对同类问题的重复劳动，图书馆往往通过建立专家知识库的方式，把一些专家的答案存档，以备再用。这种服务方式对解决一些专业性强和疑难的问题非常有利，专家答复具有权威性，能有效地提高知识服务的质量。

（3）机构联合参考咨询服务。这是指由多个图书馆联合形成的分布式虚拟参考服务网络，它以庞大的因特网资源和众多成员机构的馆藏资源为依托，以全球网络为桥梁，以各成员机构的资深参考咨询员和各学科专家作为后盾，通过一定的数字参考系统，为在任何时间、任何地点提出问题的任何用户提供参考服务。其基本工作流程是通过网络以数字化形式进行的，是一个合作性的网络系统。合作式参考咨询具有更强的咨询服务能力、更强的服务的深度和广度、更高的数字化程度和更强的虚拟性。合作式数字化参考咨询服务将成为未来图书馆知识服务的核心工作和主要模式之一。

第三节　图书馆知识服务的实践

一、国外图书馆的知识服务实践案例

（一）美国国会图书馆[①]

美国国会图书馆的方针和任务是利用馆藏为国会服务，同时也为其他政府

① 详细内容参见 http：//www. loc. org。

部门、到馆读者和学者服务，并通过馆际互借为各研究图书馆服务。它已成为国会、政府、学术界和一般读者的参考咨询中心、国际交换中心和国际互借中心、全国目录中心、各国政府出版物和联合国资料收藏中心、国内外馆际协作中心和图书馆学研究中心。根据功能美国国会图书馆设有国会研究部、法律图书馆、研究服务部、文献加工服务部、版权局、行政管理部、全国规划部 7 个部门包括 18 个阅览室和资料室供读者利用。每个阅览室或资料室均设有一个参考咨询台为到馆的各类读者提供面对面的知识服务及知识导航。为国会服务是美国国会图书馆服务的首要任务，也是美国国会图书馆服务中知识含量最高的服务。

美国国会图书馆为国会服务主要由该馆的“国会研究部”和“法律图书馆”承担。国会研究部是国会的研究中心和信息中心，专门直接为国会提供知识和情报服务。该部门由 7 个研究室组成，每个研究室由一名高级专家负责，主要任务是组织各方面专家完成议员交给的研究课题。工作内容主要有四项。①接受委托，对一些法令草案进行评议。如对国家预算和专门拨款提出审议意见并交国会参考，帮助国会提高处理问题的能力。②为国会提供各种专题的报告或资料。如为国会辩论中各种不同观点提供充分论据，以增强议员对各种不同观点的分析力。③承担国会特别任务的信息搜索和组织。在 48 小时内对世界发生的重要事件及时做出准确的反映，并编写成简报于每日凌晨送给有关部门参阅。④回答来自国会的经常性的一般咨询。这是最大量的知识服务内容。法律图书馆收藏的法律图书及世界各国的法律文献居世界首位，其服务内容是专门为国会提供立法所需的法律依据，主要包括：每日编辑《世界法律通报》，及时介绍各国法律的最新动向，开展“法律图书馆国家法律研究”，对一些国家的法律进行专题性或总结性研究和介绍，施行国会法律教育计划，定期培训国会工作人员等（唐绍明，2000）。

美国国会图书馆自创建之日起到20 世纪 90 年代，为国会服务主要通过面对面服务、电话服务、传真服务、书信服务及集中式教育等方式实施的。20 世纪 90 年代以后，美国国会图书馆大量引进先进技术，其服务方式有了很大的变化，如开通网上参考服务、各阅览室配备“工作站”，扩大按需传真服务等。为了充分利用本馆及其他信息机构的资源，集中各文献机构的人力优势，更好地为大众服务，美国国会图书馆倡导并参与在美国图书馆界尝试数字化咨询合作服务，这为后来的全球网上联合数字参考咨询服务奠定了基础，对国会的服务也有了进一步提升，如国会研究部与法律图书馆均在网上建立了各自的网站，图书馆员通过互联网向国会提供各种报告、简报；议员全天 24 小时随时可以通过“国会研究部”主页直接获取相关知识资料。法律图书馆建起了“比较法律数据库”，印刷版的《世界法律通报》在保留印刷版的基础上在法律图书馆的主页上提供电子版，建立“全球法律信息网”，将信息网会员国的法律资料输入网站供国会查询。互联网简化了国会图书馆工作的操作程序，大大提高了知识服务效率（梅悦敏，2002）。

（二）日本国立国会图书馆[①]

日本国立国会图书馆成立于1948年2月，并于同年6月对外开放。日本颁布的《国立国会图书馆法》（1948年2月），规定该馆“以搜集到的图书及其他资料，在协助国会议员完成公务的同时，对行政和司法部门以及日本国民提供法律上所规定的图书馆服务为目的”。为国会提供知识服务是国会图书馆的首要任务，也是图书馆服务的重点。

1. 设立为国会服务的专门机构

为了从组织上保障对国会提供服务内容中知识的准确性与可靠性，图书馆依照法律设立了专门机构“调查及立法考察局”，并配备了专门调查员等各学科领域的高级专家。其任务是：①根据要求，对国会两院委员会中悬而未决的法案和由内阁提交国会的案件，进行分析、评价，向两院委员会提出建议并提供可作为妥善决定这些草案的依据材料；②根据要求或未来可能提出的要求，主动收集立法资料和有关资料，加以分类、分析、翻译，进行编辑，形成索引、摘要、报告等。所选择和提交的资料不能带有党派、官员的偏见，为两院、委员会及议员提供有用的资料；③应委员会或议员的要求，在立法的准备阶段，协助委员会和议员起草议案；④在确保满足国会两院、委员会及议员需要的前提下，将所收集的资料提供给行政、司法各部门和一般读者使用。

2. 为国会服务的内容与方式

日本国立国会图书馆为国会的服务是以调查及立法考察局、国会分馆为中心，在所有分馆的协作下共同完成的，服务内容主要包括立法调查服务和图书馆服务。立法调查服务包括委托调查和预测调查。委托调查是根据国会、政党、行政司法部门、地方公共团体、调查研究机构以及一般读者的委托和要求，进行法案及案件的分析、评价、编辑成法案纲要，并对政治、经济、社会等诸多方面的国政课题和国内外事件、各种制度进行调查，提供信息服务等。预测调查是对未来国会审议的事项进行预测性研究，预先进行调查。对日常性的调查，每年度制订“基本调查业务计划”并加以实施。

调查及立法考察局出版10种文献，立法调查服务的部分结果刊登在这些刊物上，有月刊《参考咨询》、不定期期刊《调查与情报》、双月刊《海外信息指南》和《国外立法》等，这些刊物主要分发给国会议员，各政党总部和两院事

① 详细内容参见 http：//www.ndo.gc.jp。

务局等。另外还有《日本法令索引》、《国会会议录总索引》，以及宣传资料、工作参考资料等。

国会分馆设在国会议事堂内，收藏有众议院、参议院两院会议录、委员会的会议录、议案等议事资料和以社科为主体的普通图书、各种工具书、国内外期刊报纸等。它以有利于国政审议的资料和最新的信息为重心，向国会议员及有关人员提供快捷的知识服务。对入藏的图书和期刊报纸，编辑发行《新到图书》和《剪报资料·篇目一览》，分发给议员以及政党休息室，以便于利用。近年来，由于政治及社会的变化，要求查询的事项涉及范围广，且需要立即做出答复的情况增多。为了满足需求，国会分馆利用馆藏资料、国会馆的各种数据库及外部数据库，迅速、准确地进行咨询处理，提供参考服务。

3. 加强信息系统与数字化建设

为了更好地开展立法调查服务，调查及立法局不断加强知识服务的基础设施建设。除馆内的藏书，还专门收集入藏立法资料、会议资料和法令资料等，作为调查业务之用。引进国外的数据库，致力于业务信息系统化，开发了国会回忆录提供系统。例如，建立“国会回忆录全文数据库系统”（1996 年），并于 1998 年向众议院、参议院两院提供试运行；同年还开始研制“国会咨询综合系统”（由“受处理与处理系统”和“共有资料库”两分系统组成），应用最新的信息通信技术重建调查业务，将国政调查活动中需要被预测的情报电子化，实现从接受国会咨询到答复的自动化和资料的数据化；调查及立法考察局与国会分馆专门为国会议员、国会的有关人员开设网页“调查之窗”（1998 年 10 月），提供全天 24 小时电子化服务，国会所需要的资料和情报任何时候都可以从网上得到，使服务的效率和质量大大提高。

由于法律规定国会馆以为国会服务为其首要任务，因此，国会馆在发挥国家图书馆各个职能时，始终将国会服务放在首位，这是日本国立国会图书馆与世界其他任何国家图书馆服务宗旨有别的地方（林雅萍，1999）。

二、国内图书馆知识服务的实践案例

（一）中国国家图书馆[①]

中国国家图书馆是中国图书总库、全国图书联合编目中心、全国文化信息资源共享工程国家中心、中国数字图书馆工程的主要创建者、中国国家信息中心、国内所有公开出版物的法定送缴单位、ISSN 中国国家中心、中华经典文化推广中心。中国国家图书馆履行搜集、加工、存储、研究、利用和传播知识信

① 详细内容参见 http//：www. nlc. gov. cn。

息的职责；承担为重点科研机构、教育、企事业单位、全体公众提供知识服务的任务。同时，它还为中央领导机关提供文献信息和情报服务，代表国家执行有关对外文化协定，开展与国内图书馆界的交流与合作。

国家图书馆秉承“传承文明、服务社会”的宗旨，利用丰富的馆藏资源在兼顾传统服务的基础上，以现代信息技术为手段，充分利用资源数字化技术、多媒体信息处理技术、网络传输技术等，形成了一个将数字化信息、互联网、用户和服务商连在一起的信息环境，长期为公众提供定题跟踪、接受委托、代查代检、科研项目成果鉴定中资料查证等多类型、多层次、多渠道、多元化知识服务。

1. 建设国家文献资源总目，加强文献信息资源的整合与揭示

在赋予国家总书库建设新内涵的基础上，国家图书馆全面整合各类元数据与对象数据，建立文献信息资源整合、揭示与发现平台，进一步提高文献揭示能力。

（1）建设专题知识库群。选择具有战略、历史、文化价值的特色文献，结合馆藏优势和用户的知识需求，开发语义关联与知识组织工具，深度挖掘各类信息资源，以对多种载体、多种形式、多种类型、分散异构的信息资源的多维整合与深度揭示为重点，再现知识关联，形成有机的知识网络，构建一批体系化、特色化专题知识库群。建设基于网络的知识组织与管理基础设施，增强国家图书馆的知识提供与知识服务能力。

（2）整合馆藏文献信息资源。加强对馆藏各文种各类型各载体信息资源的组织与整合，构建从元数据到对象数据的集成发现与获取环境，基本实现元数据、全文数据和实体馆藏的集成整合与揭示，提高文献信息整合与揭示的准确性、深度和内在关联性。开展全国文献信息资源统一发现与服务调度工作，实现国内图书馆信息资源的统一发现、整合与揭示。

2. 实施国家数字图书馆工程

1998年国家图书馆向文化部提出申请，由国家立项实施“中国数字图书馆工程”，并开始了中国数字图书馆工程的筹备与建设工作。目前，国家数字图书馆工程主要建设任务已经完成。软硬件基础设施明显改善，标准规范体系初步建立，技术体系日臻成熟，服务架构与业务流程基本形成，多种基于数字图书馆技术的创新服务面向社会公众推出。

（1）建设一个海量分布式数字资源库群。在全国公共图书馆间建立有效的数字资源共建共享机制，以技术手段整合国家数字图书馆与全国各公共图书馆的自建与外购数字资源，形成海量分布式数字资源库群。同时，依托各省级数字图书馆，建立若干数字资源建设中心、数字资源保存中心和数字资源服务中心，构建分级分布式公共文化服务数字资源保障体系，实现资源建设、保存和

服务的统一规划、调度与管理。

（2）建设覆盖全国公共图书馆的数字图书馆虚拟网。借助移动通信网、广播电视网、互联网等现有网络通道，以及VPN等现代网络技术，建立以国家数字图书馆为核心，以省级数字图书馆为主要节点的全国性数字图书馆虚拟网。依托该虚拟网，形成覆盖全国省、市、县、乡镇（街道）、村（社区）的数字图书馆服务网络，支持全国各地区数字图书馆系统间资源与服务的全面共建共享。

（3）建立全媒体数字图书馆服务平台。在海量分布式资源库群丰富的资源基础上，以技术手段对资源进行有效的组织、整合、知识挖掘，利用移动通信网、广播电视网、互联网等，通过建立优秀中华文化展示平台、立法决策网络服务平台、专业性信息服务平台、公民终身学习平台和国际化文化交流平台，搭建起满足不同服务需求的全媒体数字图书馆服务体系。

3. 开展网上虚拟参考咨询服务

参考咨询工作是国家图书馆读者服务工作的重点。国家图书馆参考咨询部集中了既具有较高学术水平，又熟悉文献的专家、学者，根据国家图书馆用户需求特点，开展定题、跟踪服务及专题文献调研；根据用户需要编制社科、科技类专题书目、论文索引和资料汇编等。随着信息技术和网络技术的飞速发展，为满足远程用户对知识和信息的及时需求，国家图书馆借助网络，以网络为平台，推出网上咨询台，以实时咨询和表单咨询两种方式，向用户提供不受时间、空间限制的知识参考咨询服务。

4. 加强立法决策服务

为适应国家法制建设发展的需要，国家图书馆特别成立了立法决策服务部，以丰富的馆藏资源和网络资源为依托，在对文献信息分析、整合及对信息产品进行深层次加工的基础上，专门为立法决策核心机构和各部委的决策活动提供专题文献汇编、文献综述及专题报告等形式的深层次的信息服务。国家图书馆立法决策服务还包括为“两会”提供咨询服务、部级领导干部历史文化讲座、建设国家图书馆部委分馆及设立直接服务于国办领导的“国图资料数据库”等多种形式的服务。国家图书馆立法决策服务，得到了社会各界的认可，已成为国家图书馆最具特色、赢得良好声誉的服务项目（万仁莉，2008）。

5. 为院士、专家提供知识服务

知识服务必须以满足用户的知识需求和服务需求为出发点。为了使知识服务更具针对性，国家图书馆为院士、专家提供知识服务。①课题咨询。接受院士、专家委托，开展对重大研究课题的咨询，特别是863工程和国家重点研究项目的咨询。为院士、专家提供与课题相关的专业研究型文献资料；跟踪课题的研究进展，捕捉该课题的国际最新动态供院士、专家参考。②专题西文书目推荐。以国家图书馆丰富的馆藏为依托，结合院士、专家的研究方向，将国家图书馆收藏的西文专业图书根据图书内容的新颖性、连续性原则，筛选出具有专业代表性的图书并加工成电子版专题西文图书书目在国家图书馆主页上推荐给院士、专家，供他们科研参考使用。③国外文献传递服务。国家图书馆通过国际互借方式满足院士、专家在专业研究中对其他国家文献资料的需要。

6. 与特聘专家联合开展服务

为提高国家图书馆知识服务中的科技含量，国家图书馆于2000年12月成立了国家图书馆专家咨询委员会，聘请了100余位热心图书馆事业，在政治、经济、文化、法律、军事、医学、生物、通信、信息产业及其他应用技术等学科领域中具有较高学术造诣，并能及时跟踪国内外本学科研究动态与最新发展的专家为“国家图书馆咨询委员会”委员。他们的的主要职责如下。①对国家图书馆的业务规划、业务管理、业务工作提出意见和建议。②解答国家图书馆书刊文献采选工作方面的咨询。通过开辟专家与采选人员的双向交流渠道，便于专家推荐本学科领域的核心书刊，促进馆藏资源建设。③为国家图书馆读者服务工作献计献策。④以授课或讲座等形式，对国家图书馆业务人员进行培训，介绍本学科领域最新发展动态，拓宽业务人员知识领域，使员工能够跟踪学科前沿的文献信息动态，提高为重点科研、教育、生产单位的服务能力（杜也力等，2005）。

7. 开展专题知识讲座与培训服务

国家图书馆面向公众推出的中国典籍与文化专题在线视频讲座，使更多的优秀文化为大众所共享，为图书馆用户和专家、学者交流学术思想和研究成果搭建了平台。“文津讲坛”、“中国典籍与文化”、“中国文化风”、“企业家论坛”、“教育家论坛”等，都已形成了具有全国影响的品牌，很好地发挥了国家图书馆履行社会教育及传播先进文化的职能，对营造全民读书的良好社会氛围、推动学习型社会的建设发挥了积极的作用。国家图书馆的专题知识讲座与培训已成为图书馆开展知识服务的重要组成部分，逐步成为在社会上有一定影响力和知名度的重要品牌。

（二）清华大学图书馆[①]

清华大学图书馆是以收藏自然科学及工程技术科学文献为主，兼有人文、社会科学及管理科学文献的综合性大学图书馆。它具有先进、完备的自动化、网络化信息技术和设施，建立了网络查询系统，通过网络为用户提供馆藏中外文图书和期刊目录的公共查询及其他文献信息检索服务，凭借其丰富的文献资源、电子资源和虚拟资源以及完善的服务措施，初步形成了一个以文献信息服

① 详细内容参见 http：//www.lib.tsinghua.edu.cn。

务为基础的全方位、多层次、开放式、高效率的知识服务体系。在完善图书馆自动化、网络化建设及馆藏资源建设的基础上，清华大学图书馆非常重视“深化服务”工作。学科馆员制度及其较有特色参考咨询工作是该馆充分利用人才资源优势深化知识服务工作的一大亮点。

1. 学科馆员制度

为了加强图书馆与各院系的联系，建立通畅的“需求”与“保障”渠道，1998年，清华大学图书馆在国内率先建立了学科馆员制度，学科馆员在联络院系、了解需求、促进文献资源利用等方面发挥了重要作用；2002年，该馆成立了学科馆员组，学科馆员集中办公，以便于整体协调、切磋交流、形成团队工作模式；2005年，学科馆员组更名为学科服务组，强化学科服务的职责，使学科馆员有更多的精力用于拓展深层次学科服务。同时，为加强与各院系的联络，自1999年起，清华大学图书馆在各院系聘任图情教授；2006年，上届图情教授任期已满，图书馆在重新聘任时作了调整，新聘任了图书馆教师顾问和学生顾问。目前，清华大学图书馆已构建了一个图书馆与院系之间的立体化联络体系，相比于过去“学科馆员—图情教授”的单一联络模式，现在的体系更加丰满完善了（范爱红和邵敏，2008）。

学科馆员的工作目标是加强图书馆与各院系的合作；促进更多的用户了解并利用文献信息资源；探讨一种能加强图书馆知识利用指导作用的协作模式；通过文献信息服务，参与和支持院系及学校的发展计划；提供与读者交流的渠道，并与师生们共同探讨图书馆以及读者所关心的问题。学科馆员的作用体现在促进各学科文献信息资源的利用与建设两个方面。其具体职责包括与对口学科院系建立并保持较深入的联系，了解该学科发展现状，主动收集院系师生对文献信息服务的需求信息；收集并关注学校科研及成果申报等工作对信息服务的需求动向；对相关学科各种类型的信息资源进行较深入研究，包括采集、试用、测试、评价、整合、专题导航等，参与本馆资源建设及服务模式的研究与规划；开展用户教育及培训工作，承担文献检索课教学工作，组织开展经常性、多种形式的专题培训讲座；面向本校教师、研究生进行论文投稿指导与咨询；参与编写各种类型的用户指南及相关网页内容；掌握图书馆馆藏资源的发展情况和服务方式，为对口院系提供深层次的知识信息服务（包括科技查新、定题检索与咨询等）；承担对图书馆主页的建设与维护工作；主动跟踪国内外同行的研究发展动向，探索新的信息服务模式。

图情教授的工作目标是协助图书馆了解广大教师对文献信息资源的需求和对图书馆各项服务的意见，指导图书馆资源建设，向本单位教师、学生宣传图书馆的新服务和新资源，保证图书馆与各院系的联系顺畅沟通。其具体职责包括每学期至少反馈一次院系教师对图书馆各方面的需求信息；协助图书馆进行资源评估、调查和数据库试用；提供所在院系教师的重点研究方向及其研究课题，便于图书馆有针对性地提供特色服务，通报新资源和相关信息等；在各院系主页上增加图情教授和相应学科馆员的联系方式，加强院系与图书馆的联系；积极向图书馆推荐在个人研究和学习中挖掘出的有关专业知识和网上资源。

图书馆教师顾问主要是从大学科和文献资源的角度设置的，其职责可概括为资源建设、建议与反馈、指导学科服务、担任查新专家顾问，其中尤其偏重于在资源建设等方向性问题上发挥顾问作用。所聘任的教师顾问当中，既有院系领导，也有普通教师。他们的共同点是热心图书馆事业，经常查阅文献，专业上有一定造诣，能够对学科资源建设提供指导性意见。

图书馆学生顾问主要由校学生会、研究生会推荐部分学生代表，与图书馆共同商定组成。学生顾问与图书馆负责人共同组成图书馆学生顾问委员会，定期召开座谈会，以密切图书馆与广大同学联系为宗旨。学生顾问广泛吸收同学意见，为图书馆改善读者服务工作提供咨询；同时协助宣传图书馆的资源和服务，帮助学生群体更好地了解图书馆、利用图书馆。

借图书馆顾问聘任之机，清华大学图书馆学科馆员也进行了重新分工。最主要的变化就是校图书馆与分馆之间的分工协作。凡是条件允许的专业分馆，都由分馆负责人承担“专业馆学科服务负责人”工作。让分馆承担学科服务工作，既发挥了他们的先天优势，也壮大了学科馆员队伍，使校图书馆学科馆员有更多精力把其余院系的信息服务工作做细。在此基础上，我们进一步明确了校图书馆与专业馆学科服务负责人的协调方式。分馆充分发挥其“专”的特点，重点收集本学院的反馈意见、负责该学科的资源建设，具体职责和工作方法由各分馆自定，与专业馆学科服务负责人之间保持密切联系，随时通报信息。当分馆有需求时，校图书馆学科馆员提供相应支持，如培训、数据库咨询等。

清华大学图书馆的学科服务模式是变等待读者上门的被动服务为主动服务，使图书馆工作人员走出图书馆，走近学校教学科研第一线。这种服务模式，一方面加强了全校读者尤其是教工、研究生读者对图书馆服务和资源的深入了解，增进了彼此之间的沟通，有利于图书馆的资源和服务得以最大限度地充分利用；另一方面便于图书馆及时收集到各学院各种层次读者对图书馆资源及服务的建议，随时了解各院系科研的最新动态，便于实施课题跟踪服务，更有针对性地提供个性化知识服务。因此，这种学科服务模式是一种更加透明化的服务模式，在图书馆教师顾问和学生顾问的督促和与学科馆员的沟通中，大大提升了图书馆各项服务的有效性和知识含量。

2. 虚拟参考咨询服务

清华大学图书馆在传统的咨询台服务和电话咨询服务基础上，利用先进的信息系统（嵌入了美国 QuestionPoint 实时咨询模块系统）和信息技术建立了一套适合本馆实际需求、将多种咨询方式整合在一起、集服务与管理于一体的虚拟参考咨询系统（THLVRS），THLVRS 分为读者界面和馆员界面两个部分，后台数据库通过两个平台分别与馆员和读者交换信息。读者平台上设置了表单咨询、实时咨询和 FAQ 浏览与检索三种虚拟咨询的入口，并且将传统的当面咨询和电话咨询服务介绍也集成在同一界面中。馆员平台上可以实现六项功能：表单咨询管理、FAQ 管理、安全管理、系统管理、值班日志管理和数据统计。[①]

表单咨询的方式不受时空限制，读者通过登录咨询中心的网站，利用 web 表单提出问题。其具体步骤如下：①登录表单咨询网页；②然后填写包括读者姓名、单位、联系电话、电子邮件等在内的供联系的各种真实信息；③在提问区填写想要咨询的问题；④提交。在完成并提交整个表单咨询程序后，系统会根据读者的问题，首先在目前已有的 FAQ 问答库中查询相关的结果，结果按照问题的相关度输出。相关度高的排在最前边，此时读者可以在列出的答案中查看是否有满意的结果。如果问题库中没有满意的结果，可以继续提交问题，问题直接入库，馆员的回答通过 Email 发送给读者，并可挂附件。清华大学图书馆对表单咨询服务的承诺是：一般在两个工作日内给出答复。

在线（实时）咨询是采用 QuestionPoint 系统的实时咨询模块，在读者与咨询员之间建立一种网上“面对面”、“点对点”的实时交流咨询方式。利用这种咨询方式，在服务时段内，读者随时可与馆员以网上对话的方式咨询，第一时间获取帮助，对话结束后系统会将完整记录发送到读者的邮箱中。在线咨询方式类似于网上聊天，但又不同于网络聊天，因为这种解答方式是基于依靠后台 FAQ 咨询数据库的解答。对于读者每次咨询的问题，系统首先选择在咨询数据库中查找答案。清华大学图书馆对于在线咨询服务的承诺是：在“在线咨询”中未能及时解决的问题，随后以电子邮件方式答复读者。

FAQ 系统是参考咨询中心针对一些读者咨询频率较高的问题而设立的。它将一些大众化、有代表性的咨询问题进行分类组织，制成列表式数据库，以方便用户无需请求参考馆员的帮助，直接浏览、检索各类咨询问答，找到自己所要解决问题的答案。FAQ 参考咨询库一般由咨询中心的工作人员根据读者的常规性问题来创建，并随时将读者提出的新问题和相应答案添加进去，而且 FAQ 库中所有信息可根据不同读者不同时间的需要随时修改。清华大学图书馆的 FAQ 库中，咨询问题分为：电子版学位论文验收、参考咨询相关问题、一般性问题、查找资料、数据库检索、公共书目（OPAC）查询、图书流通阅览、图书馆规则、读者服务、无线网卡和笔记本上网、来自校外读者的问题、常用名词术语及其他，共 13 类，几乎包括了读者利用图书馆所有常见问题。读者可以选

---

① 详细内容参见 http：//vrs. lib. tsinghua. edu. cn。

择从问题中检索和答案中检索两种方式，直接在FAQ库中查找自己所要解决的问题及答案。这样既节省了读者提问的时间，又避免了参考咨询人员重复回答同一问题，还可以使读者在查询过程中了解到一些相关问题的答案。

清华大学图书馆的参考咨询服务主要由八位参考馆员承担，她们大都具有较强的专业背景、较高的学历以及境外工作经历，同时担任院系的学科馆员，熟悉电子资源，具有丰富的读者教育经验。咨询工作采取轮流负责、集中管理的工作模式，一位馆员在总咨询台值班，负责当面、电话及表单咨询；另一位馆员在办公室负责实时咨询。当班馆员在咨询中遇到了困难，会及时得到其他咨询馆员的帮助，充分发挥了馆员不同学科背景的优势和集体智囊团作用（范爱红等，2006）。

参考文献

艾莉·维娜.1998. 知识的进化. 刘民慧，等译. 珠海：珠海出版社.
安世虎.2008. 组织内部知识共享研究. 北京：中国财政经济出版社.
安小米.2004. 知识管理技术研究. 情报科学，(7)：893-896.
白庆珉.2003. 知识管理在图书馆管理中的应用研究. 天津：南开大学硕士研究生学位论文.
保罗·S麦耶斯.1998. 知识管理与组织设计. 特惠工，等译. 珠海：珠海出版社.
彼得·德鲁克，戴维·加文.2004. 知识管理. 杨开峰译. 北京：中国人民大学出版社.
彼得·F德鲁克.1999. 知识管理. 杨开峰译. 北京：中国人民大学出版社.
彼得·圣吉.1998. 第五项修炼：学习型组织的艺术与实务. 郭进隆译. 上海：上海三联书店.
布克威茨，威廉斯.2005. 知识管理. 杨南该译. 北京：中国人民大学出版社.
曹虹.2003. 数字图书馆建设中版权管理研究. 情报杂志，(10)：15-16，18.
查尔斯·德普雷，丹尼尔·肖尼尔.2004. 知识管理的现在与未来. 刘庆林译. 北京：人民邮电出版社.
查尔斯·M萨维奇.1998. 第五代管理. 谢华强，等译. 珠海：珠海出版社.
常唯，张玲，谢礼姝，等.2004. 美国国家医学图书馆发展战略规划（2003—2005）. 图书情报工作动态，(6)：89-92.
陈柏村.2007. 知识管理：正确概念与企业实务（第2版）. 南京：南京大学出版社.
陈碧叶.2004. 从信息服务到知识服务. 图书馆杂志，(1)：20-22.
陈代春.2008. 高校图书馆知识服务平台构建探析. 情报科学，(6)：841-844.
陈建东.2006. 知识管理的综合战略动向. 科学管理研究，(6)：78-81.
陈利涛，赵国忠.2010. 图书馆知识服务的特点及模式分析. 图书馆学刊，(9)：11-14.
陈伶.2004. 论图书馆人力资源管理中的激励机制. 图书情报知识，(2)：34-36.
陈锐.1999. 知识管理的实现思路与实现技术. 图书情报知识，(1)：10-13.
陈晰明.2003. 信息管理与知识管理的比较研究. 情报科学，(4)：381-384.
陈英群.2002. 知识服务的主要特征及其发展趋势. 河南图书馆学刊，(6)：41-44.
陈远男，宋玲，郭家义.2007. 知识管理技术体系研究. 图书馆理论与实践，(2)：49-52.
陈媛媛.2010. 组织学习、知识管理与组织创新的耦合性研究. 图书情报工作，(2)：140-143.
程红莉.2003. 学习型企业及其组织机制研究. 武汉：华中师范大学硕士研究生学位论文.
程鹏.2010. 知识管理的概念、难点及其系统构成. 科技创业，(8)：76-79.
程文辉.2009. 图书馆知识管理与知识服务应用策略研究. 江西图书馆学刊，(3)：86-87.
程亚男.1998. 网络化趋势与图书馆发展观. 中国图书馆学报，(4)：38-42.
初景利.2004. 图书馆数字参考咨询服务研究. 北京：北京图书馆出版社.

初景利，孟连生．2003. 数字化参考咨询服务的发展与问题．中国图书馆学报，(2)：14-17.
初景利，阎军．2001. 约翰霍普金斯大学图书馆考察报告．数字图书馆论坛，(1)：53-60.
储节旺，郭春侠．2002. 信息组织：原理、方法和技术．合肥：安徽大学出版社．
储节旺，周邵森，谢阳春，等．2006. 知识管理概论．北京：北京交通大学出版社．
储节旺，朱永，闫士涛．2010. 关于我国知识管理首个国家标准的几点思考．情报理论与实践，(8)：4-7.
辞海编辑委员会．1989. 辞海．上海：上海辞书出版社．
达文波特，普鲁萨克．1977. 营运知识：企业的知识管理．王者译．南昌：江西教育出版社．
大卫·J斯卡姆．2001. 知识网络：明天的工具．王若光，张宏佳，江利，等译．沈阳：辽宁画报出版社．
戴淑敏．2002. 当代企业知识管理的特点与模式探讨．管理世界，(4)：146-147.
戴维民．2004. 信息组织．北京：高等教育出版社．
戴兆凤．2009. 知识管理系统模型设计研究．图书馆，(6)：89-91.
丹尼尔·贝尔．1997. 后工业社会的来临．高铦，等译．北京：新华出版社．
丹尼尔·A雷恩．1986. 管理思想的演变．赵睿译．北京：中国社会科学出版社．
邓滨．2002. 图书馆知识管理与知识环境的构建．图书馆建设，(5)：5-8.
蒂瓦纳．2004. 知识管理十步走：整合信息技术、策略与知识平台．董小英译．北京：电子工业出版社．
丁慰．2001a. 知识管理系统：建构学习型组织的工具．图书情报工作，(6)：5-8.
丁慰．2001b. 知识管理系统与企业电子商务．图书情报知识，(1)：7-9.
丁有骏，刘勇．2004. 知识管理与图书馆．北京：北京图书馆出版社．
杜也力．2002. 建立“知识组织”与进行“知识组织”：谈图书馆知识管理的主要任务及其实现．图书情报知识，(6)：14-16.
杜也力．2002. 图书馆知识管理核心内容辨析．情报杂志，(9)：17，18.
杜也力．2004. 谈图书馆知识管理中的隐性知识及其转化．图书馆理论与实践，(2)：22-23.
杜也力，崔玉香，白铭，等．2005. 知识服务模式与创新．北京：北京图书馆出版社．
樊治平．2003. 知识管理研究．沈阳：东北大学出版社．
范爱红，林佳，邵敏．2006. 清华大学图书馆：网络化参考咨询服务服务实践．中国教育网络，(9)：60，61.
范爱红，邵敏．2008. 清华大学图书馆学科馆员工作的新思路和新举措．大学图书馆学报，(1)：56-60.
佛山市图书馆．2001. 图书馆管理理论与实践．广州：广东人民出版社．
甘利人，薛春香，刘磊，等．2010. 数字信息组织．北京：科学出版社．
高钧，李康，毕开顺．2002. 美国国家医学图书馆及其提供的网上免费资源．沈阳药科大学学报，(2)：153-156.
高天真．2005. 知识管理系统的模型框架及成功实施知识管理的核心问题分析．科学学与科学技术管理，(3)：69-72.
高文．2000. 数字图书馆：原理与技术实现．北京：清华大学出版社．
高晓燕．2010. 基于图书馆知识服务的核心竞争力思考．浙江高校图书情报工作，(2)：7-10.

龚蛟腾．2008．国内外图书馆知识管理研究综述．中国图书馆学报，(5)：79－84.
龚永年．2008．21世纪图书馆的发展与变革．福州：海峡文艺出版社．
郭春侠，储节旺，刘伟．2010．国外知识管理标准及对我国的启示．情报理论与实践，(11)：39－43.
郭瑞华．2004．数字图书馆知识产权问题的解决策略．图书情报知识，(3)：39－41.
郭阳．2006．信息管理系统与知识管理系统之比较．情报杂志，(12)：105－107.
哈罗德·孔茨，海因茨·韦里克．1998．管理学（第10版）．张晓君，陶新权，马继华，等译．北京：经济科学出版社．
韩经纶．2006．知识管理．天津：南开大学出版社．
韩燕．2007．数据挖掘方法和知识发现．电脑知识与技术，(9)：513，514.
何钧．2009．基于知识管理的图书馆组织创新研究．新世纪图书馆，(2)：57，58.
何伟泉．2009．基于知识管理框架的合作数字参考咨询服务．图书馆学研究，(11)：82－84.
何跃忠．1998．Internet网络医学资源：美国国家医学图书馆MEDLINE数据库．科学中国人，(3)：51－54.
胡国忠．2005．知识管理与知识管理系统．现代计算机，(12)：50－53.
花芳，程爱平．2003．完善学科馆员制度深化大学图书馆参考咨询服务．国家图书馆学刊，(3)：32－34.
黄健．2004．图书馆知识管理下的继续教育．现代情报，(6)：107－109.
黄新，徐小娟，徐国梁．2005．基于本体的知识管理系统研究，科学技术与工程，(6)：351－356.
黄学忠．1985．经济信息与管理．北京：人民出版社．
黄宗忠．1996．图书馆管理学．武汉：武汉大学出版社．
黄宗忠．1991．图书馆目标管理．大学图书馆学报，(1－2)：1－6.
霍国庆，等．2007．企业知识管理战略．北京：中国人民大学出版社．
贾宏．2005．基于元数据的数字图书馆信息组织述论．情报资料工作，(5)：42－45.
姜爱蓉．1999．清华大学图书馆“学科馆员”制度的建立．图书馆杂志，(6)：30－31.
姜永常．2001．论知识服务与信息服务．情报学报，(5)：572－578.
蒋永福．2000．论知识组织．图书情报工作，(6)：5－10.
焦玉英，索传军．2001．基于“推”模式的网络信息服务及其相关技术研究．情报学报，(2)：193－199.
焦玉英，曾艳．2005．我国合作式数字参考咨询服务发展的对策．情报科学，(4)：528－531.
杰西·H谢拉．1986．图书馆学引论．张沙丽译．兰州：兰州大学出版社．
金吾伦．2001．知识管理：知识社会的新管理模式．昆明：云南人民出版社．
金旭东．2007．21世纪美国大学图书馆运作的理论与实践．北京：北京图书馆出版社．
鞠文红，肖燕．2004．美国研究型图书馆人力资源管理实践研究．大学图书馆学报，(1)：73－77.
柯平．2001．大学图书馆管理的十大改革探索．大学图书馆学报，(5)：8－12.
柯平．2004．知识资源论：关于知识资源管理与图书馆学的研究对象．图书馆论坛(6)：58－63.
柯平．2005．新世纪图书馆需要知识管理和知识服务．新世纪图书馆，(6)：13－15.

柯平．2006. 图书馆知识管理研究．北京：北京图书馆出版社．
柯平．2010. 图书馆知识管理的发展方向．图书情报知识（9）：5－8.
柯平，白庆珉，李卓卓，等．2006. 图书馆知识管理研究．北京：北京图书馆出版社．
柯素善．2003. 美国图书馆的今天：实践、趋势与挑战．顾小明译．中国图书馆学报，（6）：63－66.
乐飞红．2000. 公司知识管理系统．图书情报工作，（5）：42－45.
李春卉，曾炜．2006. 知识管理的前沿技术：知识网格．情报理论与实践，（3）：371－373.
李岱素，薛捷．2009. 组织文化、组织结构和技术支持对知识管理绩效的影响．图书情报工作，（16）：123－128.
李东才．2006. 基于知识管理的企业文化建设．管理科学文摘，（1）：63－65.
李锋．2002. 21 世纪图书馆先进理念探索．中国图书馆学报，（5）：90－92.
李冠强．2004. 数字图书馆知识管理论纲．南京：东南大学出版社．
李桂贞，郑建明．2007. 论数字图书馆的知识组织．图书馆理论与实践，（5）：70－73.
李贺，刘佳．2010. 我国图书馆知识服务研究热点述评．情报科学，（4）：630－636.
李红岩．2009. 图书馆知识服务综合模式探究．情报杂志，（1）：191，192.
李华伟，董小英，左美云．2002. 知识管理的理论与实践．北京：华艺出版社．
李华伟．1992. 现代化图书馆管理．台北：三民书局．
李华伟．2003. 知识管理：图书馆的作用．津图学刊（1）：1－5.
李慧敏．2003. 面向 21 世纪的图书馆知识服务．情报杂志，（5）：76，77.
李家清．2004. 知识服务的特征及模式研究．情报资料工作，（2）：16－18.
李克旻，白庆华．2001. 基于 XML 知识管理系统研究．计算机与现代化，（3）：13－18.
李亮．2005. 知识地图：知识管理的有效工具．情报理论与实践，（3）233－237.
李培．2004. 数字图书馆原理及应用．北京：高等教育出版社．
李爽．2008. 图书馆知识管理的理念分析与实践思考．大学图书情报学刊，（3）：24－26.
李松妹．2007. 现代图书馆管理概论．北京：北京图书馆出版社．
李晓鹏，颜端武，陈祖香．2010. 国内外知识服务研究现状、趋势与主要学术观点．图书情报工作，（3）：107－111.
李昕．2005. 知识经济与图书馆管理创新．江苏省社会主义学院学报，（1）：61－63.
李兴森，石勇，张玲玲．2010. 从信息爆炸到智能知识管理．北京：科学出版社．
李琇儿．2003. 知识管理时代图书馆的意义．国立中央图书馆台湾分馆馆刊（2）：21－27.
李绪成，王保保，杨建安．2002. 知识管理研究．计算机工程与设计，（1）1－3，40.
李颖，姚艺．2010. 国内外知识管理系统研究：回顾与展望．图书情报知识，（5）：103－110.
李玉花．2010. 图书馆知识服务的实践策略和模式．情报资料工作，（1）74－77.
廖开际．2007. 知识管理原理与应用．北京：清华大学出版社．
林东清．2005. 知识管理理论与实务．北京：电子工业出版社．
林榕航．2005. 知识管理原理：从传统管理迈向知识管理的理论与实践．厦门：厦门大学出版社．
林雅萍．1999. 日本国立国会图书馆对国会的服务．国家图书馆馆刊，（4）：136－138.
刘爱云．2005. 图书馆的文献管理与知识管理．国家图书馆学刊，（2）：41－45.

刘春茂，王琳．2010. 面向“知识服务”的布鲁克斯情报学思想的现实意义分析．图书情报工作，(2)：13－16.
刘宏．2009. 图书馆员隐性知识管理初探．图书馆研究与工作，(1)：19－21.
刘佳．2003. 知识型信息服务初探：中国科学技术信息研究所知识型信息服务研究．北京：中国科学技术信息研究所．
刘丽辉．2010. 知识管理环境下的图书馆人力资源保障对策．图书馆学研究，(10)：30－32.
刘姝．2011. 知识管理在图书馆虚拟咨询中的应用实例．大学图书馆学报，(1)：93－95.
刘淑玲．2010. 网络环境下高校图书馆的知识管理与知识服务．情报科学，(4)：523－526.
刘维丹．2002. 论数字图书馆的知识服务．图书情报知识，(8)：61－63.
刘岩芳．2008. 我国图书馆知识管理研究评析．图书馆工作与研究，(4)：7－10.
刘岩芳，张庆普．2006. 第二代知识管理在高校图书馆管理中的应用．情报科学，(11)：1615－1617.
刘一平．2000. 筹建国家图书馆人事部分馆的尝试．国家图书馆学刊，(1)：16－20.
刘一平．1999. 谈为“两会”咨询服务的组织与实施．中国图书馆学报，(4)：80，81.
刘志辉，苏娜，张志娟．2009. 国外知识管理研究进展分析．图书情报工作，(10)：91－94.
刘兹恒，徐建华．2010. 现代图书馆管理．北京：电子工业出版社．
卢海燕．2002. 国家图书馆部委分馆模式探析．图书馆杂志，(5)：55－59.
卢金荣，郭东强．2008. 知识管理热点问题研究综述．科技管理研究，(1)：190－192.
卢晓慧，陈丽．2003. 论知识组织的方式和方法．情报杂志，(7)：37，38.
罗琳，陈远．2004. 知识挖掘与数字图书馆个性化服务．中国图书馆学报，(3)：69－71.
罗敏．2008. 论适应知识管理的图书馆组织文化建设．图书馆工作与研究，(3)：7－9.
马蒂森．2003. Web 仓库工程和知识管理．高军译．北京：清华大学出版社．
马丁，海森格，沃贝克．2004. 知识管理：原理及最佳实践（第 2 版）．赵海涛，彭瑞梅译．北京：清华大学出版社．
马费成，李刚，查先进，等．2001. 信息资源管理．武汉：武汉大学出版社．
马费成，张婷．2004. “看不见”的网站与学科信息门户的比较分析．情报理论与实践，(3)：298－301.
马海群．2000. 论知识经济、知识管理与知识产权．图书情报知识，(2)：3－6，35.
马海群，孙瑞英．2002. 知识管理对图书馆创新发展的启示．图书情报工作，(3)：18－22.
马杰．2004. 构建图书馆知识管理系统．深图通讯，(2)：5－7.
马仁配．2003. J2EE 平台在图书馆系统中的应用．现代图书情报技术，(4)：29－32.
茅振芳．1995. 对图书馆管理改革的冷思考．图书馆理论与实践，(4)：24－26.
梅悦敏．2002. 美国国会图书馆的合作数字参考服务．图书情报知识，(2)：70，71.
孟朝荀．2003. 论数字图书馆的知识管理．湘潭：湘潭大学硕士研究生学位论文．
尼夫·达尔．1998. 知识经济．樊春良，冷民译．珠海：珠海出版社．
潘寅生．2001. 图书馆管理工作．北京：北京图书馆出版社．
裴丽，李柏洲．2008. 高校图书馆知识管理实践的切入点．图书馆论坛，(4)：85－87，91.
钱军，周海炜．2003. 知识管理案例．南京：东南大学出版社．
乔东枝．2008. 图书馆知识管理：目标、创新模式及实现条件．图书馆论坛，(3)：94－96.

乔纳森·斯迈兰斯基.2001. 新人力资源管理. 孙晓梅译. 大连：东北财经大学出版社.
邱均平.2001. 论数字图书馆的知识管理. 情报资料工作，(5)：5-8.
邱均平，段宇锋，岳亚.1999. 论知识管理与信息管理. 中国图书馆学报，(6)：12-18.
邱均平，文庭孝，马大川，等.2006. 知识管理学. 北京：科学技术文献出版社.
仇元福.2003. 知识管理理论与应用及其工具的研究. 杭州：浙江大学硕士研究生学位论文.
任全娥.2005. 基于案例调查的图书馆知识管理实施研究. 中国图书馆学报，(1)：25-29.
萨尔坦科马里.2004. 有效的知识管理. 爱丁文化译. 北京：中华工商联合出版社.
桑良至.2006. 知识信息服务管理. 合肥：安徽大学出版社.
邵敏.2008. 清华大学图书馆学科服务架构与学科馆员队伍建设. 图书情报工作，(2)：11-14.
盛剑锋.2007. 图书馆知识管理与信息服务. 现代情报 (4)：124-127.
盛小平.1999. 试析知识经济时代的知识管理. 情报资料工作，(5)：8-12.
盛小平.2003. 图书馆知识管理对图书馆管理的创新. 图书馆杂志 (6)：2-7.
盛小平.2007. 图书馆知识管理引论. 北京：海洋出版社.
盛小平.2005. 新世纪国内图书馆管理研究进展. 图书馆理论与实践，(3)：1-5.
盛小平.2009. 知识管理关键成功因素解析. 图书情报工作，(12)：87-91.
盛小平，曾翠.2010. 知识管理的理论基础. 中国图书馆学报，(5)：14-22.
施赖伯.2003. 知识工程和知识管理. 史忠植，梁永全，吴文斌译. 北京：机械工业出版社.
石磊.2011. 基于语义 Web 的学科知识地图的构建研究. 现代教育技术，(7)：110-113.
石玫，韩春平.2003.21 世纪图书馆馆员的知识结构及其构建. 图书馆理论与实践，(5)：16-17.
石向实，刘晨.2006. 图书馆知识管理. 杭州：浙江大学出版社.
石秀春.2009. 试论图书馆的知识管理与工作创新. 情报资料工作，(3)：78-80.
石聿根.2011. 知识服务的条件与内容研究. 图书馆，(1)：28-30.
束漫.2003. 论知识管理与图书馆管理. 图书馆论坛，(1)：21-22.
斯图尔特·巴恩斯.2004. 知识管理系统：理论与实务. 阎达五，徐鹿译. 北京：机械工业出版社.
苏新宁，邓三鸿，任浩.2003. 企业知识管理研究与实践的进展. 图书情报知识，(1)：2-6.
孙青，耿骞.2007. 数字图书馆建设及其知识产权. 情报科学，(7)：987-991.
孙坦.2000. 关于新世纪图书馆变革的若干思考. 图书情报工作，(8)：64-67.
孙振领，李后卿，方亚楠.2007. 论国家知识管理战略. 情报科学，(1)：15-20.
泰罗 F W. 1984. 科学管理原理. 胡隆昶，等译. 北京：中国社会科学出版社.
谭华军.2003. 知识分类：以文献分类为中心. 南京：东南大学出版社.
谭祥金.1997. 图书馆管理综论. 北京：北京图书馆出版社.
汤姆·奈特，特雷弗·豪斯. 知识管理：有效实施的蓝图. 蔺雷，李素真译. 北京：清华大学出版社.
唐京，冯明.2000. 知识类型与知识管理. 外国经济与管理，(2)：18-23.
唐钦能，高峰，王金平.2011. 知识地图相关概念辨析及其研究进展. 情报理论与实践，(1)：121-125.

唐绍明．2000. 美国国会图书馆的国会服务工作．图书馆，(1)：42－43.
田宁．2008. 基于知识管理的图书馆知识服务模型初探．图书馆工作与研究，(7)：23－25.
屠航．2005. 图书馆知识管理中隐性知识的流动转化及管理框架研究．情报理论与实践，(1)：27－29.
托马斯·科洛波洛斯，卡尔·弗雷保洛．2002. 知识管理．陈岳，管新潮译．上海：上海远东出版社．
万仁莉．2008. 国家图书馆知识服务相关问题探讨．科技情报开发与经济，18 (8)：4－6.
万助盛，侯文水．2000. J2EE 企业计算机平台．计算机应用研究，(12)：38，39，42.
王德禄．1999. 知识管理：竞争力之源．南京：江苏人民出版社．
王德禄．2003. 知识管理的 IT 实现：朴素的知识管理．北京：电子工业出版社．
王方华，方统法，王虹．1999. 知识管理论：21 世纪企业管理的新模式．太原：山西经济出版社．
王广宇．2004. 知识管理：冲击与改进战略研究．北京：清华大学出版社．
王辉．2003. 关于知识组织与信息组织．情报科学，(5)：496－498.
王建雄，毛赣鸣．2007. 知识资本理论框架下的图书馆知识管理系统．中国图书馆学报，(2)：28－32.
王平．2009. 国内外企业实时知识管理研究综述．图书情报工作，(6)：83－86.
王世伟．2000. 上海图书馆近年来的改革实践与思考．中国图书馆学报，(4)：70－73.
王世伟．2002. 当代图书馆面临的新问题与图书馆的全员培训．图书情报工作，(1)：6，7.
王世伟．2005. 上海图书馆近年来拓展网络服务述略．图书馆学刊，(4)：1－3.
王为．2001. 建设数字化国家科学图书馆，构筑支撑我院科研工作的信息服务平台：中国科学院文献情报中心在支撑系统中率先进入院知识创新试点工程序列．科学新闻，(43)：9.
王文杰，乐洋，邢喜荣．2006. 企业知识管理门户及其应用．现代电子技术，(6)：45，46.
王晰巍，靖继鹏，范晓春．2008. 知识构建对知识管理的优化及实证分析研究．图书情报知识，(9)：34－37，61.
王馨，岳高峰．2010. 知识管理框架述评：标准、共识及未来的研究问题．情报理论与实践，(9)：120－124.
王余光，等．2007. 中国阅读文化史论．北京：北京图书馆出版社：108－110.
王铮．2006. 从信息服务到知识服务．情报资料工作，(6)：100，101.
王宗义．2003. 图书馆"知识管理"的实践探索．图书馆建设，(2)：1－4.
温有奎，赖伯年．2004. 网格技术将推动知识管理革命．情报学报，(1)：124－129.
乌家培．1999. 信息与知识的关系述评．情报资料工作，(1)：2－4.
吴建中．2003. 21 世纪图书馆新论（第二版）．上海：上海科学技术文献出版社．
吴建中．2004. 战略思考：图书馆管理的 10 个热门话题．上海：上海科学技术文献出版社：21.
吴慰慈，董焱．2002. 图书馆学概论（修订本）．北京：北京图书馆出版社：214.
吴慰慈，邵巍．1985. 图书馆学概论．北京：书目文献出版社：176－189.
武玫，杨德华．2004. 知识管理的实质和知识管理系统的发展．计算机应用研究，(3)：1－5.
夏敬华，金昕．2003. 知识管理．北京：机械工业出版社：104－111.

相丽玲，张延飞．2010. 知识竞争力的命题及其假设验证．情报理论与实践，(1)：1－14.
肖勇．2009. 基于知识管理的高校图书馆服务模式的创新．情报理论与实践，(4)：82－84.
谢晓专．2006. 网络信息资源组织模式研究．图书情报工作，(1)：64－67.
谢志佐．2003. 图书馆最佳参考咨询服务模式探析．图书馆杂志，(5)：19－21.
邢军，王华．2007. 现代图书馆知识服务系统研究．图书馆学刊，(3)：78－80.
熊丽．2006. 数字时代的图书馆管理．北京：北京图书馆出版社．
徐建华．2003. 现代图书馆管理．天津：南开大学出版社．
徐丽晓．2010. 国内图书馆知识服务典型案例研究．情报理论与实践，(11)：80－82.
许孟丽．2005. 虚拟企业知识管理系统的模型研究．大连：大连海事大学硕士研究生学位论文．
薛虹．2000. 网络时代的知识产权法．北京：法律出版社．
颜光华，韦福祥．2001. 知识管理绩效评价研究．南开管理评论，(6)：26－29.
杨桂荣，毛赣鸣，宋敬林．2006. 关于图书馆知识管理的研究．图书馆论坛，(1)：1－5.
杨锦荣．2003. 论数字图书馆知识管理的实现机制．情报杂志，(12)：78－80.
杨熔．2002. 让知识管理走进图书馆：兼谈深圳南山图书馆的管理探索．图书馆工作与研究，(3)：25－28.
杨向明．1997. 21 世纪图书馆的发展方向：数字图书馆．图书馆，(1)：45－48.
杨玉麟．2004. 信息描述．北京：高等教育出版社．
杨子臣，黄长伟．2011. 图书馆的知识管理与发展策略．情报资料工作，(3)：106－108.
叶茂林，刘宇，王斌．2003. 知识管理理论与运作．北京：社会科学文献出版社．
叶乃静．2000. 由知识管理思考图书馆未来的发展．资讯传播与图书馆学，(6)：81－94.
叶文伟，范翠玲．2008. 基于 SECI 模型对图书馆知识管理的探讨．情报杂志，(5)：58－59.
尹洪琪．2003. 论数字图书馆的知识管理与知识导航．津图学刊，(6)：58－63.
尹继东．2000. 知识管理的主要层面和特点．企业经济，(1)：31－33.
于鸣镝．1986. 图书馆管理学纲要．沈阳：辽宁人民出版社．
于鸣镝．2003. 图书馆如何进行知识重组．图书与情报，(2)：4－6.
于旭，杨秋月．2010. 制度创新视角的知识管理．图书情报知识，(4)：113－116.
郁义鸿．2001. 知识管理与组织创新．上海：复旦大学出版社．
袁红清．2000. 基于 Notes 群件技术的知识管理系统．宁波大学学报（理工版），(4)：77－79.
曾民族．2004. 构建知识服务的技术平台．情报理论与实践，(2)：113－119.
曾民族．2006. 知识管理技术及其应用．北京：科学技术文献出版社．
曾庆霞，罗荣桂，颜雪琴．2006. 近十年来企业发展理论移植入图书馆宏观管理概述．图书馆学刊，(5)：70－71.
詹华，陆忠平．2002. 管理学．上海：中国纺织大学出版社．
张福学．2002. 知识管理系统的设计思路与实现工具．情报杂志，(3)：53－54，57.
张红丽，吴新年．2010. 知识服务及其特征分析．图书情报工作，(2)：23－27.
张建华，刘仲英．2004. 当前知识管理系统模型问题与对策分析．情报学报，23 (1)：73－77.
张敏勤．2003. 网格：图书馆实现知识管理的新一代互联网技术．图书馆杂志，(2)：45－49.
张润彤，蓝天．2005. 知识管理导论．北京：清华大学出版社．

张晓林．2000. 走向知识服务：寻找新世纪图书情报工作的生长点．中国图书馆学报，(5)：32－37.

张晓林．2002. 元数据研究与应用．北京：北京图书馆出版社．

张晓林．2009. 专家视点：重新认识知识过程和知识服务．图书情报工作，(1)：6－8.

张晓林，李宇．2002. 描述知识组织体系的元数据．图书情报工作，(2)：64－69.

张学军．2003. 图书馆馆员的激励方式．图书与情报，(2)：39－40.

张志雄．2003. 知识管理的技术框架研究．现代图书情报技术，(4)：17－19.

张智雄，吴震新，谢素平．2003. 中国科学院文献情报中心电子馆服务平台系统建设中的若干问题．图书情报工作动态，(4)：2－6.

张中凤．2007. 建立内部知识共享的新型组织文化．商场现代化，(5)：71－72.

赵珩．2006. 一种基于人本管理思想的知识管理系统模型．上海管理科学，(6)：39－41.

赵慧清．2009. 图书馆知识管理与创新研究．情报资料工作，(3)：95－98.

赵曙明，沈群红．2000. 知识企业与知识管理．南京：南京大学出版社．

赵员章．2005. 试论图书馆知识管理的实施模式．徐州师范大学学报（哲社版)，(3)：133－136.

中国图书馆学会．1999. 世纪之交：图书馆事业回顾与展望．北京：北京图书馆出版社．

周海炜．2002. 核心竞争力：知识管理战略与实践．南京：东南大学出版社．

周九常．2004. 信息管理与知识管理．北京：大众文艺出版社．

周九常．2005. 知识管理的扩展与延伸．情报资料工作，(1)：10－12，29.

周军，苏新宁，孔敏．2002. 知识管理系统下的知识仓库研究：概念与模型．情报学报，(5)：542－546.

周磊．2002. 关于图书馆知识管理的几点思考．情报资料工作，(5)：29－30，47.

周三多．1997. 管理学：原理与方法．上海：复旦大学出版社．

周三多，蒋俊，陈传民．1998. 管理学原理．南京：南京大学民出版社：350.

周亚雄．2003. 论图书馆知识服务．图书馆，(2)：46－48.

朱亚男，于本江．2006. 知识管理系统模型研究．价值工程，(2)：67－69.

竹内弘高，野中郁次郎．2006. 创造知识的企业：日美企业持续创新的动力．李萌，高飞译．北京：知识产权出版社：69.

竹内弘高，野中郁次郎．2006. 知识创造的螺旋：知识管理理论与案例研究．李萌译．北京：知识产权出版社．

Cattle R，Inscore J．2002. J2EE 技术实践．李海波，蒋蓉译．北京：机械工业出版社．

Han J，Kamber M. 2000. 数据挖掘概念与技术．范明，孟小峰译．北京：机械工业出版社．

Hunt J，Loftus C. 2004. 精通 J2EE：Java 企业级应用．周立斌，杨飞译．北京：清华大学出版社．

IBM WebSphere Studio. 2004. J2EE 应用开发．张云涛，龚玲，马颖华译．北京：机械工业出版社．

Adersen A. 1996. The Knowledge Management Assessment Tool（KMAT）. London：Arthur Andersen KMAT Study.

Aino K. 2011. The influence of knowledge management on continuous innovation. International Journal of Technology，55（1/2）：110－121.

Alazml M, Zairi M. 2003. Knowledge management critical success factors. Total Quality Management, 14 (2): 199 - 204.

Allee V. 1997. 12 principles of knowledge management. Training & Development, 51 (11): 71 - 74.

Argote L, McEvily B, Reagans R. 2003. Managing knowledge in organizations: an integrative framework and review of emerging themes. Management Science, 49 (4): 571 - 582.

Balmisse G, Meingan D, Passerini K. 2007. Technology trends in knowledge management tools. International Journal of Knowledge Management, (3): 118 - 131.

Barquin R C. 2001. What is knowledge management? Knowledge and innovation. Journal of the KMCI, (2): 127 - 143.

Beerli A J, Falk S, Diemers D S. 2003. Knowledge Management and Networked Environments: Leveraging Intellectual Capital in Virtual Business Communities. New York : Amacom.

Beijerse R P. 1999. Questions in knowledge management: defining and conceptualizing a phenomenon. Journal of Knowledge Management, 3 (2): 94 - 109.

Bergeron B. 2003. Essentials of Knowledge Management. New York: John Wiley & Sons.

Bollinger A S, Smith R D. 2001. Managing organizational knowledge as a strategic asset. Journal of Knowledge Management, 5 (1): 8 - 18.

Bowman B J. 2002. Building knowledge management system. Information System Management, 19 (3): 32 - 40.

Branin J J. 2003. Knowledge management in academic libraries: building the knowledge bank at the ohio state university. Journal of Library Administration, 39 (4): 41 - 56.

Brookes B C. 1981. The foundation of information science, Part IV: the changing paradigm. Journal of Information Science, 3 (1): 3 - 12.

Davenport T H. 1994. Managing in the New World of Process. Public Productivity and Management Review, Winter : 133 - 147.

Davenport T H, Delong D W, Beers M C. 1998. Successful knowledge management projects. Sloan Management Review, 39 (2): 43 - 57.

Davenport T, Prusak L. 1998. Working Knowledge: How Organizations Manage What They Know. Boston: Harvard Business School Press.

Davic J, Subrahmanian E, Westerber A. 2005. Knowledge Management. New York: Physica - Verlag.

Dempsey N. 2004. Building the Knowledge Society. French: OECD Observer.

De Sanctis G, Gallupe R B. 1985. Group decision support systems: a new frontier. ACM SIGMIS Database, 16 (2): 3 - 10.

Despres C, Hiltrop J M. 1995. Human resource management in the knowledge age: current practice and perspective on the future. Employee Relations, 17 (1): 9 - 23.

Diakoulakis I E, Georgopoulos N B, Koulouriotis D E. 2004. Towards a holistic knowledge management model. Journal of Knowledge Management, 8 (1): 32 - 46.

Dlkir K. 2005. Knowledge Management in Theory and Practice: Converting Theory into Practice. Boston: Butterworth-Heinemann.

Drucker P F. 1999 . knowledge - worker productivity: the biggest challenge, IEEE Engineering

Management Review，(28) 4：81－89.

Duffy J. 2000. Knowledge Management：to be or not to be. Information Management Journal，(1)：64－68.

Firestone J M. 2001. Key issues in knowledge management. Knowledge and Innovation：Journal of the KMCI，(3)：8－38.

Firestone J M，McElory M W. 2003. Key Issues in the New Knowledge Management. Boston：Butterworth-Heinemann. 67－68.

Firestone J M，McElory M W. 2003. Key Issues in the New Knowledge Management. Boston：Butterworth-Heinemann.

Fischer G，Ostwald J. 2001. Knowledge management：problems，promises，realities，and challenges. IEEE Intelligent Systems，16 (1)：60－72.

Foster I，Kesselman C. 1999. The Grid：Blueprint for a New Computing Infrastructure. San Francisco：Morgan Kaufmann.

Gallupe B. 2001. knowledge management systems：surveying the landscape. International Journal of management Review，(3) 61－77.

Gandhi S. 2004. Knowledge management and reference services. The Journal of Academic Librarianship，30 (5)：368－381.

Gore J. 1997. A conversation with Bill Gates. Information Outlook，(5)：23.

Grant A，Grant C T. 2008. Developing a model of next generation knowledge management. Issues in Information Technology，5 (2)：571－590.

Gray P H. 2000. The effects of knowledge management systems on emergent teams：towards a research model. Journal of Strategic Information Systems，(9)：175－191.

Groff T R，Jones T P. 2003. Introduction to Knowledge Management. Boston：Butterworth-Heinemann.

Gupta B，Iyer L，Aronson J E. 2000. Knowledge management：practices and challenges. Industrial Management and Data Systems，100 (1)：17－21.

Hansen M T，Nohria N，Tierney T. 1999. What's your strategy for managing knowledge? Harvard Business Review，77 (2)：106－116.

Hariharan A. 2005. Critical success factors for knowledge management. KM Review，8 (2)：16－20.

Haslinda A，Sarinah A A. 2009. Review of knowledge management models. The Journal of International Social Research，2 (9)：187－198.

Henry N L. 1974. Knowledge management：a new concern for public administration. Public Administration Review，34 (3)：189－196.

Ives W，Torrey B. 1997. Knowledge management：an emerging discipline with a long history. Journal of Knowledge Management，(4)：269－274.

James S H，Kwok G S. 2004. Knowledge sharing community in P2P network：a study of motivational perspective. Journal of Knowledge Management，(1)：94－102.

James W. 1907. Pragmatism. New York：Longmans.

Jang S，Hong K，Bock G W，et al. 2002. Knowledge management and process innovation：the knowledge transformation path in Samsung SDI. Journal of Knowledge Management, 6 (5): 479 - 485.

Jantz R. 2001. Knowledge management in academic libraries: special tools and processes to support information professionals. Reference Services Review, 29 (1): 33 - 39.

Jashapara A. 2004. Knowledge Management: An Integrated Approach. NJ: Prentice Hall.

Johnston R. Blumentritt R. 1998. Knowledge Moves to Centre Stage Science Communication, 20 (1): 99 - 105.

Kulkarni U, Ravindran S. 2007. A Knowledge management success model: theoretical development and empirical validation. Journal of Management Information Systems, 23 (3): 309 - 347.

Lancaster F W, Sandore B. 1997. Technology and Management in Library and Information Service. Champaign: University of Illinois: 159.

Lau A, Tsui E. 2009. Knowledge management perspective on elearning effectiveness. Knowledge. Based Systems, 22 (4): 324, 325.

Liebowitz J. 2003. A knowledge management implementation plan at a leading US technical government organization: a case study. Knowledge and Process Management, 1099 (4): 254 - 259.

Lively R, Lynn M, Racine J. 1997. Drew the role of academic libraries in the era of information technology. The Journal of Academic Librarianship, 23 (1): 31 - 37.

Lynette L. Ralph etc. 2009. An investigation of a knowledge management solution for the improvement of reference services. Journal of Information Technology and Organizations, 26 (4): 14 - 17.

Lynn R M, Drew R J. 1997. The role of academic librarians in the era of information technology. The Journal of Academic Librarianship, 23 (1): 31 - 37.

Maier R. 2002. Knowledge Management Systems: Information and Communication Technologies for Knowledge Management. Berlin: Springer.

Makani J. 2008. Knowledge management and international organizations: perspectives on information professionals role. Libri, (58): 144 - 154.

Marlin-Bennett R. 2004. Knowledge Power: Intellectual Property, Information, and Privacy. London: Lynne Rienner Publishers.

Mentzas G, Kafentzis K, Georgolios P. 2007. Knowledge services on the semantic web. Communications of the ACM, 50 (10): 53 - 58.

Meso P, Smith R. 2000. A resoure-based view of organizational knowledge management system. Journal of Knowledge management, 4 (3): 224 - 234.

Mohamed A H, Abuzaid R A S, Benladen R M. 2008. Opportunities and challenges of the knowledge management approach to elearning: a case study in Al Bayan model school for girls, kingdom of Saudi Arabia. The Electronic Journal of Information Systems in Developing Countries, 35 (4): 1 - 11.

Nisonger T E. 2009. A simulated electronic availability study of serial articles through a university library web page. College & Research Libraries, 70 (5): 422 - 443.

Nonaka I. 1991. The knowledge creating company. Harvard Business Review，69（6）：96－104.

Nonaka I，Toyama R. 2003. The knowledge creating theory revisited：knowledge creation as a synthesizing process. Knowledge Management Research&Practice，1（1）：2－10.

OLeary D. 1998. Knowledge management systems：converting and connecting. IEEE Intelligent System，13（3）30－33.

Plessis M. 2008. What bars organizations from managing knowledge successfully? International Journal of Information Management，（28）：285－292.

Polanyi M. 1969. Knowing and Being. Chicago：The University of Chicago Press.

Polanyi M. 1985. Personal Knowledge：Towards a Post Critical Philosophy London：Routledge.

Popper K. R. 1972. Objective Knowledge. Oxford：Oxford University Press.

Quintas P，Lefrere P，Jones G. 1997. Knowledge management：a strategic agenda. Long Range Planning，30（3）：385－391.

Rao S S. 2001. Networking of libraries and information centres：challengers in India. Library Hi Tech，19（2）：167－178 .

Rastogi P N. 2000. Knowledge management and intellectual capital the new virtuous reality of competitiveness. Human Systems Management，（19）：9－48.

Rimmer C. 2004. A knowledge management programme at the Open University Library. SCONUL Newsletter，（1）：45－48.

Rogers S A . 2003. Developing an institutional knowledge bank at Ohio State University：from concept to action plan portal. Libraries and the Academy，3（1）：125－136.

Roknuzzaman M，Umemoto K. 2009. How library practitioners view knowledge management in libraries：a qualitative study. Library Management，（8/9）：643－656.

Rowley J. 2001. Knowledge management in pursuit of learning：the learning with knowledge cycle. Joumal of Information Science，27（4）：227－237.

Ruggles R. 1997. Knowledge management tools. Boston：Butterworth-Heinemann.

Ruggles R. 1998. The state of the notion：knowledge management in practice California Management Review，40（3）：80－89.

Shadbolt N，Milton N. 1999. From knowledge engineering to knowledge management. British Journal of Management，10（4）：309－322.

Sprague R H. 1980. A framework for the development of decision support systems. Management Information Systems Quarterly，4（4）：1－26.

Stein E W，Zwass V. 1995. Actualizing Organizationl Memory with Information Systems. Information Systems Research，6（2）：85－117.

Stem C M. 2005. Advancing your information architecture skills. Intercom，52（3）：22－24.

Stueart R D，Moran B B. 2002. Library and Information Center Management 6thEd. Colorado：Libraries Unlimited.

Teng S，Hawamdeh S. 2002. Knowledge management in public libraries. Aslib Proceedings，54（3）：188－197.

Tiwana A. 2002. The Essential Guide to Knowledge Management：E-Business and CRM

Applications. London：Prentice Hall PTR.

Townley C T. 2001. Knowledge management and academic libraries. College & Libraries Research：44－45.

Whittaker B M. 2008. Using circulation systems for special collections：tracking usage, promoting the collection, and addressing the backlogs. College & Research Libraries, 69 (1)：28－35.

Wiig K M. 1997. Knowledge management：an introduction and perspective. Journal of Knowledge Management, 1 (1)：6－14.

Wiig K M. 1998. The role of knowledge based systems in knowledge management. Paper Presented at Workshop on Knowledge Management and AI, Washington D C.

Wiig K M. 2002. Knowledge management in public administration. Journal of Knowledge Management, 6 (3)：224－239.

Wood P A, Walther J H. 2000. The future of academic libraries ：changing formats and changing delivery. The Bottom line：Managing Library Finances, 13 (4)：173－181.

Wrard P L. 2000. Trends in library management. Library Review, 49 (9)：436－441.

Zack M H. 1999. Developing a knowledge strategy. California Management Review, 41 (3)：125－145.

后　记

当历时三年多的书稿终于最后敲定的一刻，笔者却难以感受到一直期盼的轻松与愉悦，成书过程中的种种艰辛，甚至几经辍笔的情形历历在目。然而值得庆幸的是，在本书的构思和写作过程中，笔者得到安徽财经大学图书馆馆长张治理教授、科研处处长宋思根教授、管理科学与工程学院院长程刚教授、合作社研究院唐敏教授和武汉大学信息管理学院吴永贵教授的许多指教和帮助，特别是在我最艰难的时候得到Linda女士的鼓励、支持和帮助，同时，科学出版社陈浩、邹聪、程凤、张红燕等老师也为本书的顺利出版付出了大量的辛勤劳动，在此，我表示衷心的感谢和深深的敬意！

此书参考和引用了国内外许多文献资料，笔者谨向这些作者表示衷心的感谢和诚挚的敬意！

盛剑锋

2012年1月31日于淮河之滨

后记

[illegible]